POCHI

Les Amours infidèles, 2008.

Des hommes à aimer, 2007.

Les 7 Avantages de la beauté. S'améliorer sans se trans-former (avec Maria Teresa Baldini), 2006.

La Jalousie, 2004 ; « Poches Odile Jacob », 2006.

Les Nouveaux Comportements sexuels, 2003.

Être sûr de soi, 2002 ; « Poches Odile Jacob », 2004.

Le Courage de changer (avec Donata Francescato), 2001 ; « Poches Odile Jacob », 2003.

Les Casse-Pieds, 2000 ; « Poches Odile Jacob », 2003.

La Force du désir, 1999 ; « Poches Odile Jacob », 2002.

Le Temps d'aimer, 1997 ; « Poches Odile Jacob », 2005.

À quoi sert le couple ?, 1996 ; « Poches Odile Jacob », 2000.

Willy Pasini

LE COUPLE AMOUREUX

*Ouvrage traduit de l'italien
par Jacqueline Henry*

Odile Jacob poches

Ouvrage publié originellement par Mondadori,
Milan, sous le titre
*La vita a due. la coppia a venti,
quaranta e sessant' anni*

© Arnoldo Mondadori Editore S.p.A., Milano, 2004

Pour la traduction française :
© ODILE JACOB, 2005, SEPTEMBRE 2008
15, RUE SOUFFLOT, 75005 PARIS

ISSN : 1624-0654
ISBN : 978-2-7381-1937-7

www.odilejacob.fr

Introduction

Si le couple a beaucoup changé ces quarante dernières années, il n'a cependant pas encore été détrôné. Peut-être n'avons-nous rien trouvé de mieux. Et donc, même s'il est difficile, au quotidien, de faire fonctionner un mariage (qui, en outre, n'a malheureusement que 50 % de probabilités de réussite), nous devons défendre le couple, non pour des raisons morales, mais pour des raisons psychologiques. Et je suis le premier à le faire, moi qui suis marié depuis plus de trente ans, tout en reconnaissant qu'il est stressant d'élever ses enfants, pénible de surmonter des maladies et des « séismes » financiers, et dur de vaincre la jalousie et de maintenir le désir dans le temps, sans parler de l'amour romantique. Bref, je ne peux qu'être d'accord avec l'écrivain Anne Roiphe : « L'espoir que la vie nous réserve une âme sœur est le dernier à mourir, et peut-être convient-il de le défendre[1]. » Sans doute devons-nous la croire, puisque en dépit d'un premier divorce, elle s'est remariée, a cinq enfants et a trouvé le temps (et l'envie) d'écrire un livre qui est un éloge du mariage.

Nous nous efforçons tous de donner un sens à notre existence et pensons qu'il existe un lien extrêmement étroit entre notre monde privé et le bonheur. Mais pourquoi alors, si nous aspirons tous à l'amour, est-il si difficile de le conquérir et encore plus de le maintenir, comme le souligne le philosophe anglais John Armstrong[2] ? Se peut-il que l'amour ne soit qu'un idéal, dont il est difficile d'ancrer les racines dans la vie réelle ? Nous avons, il est vrai, déjà tant de mal à concilier cœur et sexualité...

CONCILIER CŒUR ET SEXUALITÉ

Est-il possible de concilier les frissons érotiques et la sécurité affective au sein d'un rapport de couple ? C'est sans nul doute terriblement compliqué. En témoignent deux lettres que j'ai reçues, récemment, de deux jeunes femmes trentenaires.

Julie, qui a 31 ans, a un compagnon depuis qu'elle en a 20. Pourtant, elle a beaucoup de mal à parvenir à l'orgasme : tout au long de ces années, cela ne lui est arrivé que deux fois, et seulement durant des vacances. Elle pense que son partenaire devrait comprendre ses désirs et ses besoins au premier coup d'œil et que le seul fait d'être amoureux devrait résoudre tous les problèmes. Son insatisfaction l'a convaincue que ce qui la liait à ce garçon n'était pas un véritable amour, et elle se dit qu'elle ferait mieux de repartir à zéro avec quelqu'un d'autre. En réalité, son problème est plus complexe. En effet, elle me raconte qu'elle a toujours eu des difficultés à jouir en dehors de quelques expériences d'autoérotisme quand elle était petite. Mais son incapacité à recourir à une stimulation plus directe est le signe d'une sexualité encore immature. Il faudra que Julie cherche à l'intérieur d'elle-même, qu'elle se rappelle comment elle a découvert la masturba-tion et qu'elle réfléchisse aux fantasmes qui l'accompa-gnent. Ce n'est pas en quittant son ami qu'elle fera la lumière sur sa sexualité.

La seconde lettre me vient de Sonia qui, elle, n'a jamais eu de problèmes sexuels. Avec son compagnon, elle connaît même des orgasmes multiples. Lui, en revanche, souffre d'éjaculation tardive et ne peut aller jusqu'au bout de leurs rapports. Chaque fois, cela donne lieu à toute une série de récriminations : il l'accuse d'être égoïste et de ne penser qu'à son plaisir à elle. Leurs nombreuses disputes ont fini par les pousser à faire une pause pour réfléchir, et Sonia a accepté un poste provisoire à l'étranger. En fait, je soupçonne son compagnon, qui a des antécédents de toxi-comanie, de prendre encore des produits, de la métha-done ou des antidépresseurs, lesquels ont pour effet secondaire de ralentir l'éjaculation. En tout cas, en dépit de ses problèmes sexuels, il rejette toute la responsabilité sur Sonia, lui reprochant de ne pas avoir assez de cœur et d'être trop égoïste. Or c'est lui qui ne va pas bien. Je crois même que ses difficultés affectives, qui l'ont poussé à consommer de la drogue dans le passé, ne sont pas résolues.

TU M'AIMES, OU TU ME CONTRÔLES ?

Passons maintenant à la question à mille francs ! Dans les cas où la sexualité n'est pas un obstacle, vrai ou faux, l'amour peut-il durer ? C'est d'ailleurs la question posée dans le titre du dernier livre du psychanalyste new-yorkais Stephen Mitchell [3]. Personnellement, je répondrais par l'affirmative. Un autre psychanalyste, Otto Kern-berg [4], recourt aux lois de l'inconscient pour montrer que l'amour peut durer s'il ne se rattache pas seulement au sentiment de stabilité et de prévisibilité (dont nous avons

tous besoin), mais à celui de la découverte et au risque
vécu comme un acte de courage et non dans la crainte.
L'amour peut donc se prolonger si, comme la mer, il
comporte de forts courants en profondeur et des lames en
surface. Stabilité et instabilité peuvent coexister si la
confiance règne au sein du couple.

Malheureusement, beaucoup remplacent la confiance
par le contrôle. Dans leurs relations interpersonnelles, ils
confondent l'autoritarisme avec l'autorité, le contrôle avec
la maîtrise. Or être maître de soi renvoie à l'idée d'auto-
détermination, et donc à son monde intérieur, à la
conscience de ses propres ressources et de ses limites,
alors que le contrôle renvoie à l'extérieur. On ne peut
parler de maîtrise que lorsque l'on a suffisamment
confiance en ses propres moyens et que l'on écarte le
besoin d'exercer un certain pouvoir autoritaire sur l'autre.
En général, ceux qui maîtrisent les situations et les
émotions agissent avec sagesse, alors que ceux qui essaient
de les contrôler adoptent souvent des attitudes qui peuvent
devenir tyranniques envers leurs partenaires. Dans le
couple, la volonté de contrôler toutes les situations
débouche sur une rigidité excessive et interdit la juste
expression de ses émotions et de ses instincts.

C'est ce qui se passe pour Philippe, 35 ans, qui se
présente en thérapie pour un petit problème d'érection qui
ne s'est manifesté qu'avec une seule partenaire. Je suis
étonné par cet alarmisme excessif, mais comprends tout
de suite que sa demande de thérapie précipitée renvoie à
une personnalité caractérisée par le besoin de tout
contrôler, jusqu'à la moindre défaillance.

Philippe paraît froid, sous contrôle, bien habillé et sûr
de soi : il est surpris quand je lui dis que l'origine de son
dysfonctionnement réside dans son manque d'estime de
soi. En effet, il se sent souvent « obligé » de se demander
ce qui plaît à sa femme et comment il pourrait la satisfaire ; il est toujours prêt à s'adapter aux goûts et aux

exigences de sa partenaire et se comporte donc comme un caméléon...

Ses parents se sont séparés quand il avait 6 ans, et ses rapports sporadiques avec son père ne lui ont pas permis d'acquérir l'indispensable sentiment de confiance en soi et en sa virilité. De l'autre côté, sa mère, hypercontrôlante et autoritaire, ne l'a pas aidé à trouver les solutions à ses problèmes intérieurs. Voilà pourquoi il a toujours été tenté de contrôler ses sentiments et ses émotions. Cela n'a toutefois pas fonctionné avec sa petite amie actuelle, parce qu'il en est vraiment amoureux. Du coup, il est angoissé et ne réussit pas à assurer une bonne prestation sexuelle avec la seule fille par qui, il le dit lui-même, il est profondément attiré.

LES ARCHITECTES DU COUPLE

Selon Salomon Nasielsky, le psychologue belge, nous sommes aujourd'hui les « architectes » de notre couple. Le modèle familial – avec l'homme responsable de l'*extérieur* (le travail et l'argent) et la femme de l'*intérieur* (la maison et la famille) – a été fortement remis en cause. Surtout par la femme, qui travaille désormais hors de chez elle, non seulement par besoin, mais aussi et surtout pour se réaliser. Même si elle est souvent saisie d'angoisse parce qu'elle doit s'occuper de deux choses à la fois (son travail et sa famille) au lieu d'une seule. Les « épouses tout court », les « femmes parfaites » enfermées dans leurs cuisines, n'existent plus, comme nous l'a rappelé récemment un film plein d'esprit avec Nicole Kidman, *Et l'homme créa la femme* [5].

Chaque couple doit désormais s'inventer sa propre structure, concevoir sa propre maison, qu'il s'agisse d'un minuscule studio intime mais peut-être un peu étouffant, ou d'un loft spacieux et à la mode mais sans espaces

« privés », en passant par une villa à la campagne, refuge isolé du monde… Certes, il est difficile de bâtir le château qui soit parfaitement conforme à nos rêves, ceux que nous entretenons quand nous sommes amoureux, mais il ne faut pas faire du couple une cave où l'on entreposerait en vrac tout ce qui ne sert pas. Et surtout, il convient d'améliorer la communication au sein de son couple. J'en profite ici pour rappeler quelques principes fondamentaux.

Avant toute chose, lorsque l'on parle à son partenaire, il est bon de commencer par un « je pense que… » plutôt que par un « tu as fait », « tu as dit », « si tu avais… ». Ensuite, je conseille d'éliminer les diktats (« si tu n'arrêtes pas de boire/manger autant », « si tu ne changes pas de coiffure », « si tu ne te rases pas… ») et leurs conséquences explicites ou implicites. En outre, il importe d'éviter les phrases « qui tuent » parce qu'elles atteignent l'autre dans son estime de soi. Ainsi, une femme qui aime bien faire la cuisine sera bien plus blessée par une critique du type : « Ma mère faisait mieux les tartes » que par une remarque sur son parfum ou ses vêtements. Et l'homme narcissique, convaincu d'avoir toujours raison, sera troublé et jaloux si sa femme donne trop souvent en exemple un ami particulier…

Rappelons-nous aussi que la communication n'est pas la même pour l'homme et la femme : en général, le premier parle de faits, d'événements et de sexe, alors que la seconde parle de sentiments. En outre, l'homme parle plus facilement du présent, et la femme de l'avenir. Bref, le couple repose sur un équilibre fragile et doit être renforcé de l'intérieur. C'est d'autant plus important qu'il doit aussi se défendre contre des forces destructrices venues de l'extérieur, parmi lesquelles :

– Le caractère de plus en plus explicite des stimulations érotiques, du fait que la publicité et la télévision véhiculent une sexualité pulsionnelle, c'est-à-dire centrée sur le désir plus que sur la relation.

– Le nombre croissant de familles recomposées, avec des enfants de l'un ou l'autre partenaire qui s'insèrent, avec leurs droits et leurs désirs, dans la vie du nouveau couple.

L'AMOUR ROMANTIQUE ET LE MARIAGE

Comment, dans un tel contexte, rattacher le couple d'aujourd'hui à la figure de l'amour romantique ? Pour beaucoup, l'adjectif « romantique » est lié à l'irrationnel et jugé dangereux. Freud lui-même y voit une névrose passagère ; les familles traditionnelles, elles, pensent qu'il constitue un danger pour leur fils ou leur fille (mieux vaut un mariage arrangé ou, du moins, décidé sur une base plus rationnelle) ; quant aux hommes politiques, dans leur majorité, ils voient la famille comme le noyau stable de la société et estiment que le couple doit se fonder sur une réalité plus solide qu'une passion romantique.

Les œuvres lyriques du XIXᵉ siècle, de *La Traviata* à *Madame Butterfly*, mettaient déjà en avant ces deux exigences contraires : la stabilité de l'existence et la mobilité du cœur. Nous devons cependant remercier Shelley et Byron, les deux grands poètes romantiques anglais, d'avoir souligné la suprématie de la sensibilité et de l'impulsion émotive sur la raison. C'est grâce à eux si, depuis le début du XIXᵉ, le héros romantique nous fait rêver : il suit son cœur et ses passions, même si cela doit le mener vers un destin tragique. Les hommes ne sont plus de simples pions du destin, les prisonniers d'un univers adverse. La passion individuelle est exaltée et devient un des grands moteurs du monde occidental, avec la révolution industrielle et le capitalisme [6].

Faisons un saut dans le temps et arrivons à la situation actuelle, celle qui marque ce début de XXIᵉ siècle. Nous sommes aujourd'hui confrontés à un paradoxe, puisqu'il semble que nous voulions fonder le mariage sur les valeurs développées par la passion, c'est-à-dire sur un mythe à l'opposé sur mariage. Or le romantisme méprise la cohabitation stable et la quotidienneté, alors qu'il exalte l'aventure et le romanesque. La tendance actuelle de la télévision à mélanger le reality-show, la fiction et l'information renforce le paradoxe, pervertissant le rapport entre la vie vécue et la vie rêvée : les sentiments et les passions que nous voyons naître dans *Loft Story*, *L'Île de la tentation* n'ont pas plus de réalité que ceux développés dans les téléfilms à succès, mais pas moins que les faits divers développés au journal de 20 heures...

J'ai déjà traité[7] de l'évolution actuelle du *couple romantique* en *couple sensoriel*, pour lequel l'érotisme et la recherche de sensations et de frissons sont plus importants que le cœur. Je le répète ici : il est tout aussi impossible de fonder le mariage sur le sexe, qui est instable par définition, que de planter des pilotis dans des sables mouvants. L'amour romantique se nourrit d'obstacles, de détachements, alors que le mariage se fonde sur la nécessité du quotidien et de l'adaptation l'un à l'autre. Comme le disait déjà Denis de Rougemont[8], l'amour romantique a besoin de « douloureuse » séparation, tandis que le mariage appelle la « proximité » de l'autre.

L'AMOUR DANS LE COUPLE

Résumons-nous à ce point et examinons dans quelles conditions parler de couple de nos jours peut encore avoir un sens. Pour parler de couple, il faut :

1. Limiter les idéaux de l'amour romantique.

2. Comprendre que le sexe n'est pas le moteur d'un couple qui dure, mais seulement un ingrédient de celui-ci, bien moins important qu'on ne le croit.

3. Raisonner en termes d'éducation sentimentale, plus

que sexuelle : la clé du bonheur se trouve dans le cœur, plus que dans le sexe et la tête.

4. Surtout, lever l'ambiguïté. Nous y reviendrons plus loin, mais il arrive souvent que l'on se sente « trop bien pour partir, mais pas assez bien pour rester », comme le dit le titre d'un livre publié aux États-Unis [9]. Et cette ambivalence use, épuise, rend mélancolique. Elle renvoie à une réalité connue depuis longtemps et qui peut se résumer ainsi : ni avec toi, ni sans toi [10].

Bien des gens, d'ailleurs, ne savent plus que faire de leur couple ; ils attendent de l'extérieur un signal qui leur permette de décider. Ainsi Monique, 40 ans, vient-elle me demander de l'aider à évaluer sa situation conjugale. Elle se trouve dans une impasse, ne sachant pas si elle doit continuer de vivre avec son mari ou le quitter. La principale raison de cette interrogation est que lorsqu'elle s'est trouvée enceinte, il l'a poussée à avorter, alors qu'elle aurait voulu devenir mère. Ce choc l'a profondément secouée. Malheureusement, la liste des égoïsmes de son mari, y compris dans d'autres domaines, est longue. C'est ainsi qu'il lui fait payer l'exacte moitié du prix de leurs vacances ou des notes de restaurant alors qu'elle gagne bien moins d'argent que lui... Monique ne se décide pourtant pas à le quitter, mais dit qu'elle acceptera la séparation, si c'est lui qui la propose. Elle est trop engluée dans son ambivalence sentimentale et ne parvient pas à se libérer de ce qu'elle considérait comme le grand amour. N'ayant plus confiance dans la réalité, elle reste pour le moment dans ce couple, qui lui offre une sécurité, sur le plan social, mais la prive d'énergies affectives.

L'ambivalence n'est pas toujours aussi grande, mais je crois que tous les couples, un jour ou l'autre, se trouvent devant un embranchement, une incertitude, un doute : faut-il se battre pour rester ensemble et s'investir dans la relation, en essayant de modifier ce qui ne va pas, ou bien s'en aller, y compris dans la douleur, et recommencer ? Ce doute traverse la vie de tous les couples, à 20 ans, 30 ans, mais aussi 70 ans. Parce que si le temps passe et les besoins changent, il y a une chose qui reste forte et essentielle : l'envie d'aimer, d'être heureux en amour. C'est à ceux qui veulent y arriver que ce livre est dédié.

PREMIÈRE PARTIE

Les stratégies d'approche

Avant 30 ans

CHAPITRE I

La découverte du sexe

Manon a 21 ans. Elle en avait 17 quand elle a connu Jean-Luc, son petit ami, avec qui elle a établi un lien solide, au moins sur le plan affectif et émotionnel. Il la comprend, la soutient, l'encourage, lui permet de se sentir aimée ; qui plus est, il est bien accueilli dans sa famille. Mais il y a un *hic* : la sexualité. Pour Manon, c'est une véritable torture psychologique depuis le début. Elle a toujours dissimulé ce problème jusqu'à ce qu'elle fasse la connaissance de Christophe, il y a trois mois. Comme elle me l'explique, il « baise bien », mais ne veut pas s'attacher à elle, notamment parce qu'elle a déjà un petit ami.

Maintenant, Manon a besoin des deux garçons et me demande ce qu'elle doit faire. En théorie, elle devrait les laisser tomber tous les deux et repartir à zéro. À 20 ans, c'est possible, voire nécessaire. Tout au long de ces années, avec Jean-Luc, Manon a vécu une « relation d'appui ». Cet amour l'a aidée à grandir et lui a donné confiance en elle-même. Mais cela ne suffit pas : ce garçon lui apporte la sécurité, mais ne l'excite pas. Avec Christophe, elle s'est sentie aux prises avec des sentiments et des émotions plus intenses et a découvert le sexe. Mais ce n'est pas un garçon fiable et ce n'est sans doute pas non plus celui qu'il lui faut pour construire un avenir et se marier.

Il est difficile de dire pourquoi ces deux besoins, de soutien et d'érotisme, sont aussi distincts chez Manon, mais son cas nous donne un bon exemple de ce que certains ont du mal à trouver : un juste milieu entre la fusion et l'autonomie. Pour parler en termes plus poétiques : on demande au couple de donner à la fois des *racines* et des *ailes*, de savoir en même temps offrir un ancrage et voler. Autrefois, au moins, les règles comporte-mentales étaient claires. D'abord, on tombait amoureux (ou l'on avait le coup de foudre) ; ensuite, venait le sexe, qui impliquait une forte dose d'intimité. Une fois que l'on était passé par ces deux phases, on était libre d'opter pour une relation fondée sur la fusion ou, au contraire, de défendre bec et ongles son intimité personnelle. De nos jours, les règles sont moins rigides et, faute d'un modèle à suivre, tout le monde est à la merci de son monde inté-rieur. Dans cette reconfiguration, ce sont les femmes qui ont le plus évolué : comme les hommes désormais, elles « déconnectent » le sexe du cœur.

La logique actuelle est celle de la consommation, et, bien souvent, les rapports entre jeunes partenaires s'essoufflent une fois que la première impulsion est passée. Cette logique de consommation affective place la sexua-lité au premier plan, et surtout la sexualité pulsionnelle, plutôt que relationnelle. Or en réalité, c'est la sexualité relationnelle (c'est-à-dire celle qui accorde de l'importance à l'autre) qui fait durer un rapport, y compris sur le plan sexuel.

DES JEUNES FEMMES QUI DISENT OUI AU DÉSIR

Le désir n'est plus le monopole de l'homme ; les femmes aussi ont conquis le « droit de désirer ». On le voit bien au sein des nouvelles générations, en particulier à travers l'attitude des jeunes filles. Prenons le cas de Camille. Elle a 23 ans et a depuis quatre ans un petit ami qu'elle a toujours considéré comme son prince charmant, son grand amour. Or voilà qu'elle est attirée par un autre garçon qui la poursuit ardemment. Elle dit ne vouloir faire souffrir personne, mais est en train de tomber amoureuse du nouveau venu.

Elle me demande conseil. Il me semble que Camille est trop soumise au regard social sur la fidélité et l'attirance érotique. Elle éprouve du désir parce qu'un garçon la poursuit, alors qu'elle devrait choisir sur la base de ses véritables désirs à elle, en écoutant son cœur et ses sensations physiques. L'amour éternel ne peut se construire sur des règles imposées de l'extérieur, sur des principes abstraits ; il faut faire parler sa voix intérieure.

Au sein des nouvelles générations, la façon de gérer le désir a elle aussi changé. Autrefois, on trouvait l'homme plus « sexuel » que la femme, et c'est lui qui imposait sa libido. La femme acceptait si elle était amoureuse de lui et s'il y avait une promesse de mariage à la clé. Aujourd'hui, la biologie dément cette supériorité masculine. Contrairement à ce qui est dit dans la Bible, Ève ne naît pas d'une côte d'Adam, c'est même le contraire puisque nous sommes tous conçus de sexe féminin et que ce n'est que vers le deuxième mois de grossesse que les futurs hommes reçoivent une stimulation de testostérone qui déclenche le développement de leur identité sexuelle définitive.

Cette supériorité de la sexualité féminine continue d'ailleurs de se manifester tout au long de l'existence.

Ainsi, alors que les garçons n'atteignent l'orgasme et l'éjaculation qu'avec l'arrivée de la puberté et n'ont, avant, qu'une érection réflexe, chez les femmes, le clitoris est sensible bien avant l'adolescence et au moins la moitié des petites filles connaissent l'orgasme clitoridien. Et pendant l'amour ? La femme peut jouir plusieurs fois parce qu'elle n'a pas la « période réfractaire » qui impose à l'homme de marquer une pause après avoir éjaculé, pause dont la durée peut varier d'un quart d'heure chez les jeunes gens jusqu'à plusieurs heures chez leurs aînés.

En matière de sexualité, un fossé a donc longtemps séparé culture et nature : la culture masculine a pendant des siècles « bâillonné » le désir féminin. Et pas seulement le désir, d'ailleurs. Ainsi, au début du XXe siècle encore, une femme « comme il faut » n'avait pas le droit de boire du vin. C'était une distraction que seules pouvaient se permettre les courtisanes (pensons à Violette, dans *La Traviata*). Le désir féminin était vu comme une menace, surtout à cause des grossesses non désirées (et illégitimes) qui pouvaient en résulter. Aujourd'hui, la femme sépare très clairement le sexe de la procréation ; elle dispose de la contraception et, éventuellement, dans les cas extrêmes, de l'IVG, qui est autorisée par la plupart des législations européennes. Aujourd'hui, le désir féminin s'est libéré de ses entraves culturelles et s'est fait une place au côté du désir masculin. Et entre ces deux désirs, le masculin et le féminin, c'est même celui de la femme qui s'affiche désormais le plus.

Il suffit de regarder comment s'habillent les jeunes filles de 12 ou 13 ans. Dans les années 1960, elles osaient les minijupes ; maintenant, elles mettent impérativement des jeans taille basse qui laissent voir leur slip (qu'elles portent moins pour des raisons d'hygiène, d'ailleurs, que pour séduire). Autre moyen de séduction obligatoire ? Le nombril, qui doit être toujours visible, toujours exhibé grâce à de petits pulls moulants qui découvrent le ventre, et qui peut aussi être souligné par un piercing. Point fort de la séduction chez les moins de 30 ans, le nombril renvoie à la concavité invisible de la femme, souvent en parallèle avec une autre concavité, la bouche, recouverte de plus en plus tôt de rouge à lèvres. Face à cette explosion du désir féminin et à ces ados séductrices et agressives, beaucoup de garçons préfèrent passer leur temps avec leurs copains, faire de la moto, ou se masturber en secret, en pensant à celle qu'ils désirent mais qu'ils n'osent pas approcher.

Où sont donc passées les jeunes filles timides, au visage doucement incliné comme celui des madones de la Renaissance, qui rougissent en entendant parler de sexe ? On n'en voit plus. Les filles d'aujourd'hui semblent vouloir nous suggérer que les gentilles vont au Paradis, et les mauvaises partout [1].

LES GARÇONS : SI TIMIDES ET... TELLEMENT OBSÉDÉS PAR LEUR PÉNIS

La timidité des adolescents a changé de sexe : aujourd'hui, elle est plus diffuse dans le camp masculin. Nombreux sont les garçons de 18 à 25 ans qui sollicitent un avis médical parce qu'ils se demandent s'ils réussiront à avoir une érection au moment voulu. Ils ont peur de la première fois où ils feront l'amour, ce qui est normal, mais, par la suite, cette anxiété reparaît chaque fois qu'ils rencontrent une nouvelle petite amie, faisant monter en flèche leur taux d'adrénaline, ennemi de l'érection. Ainsi naît le syndrome de l'« angoisse de performance », qui a sans nul doute une base biologique mais qui, de nos jours, est également renforcé par la culture ambiante : les garçons ont peur de ne pas être à la hauteur ; ils craignent que leur amie n'en parle à ses copines et que celles-ci ne le racontent dans leur groupe... jusqu'à ce que tout le « village », réel et global, soit au courant.

Rien d'étonnant : l'absence d'érection est un grand handicap social, contrairement au manque d'excitation de la femme, qui peut même être masqué. Beaucoup de jeunes gens en viennent à demander des « pilules de virilité », des produits pharmaceutiques que l'on pense, en général, destinés à leurs grands-parents ! Pour ma part, je n'ai rien contre, si cela peut faciliter le début de la relation. Elles sont même souvent prescrites à de jeunes patients comme « tranquillisants ». En effet, dans la pratique clinique, face à des cas d'hommes très anxieux, elles fonctionnent mieux que les anxiolytiques classiques.

Comme dans le cas d'Henri, un garçon de 20 ans. Celui-ci a toujours été attiré par Emmanuelle, une fille qui fréquente le même groupe de jeunes que lui. Mais un jour, il se fait « draguer » par Sophie, une rivale d'Emmanuelle, peut-être précisément pour cette raison. Et il ne recule pas. Il accepte ses avances, ils sortent ensemble, s'embrassent et finissent au lit. Mais Henri est dévoré par l'angoisse et le résultat est catastrophique. Quand Sophie commence à raconter à tout le monde, autour d'eux, l'épisode embarrassant de sa défaillance, il est tellement désespéré qu'il se rend au centre de consultation pour jeunes afin de demander de l'aide en disant qu'il souffre d'impuissance. Or l'impuissance n'a rien à faire dans cette histoire...

Pour commencer, il a fallu qu'Henri comprenne que l'opération de séduction de Sophie était avant tout la conséquence d'une rivalité entre amies. Ensuite, « armé » d'une pilule faiblement dosée destinée à favoriser son érection, il a refait l'amour avec Sophie, afin d'exorciser sa peur et de cesser de s'inquiéter de son impuissance présumée. Mais c'est Emmanuelle qui l'intéressait vraiment, il l'a compris, et il a réussi à le lui dire. Après une longue explication, ils se sont mis ensemble.

Les garçons sont donc anxieux et préoccupés par leurs premières explorations sexuelles, par leur corps et, bien entendu, par leur virilité. Comme les femmes, ils sont obsédés par leurs « défauts » et en souffrent. C'est ce que confirme une étude publiée par le *British Medical Journal*. Chez les plus jeunes, c'est un nez trop fort ou des oreilles décollées qui peuvent faire cauchemarder (les autres problèmes typiquement masculins, comme la chute des cheveux et l'accumulation de graisse à la taille, les tourmenteront plus tard, passé la balise de la quarantaine…). Dans l'ensemble, ils accordent une attention excessive à l'esthétique, peut-être amplifiée par le fait que les soins du corps au masculin ne sont plus frappés d'interdit. Mais un des plus grands complexes des hommes reste les dimensions de leur organe sexuel. Et il semble que ce soit une préoccupation strictement masculine, car beaucoup de femmes avouent honnêtement être satisfaites et ne pas voir le problème…

Ainsi Richard, un charmant et brillant garçon de 24 ans qui a de multiples centres d'intérêt, est totalement angoissé par les dimensions de son pénis. Il vit sa sexualité à travers des comportements extrêmes et dangereux, se servant de jeux, de films porno, de travestissements et de liens pour détourner l'attention de ses partenaires vers des objets érotiques plutôt que vers son corps. Il ennuie sa petite amie en lui posant constamment des questions sur la taille et la grosseur du sexe de ses ex ou en lui demandant de lui décrire un rapport sexuel avec un homme de couleur (dont il envie, de toute évidence, la prestance virile). Or ce couple ne semble pourtant pas avoir de problèmes de satisfaction sexuelle, et la petite amie de Richard déclare même n'avoir jamais vécu de relation aussi satisfaisante sur le plan sexuel.

À quel type de problème individuel et sociopsychologique se heurte donc ce garçon ? Je pense que le principal, non seulement pour lui, mais aussi pour bien d'autres hommes jeunes, vient des nombreuses légendes autour de l'homme « bien monté », qui lient la qualité de la relation sexuelle à la longueur du pénis. Or, chez 90 % des hommes du monde entier, la longueur du pénis (en érection) est comprise entre 10 et 18 cm ; même le plus petit pénis peut donc atteindre toutes les parties du vagin, qui fait entre 8 et 13 cm. Qui plus est, lors de la pénétration, le plaisir de la femme est surtout lié au diamètre, et non à la longueur du pénis, ainsi qu'à la stimulation directe ou indirecte du clitoris. Beaucoup d'hommes sont ainsi influencés par une espèce de mythe collectif, sans fondement réel, où la taille de l'organe sexuel est prise pour le sceptre du roi. Et les médias, qui jouent sur cet imaginaire, ne font que renforcer chez eux cette conviction erronée...

Pour ma part, je conseillerais à Richard de travailler plutôt sur son estime de soi. Certes, il existe des techniques d'allongement du pénis, mais elles ne sont pas infaillibles et, surtout, n'ont aucun sens si le vrai problème ne se situe pas sur le plan physiologique. Il faut déplacer l'attention du bas vers le haut, des organes génitaux vers la tête. Et si je peux me permettre une petite suggestion à l'intention des femmes : vu cette faiblesse masculine, mesdames, évitez donc les comparaisons avec d'autres hommes...

Maintenant, concernant plus précisément le couple jeune, j'entends souvent dire, lorsqu'il se produit des pannes du désir, que c'est à cause du manque de sex-appeal du partenaire (« je n'ai pas envie de lui/d'elle ; c'est de sa faute ; il/elle n'est pas assez sexy... »). Or le problème n'est pas toujours là et il est fréquent que le blocage se cache justement chez celui qui désire. Liliane en est un exemple typique. À 20 ans, elle sort depuis deux ans avec Charles, qui a toujours eu une libido plus faible qu'elle. Elle a été très choquée de découvrir qu'il se masturbait plutôt que d'avoir des rapports avec elle. Au début, elle a culpabilisé, pensant ne pas être suffisamment attirante. Elle en a parlé à Charles, qui a minimisé le problème. Jusqu'au jour où, sur l'insistance de Liliane, ils sont allés voir un sexologue. Et là, Charles a avoué avoir des fantasmes sadomasochistes qu'il ne voulait pas accomplir avec sa petite amie, « angélisée » et idéalisée. Toujours la même dichotomie de la figure féminine : d'un côté, la femme avec qui on couche ; de l'autre, celle que l'on épouse...

SON DÉSIR À LUI ? NON, SON DÉSIR À ELLE !

Deux couples très différents sont venus me consulter pour le même problème : la femme ne parvenait pas à jouir, et c'est l'homme qui a insisté pour qu'ils viennent voir un sexologue.

Marie, par exemple, parle avec facilité de sujets intimes. Cette femme de 30 ans, aimable et instruite, raconte qu'elle a fait l'amour pour la première fois à 14 ans. Elle est restée avec son petit ami pendant trois années au cours desquelles elle a connu des moments sexuels agréables, mais sans jamais atteindre l'orgasme. Après leur séparation, alors qu'elle avait 17 ans, Marie a rencontré son petit ami actuel, avec qui elle vit aujourd'hui. Mais, avec lui aussi, la jouissance demeure un objectif impossible à atteindre. Elle a régulièrement des fantasmes érotiques : elle voudrait être attachée à son lit, mais sans subir de violence physique. Son petit ami, qui a une très forte libido, lui demande de faire l'amour deux fois par jour en expérimentant chaque fois quelque chose de différent, des rapports oraux au sexe anal. Doit-on en conclure que Marie est une femme qui ne connaît pas le plaisir ? Non, parce que, d'après ce qu'elle raconte, elle peut jouir de deux façons. La première est « archaïque » : elle se couche à plat ventre sur son lit avec un oreiller

entre les jambes ; la seconde est « thermique » : elle se
caresse avec le jet d'eau chaude en prenant sa douche.
Dans les deux cas, ce sont des modalités d'autoérotisme
indirect.

C'est comme si Marie ne pouvait se toucher directement. Comme si, depuis que sa mère l'a trouvée en train
de se masturber et l'a disputée alors qu'elle n'avait que
8 ans, elle avait « bâillonné » son plaisir. Dans cette
histoire, l'absence de plaisir n'est donc pas liée à un malentendu communicationnel ou sexuel au sein du couple,
mais à un vieil interdit remontant à l'enfance.

Le cas du second couple est du même genre. Bruno,
un homme du Midi, a connu Joséphine en vacances, et
ils ont engagé une relation satisfaisante. Ils ont une vie
sexuelle intense (ils font l'amour au moins une fois par
jour), mais perturbée par l'absence d'orgasme chez Joséphine. Une fois encore, après avoir exclu toute mala-
dresse chez le partenaire, nous avons exploré le passé de
la jeune femme, et il est apparu que sa mère avait une
attitude très froide à l'égard de la sexualité. Joséphine
pensait que l'orgasme lui viendrait de son compagnon, que
ce serait un « don » amoureux de son partenaire, alors que
c'est son rapport à son propre corps qui est bridé. Nous
avons expérimenté une rééducation sexuelle à l'aide d'un
appareil breveté par une société américaine, l'Éros-CTD,
qui provoque immanquablement, par une sorte de
« succion » mécanique (en fait, il stimule la circulation
sanguine), un orgasme clitoridien. Et ce « jeu » a ensuite
été transposé dans la communication du couple.

Pendant une trentaine d'années, mai 1968 aidant, on a
pensé qu'il n'y avait pas de femmes frigides, seulement des
hommes qui ne savaient pas y faire. C'était malheureusement vrai dans bien des cas, à condition de préciser que
la clé du plaisir sexuel féminin se trouve très souvent *aussi*
dans le passé de la femme et dans l'éducation qu'elle a
reçue. Mais il est difficile de l'expliquer à un homme qui

tient l'orgasme de sa partenaire pour une preuve de sa virilité...

LA CHASTETÉ : CHOIX OU CONTRAINTE ?

Aujourd'hui, la sexualité est devenue plus « pulsionnelle » que « relationnelle ». Notre société pousse à la réalisation – si possible, immédiate – des pulsions : « L'objet de votre désir est là, à côté de vous, alors prenez-le », répète à l'envi la publicité. Cette vision consommatrice du sexe est préjudiciable à l'épanouissement sexuel dans la vie à deux : voilà pourquoi les thérapeutes de couple s'y opposent, non pour des raisons d'ordre moral, mais parce que la consommation sexuelle nuit à l'amour. Et voilà aussi sans doute pourquoi on assiste depuis quelque temps à une revalorisation de la virginité et de la chasteté prémaritale. Compte tenu de l'overdose de sexe dans le monde actuel, le seul vrai comportement anticonformiste n'est-il pas, en effet, de rester vierge ?

Le phénomène de la chasteté choisie est né aux États-Unis, où il est soutenu et subventionné par des néopuritains dont le nombre ne cesse de croître, mais il fascine aussi les Européens. Chaque jour, nous entendons parler de manifestations et de croisades en faveur de la virginité. Je pense, par exemple, aux cinq cents jeunes qui se sont rassemblés à Washington pour proclamer les vertus de leur état virginal. Leur cortège est passé devant le siège local de *Playboy*, puis s'est dirigé vers la Maison Blanche et, à la fin de la parade, les manifestants ont invité tous les automobilistes à klaxonner au nom de la pureté. Ces néopuritains ne croient plus au vieux slogan « faites l'amour, pas la guerre » ; ils sont même persuadés que si tout le monde suivait leur exemple, beaucoup de problèmes actuels seraient résolus. Aux États-Unis, on assiste aussi à de virulentes campagnes pour amener les adolescents à apposer leur signature sur des contrats qui les engagent à rester chastes jusqu'au mariage. Une des associations concernées, True Love Waits (« Le véritable amour peut attendre »), est restée particulièrement célèbre pour avoir récolté, à une époque, la signature de la jeune popstar Britney Spears… Il y a aussi Silver Ring, mouvement qui a convaincu 22 000 ados d'opter pour l'abstinence. Filles et garçons font vœu de chasteté et, au cours de cette cérémonie, enfilent l'anneau d'argent qui donne son nom au groupe ; 24 de ces « missionnaires » ont débarqué récemment en Angleterre pour y faire de nouveaux convertis, mais ils ont été accueillis plutôt froidement [2]. L'Angleterre n'avait pas été choisie par hasard : c'est le pays européen où l'on enregistre le plus fort taux de grossesses chez les jeunes filles de moins de 20 ans…

Mais la chasteté est-elle réellement une nouveauté ? me direz-vous. Et n'est-elle liée qu'aux préceptes de l'Église catholique ? Non, évidemment. Dans son livre *Histoire universelle de la chasteté et du célibat* [3], l'historienne canadienne Elizabeth Abbott rappelle que des millions de personnes, avant l'avènement du Christ, ont opté pour la chasteté au nom de convictions hindouistes ou bouddhistes. Dans le jaïnisme, doctrine philosophico-religieuse qui s'est développée en Inde au VIᵉ siècle avant J.-C., l'abstinence sexuelle est ainsi un élément fondamental pour atteindre le nirvana. Sans parler des quelques grandes personnalités « chastes » de l'histoire, de Jeanne d'Arc à Florence Nightingale ou de Léonard de Vinci à Gandhi, la chasteté n'a donc rien d'inhabituel, puisqu'elle est pratiquée depuis plus de 3 000 ans, librement ou de façon imposée. En effet, si certains peuvent opter délibérément pour la chasteté, d'autres y sont contraints pour divers motifs. Pour donner un exemple, il y a encore cinquante ans, la virginité prénuptiale était de rigueur dans certains pays : elle garantissait au mari la paternité du premier enfant. Aujourd'hui, dans les pays occidentaux, la chasteté est davantage vue comme une façon d'accroître sa force physique et sa concentration mentale. Précisons, toutefois, que si cela est vrai pour les hommes qui font du sport, il semble, en revanche, que chez les sportives, l'orgasme soit un « doping » autorisé… Dans notre société-spectacle, on assiste même à la « mise en vente » de la virginité. En Angleterre, Roseil Reid, étudiante de 18 ans inscrite en faculté de sciences politiques, a ainsi mis sa virginité aux enchères sur Internet afin de payer son loyer à la résidence universitaire. La plus forte enchère, 12 000 euros, a été proposée par un homme de 44 ans divorcé et père de deux enfants. Il ne faut pas simplement voir dans cette histoire une provocation ou une protestation contre des tarifs universitaires en constante augmentation : la jeune fille – qui a, par ailleurs, déclaré être lesbienne – a vraiment conclu l'affaire. Exception faite de ce genre de cas limite, la chasteté est apparemment une arme à double tranchant : lorsqu'elle résulte d'un libre choix, elle renforce la personnalité ; quand elle résulte d'une obligation, extérieure ou interne, elle est vécue comme une oppression.

Très souvent, chez les jeunes femmes que je reçois, la virginité était la conséquence d'une peur ancienne et irrésolue. C'est le cas d'Anne, 29 ans. Elle me raconte qu'on lui fait souvent des avances, mais qu'elle fuit à chaque fois qu'arrive le moment du contact physique. Elle a été abusée dans sa petite enfance et, maintenant, elle défend sa virginité à outrance, comme dans le passé, quand elle a dû se défendre contre son oncle. Chez Marine, 21 ans et mère d'un nourrisson, la chasteté a une tout autre origine. Son mari et elle déclarent utiliser comme méthode de contraception le coït interrompu qui, comme solution anticonceptionnelle, n'a rien d'infaillible, mais, en fait, comme je le découvrirai plus tard, ils n'ont pas de sexualité complète : leur petite fille a été conçue par accident car, même cette fois-là, il n'y a pas eu véritable pénétration. Ainsi, d'une certaine manière, cette mère toute jeune est encore vierge. Au début, j'ai cru qu'elle souffrait de vaginisme, contraction involontaire des muscles périnéaux qui se trouvent à l'entrée du vagin et qui rend les rapports difficiles, douloureux, voire impossibles, mais non, il n'en était rien.

Bien souvent, les motivations psychologiques de ce genre de trouble remontent à l'enfance, où le coït a été imaginé comme dangereux ou douloureux. Il arrive que cela soit dû à des abus subis ou à des attentats à la pudeur ; dans d'autres cas, c'est le fait d'événements de moindre gravité, mais qui ont néanmoins profondément marqué l'émotivité. Je me souviens ainsi d'une femme qui avait été tellement choquée par une scène de violence dans le film *La Ciociara*, avec Sophia Loren, que sa vie sexuelle adulte en était encore affectée. Ou encore d'une autre femme qui, chez sa grand-mère, à la campagne, alors qu'elle était petite, avait été impressionnée par le spectacle de deux chiens copulant dans la rue et par la réaction de sa grand-mère, qui leur avait jeté un seau d'eau pour les « libérer ». Ce type de vaginisme, où la pénétration est perçue comme un danger, est assez facile à guérir. Personnellement, j'en ai soigné près de 250 à l'aide d'une thérapie psychologique et comportementale et d'exercices de rééducation périnéale qui permettent à la femme de retrouver le contrôle des muscles de son vagin. Durant la thérapie, les patientes retravaillent les fantasmes archaïques qui se sont somatisés dans la contraction musculaire qui entraîne le vaginisme.

Toutefois, dans le cas de Marine, je l'ai dit, je n'étais pas confronté à un problème de vaginisme, plutôt à de la pudeur face à la sexualité en général. Pour le dire autrement, le blocage se rapportait moins au pénis de son mari qu'aux sensations qu'elle éprouvait. Cette jeune femme n'avait jamais osé se caresser et ne connaissait pas son corps. Elle attendait encore un prince charmant qui pourrait la sortir de la léthargie sexuelle dans laquelle elle était plongée. Au fil des consultations, j'apprends ainsi que Marine a une relation très étroite avec sa mère, qui s'est retrouvée enceinte d'elle alors qu'elle avait 15 ans sans avoir jamais vraiment connu le sexe. Après une dispute en famille, la joue encore rougie par la gifle qu'elle avait reçue, la maman est descendue dans le jardin, désespérée. Là, elle a retrouvé son voisin, un petit jeune de 17 ans qu'elle aimait bien et qui, la voyant aussi bouleversée, a fait de son mieux pour la consoler... C'est ainsi qu'a été conçue Marine, qui a grandi sans père parce que le jeune garçon très empressé s'est bien vite désintéressé de la mère mineure et de sa fille. Parce que sa mère a choisi de la garder et n'a pas avorté et que, dès sa naissance, elle s'est accrochée de toutes ses forces, Marine en a conçu une espèce de « dette de vie » et c'est précisément cette loyauté qui la rend infantile et incapable d'évoluer, y compris sur le plan sexuel. Peut-être n'est-ce d'ailleurs pas un hasard si Marine est, elle aussi, une « mère-enfant avec enfant », alors qu'elle n'a que 20 ans et qu'elle pourrait, comme les filles de son âge, aller à l'université et faire des projets d'avenir... Dans ce genre de cas, soyons clair, une thérapie sexuelle n'est d'aucun secours : seule une psychothérapie peut libérer les jeunes femmes comme Marine du joug qui les rattache à leur mère.

MIDDLESEX, OU LES CHARMES DE L'« HERMAPHRODISME »

Comme souvent, la mythologie nous aide à comprendre ce qui se passe autour de nous et, pour moi, une des clés de lecture du monde contemporain réside dans l'hermaphrodisme croissant, le mélange idéal de masculinité et de féminité[4]. C'est le grec Galien, au IIe siècle après J.-C., qui a introduit dans le langage médical le terme d'« hermaphrodite ». Sur le plan scientifique, il désigne la coprésence, chez un individu, des glandes sexuelles masculines et féminines. Mais ce qui nous intéresse ici n'est pas le phénomène biologique, par ailleurs plutôt rare, mais son aspect psychologique, à savoir la contamination croissante du masculin et du féminin. Ce n'est pas pour rien que le roman de l'Américain Jeffrey Eugenides, *Middlesex*[5], a remporté le prix Pulitzer et conquis un vaste lectorat. Cal, ou plutôt Calliope, qui naît femme au sein d'une famille grecque immigrée à Detroit, renaît, quatorze ans plus tard, dans la peau d'un homme, et décide alors, après avoir découvert sa curieuse et exceptionnelle nature, de vivre et d'aimer au masculin.

Mais revenons au mythe et à l'étymologie du mot. Hermaphrodite est le superbe fils d'Hermès et d'Aphrodite, dont tombe amoureuse la nymphe aquatique. Un jour, alors que le jeune dieu se baigne, elle l'enlace en priant pour ne plus jamais être séparée de lui. Et son vœu est exaucé, puisque leurs âmes et leurs corps fusionnent. Dans le monde grec, d'ailleurs, l'androgyne est la figure emblématique de la totalité, de la plénitude, de la création[6]. Oui, mais de nos jours ? Eh bien, on constate que sur le plan strictement psychologique, l'hermaphrodisme est désormais hautement valorisé par les artistes, les chanteurs ou dans la mode : la beauté androgyne est de plus en plus en vogue. Cela ne fait pas les affaires des adolescents qui ont déjà une identité sexuelle ambiguë et qu'on semble inviter à penser que l'ambiguïté sexuelle est un *must*. Leurs doutes et, bien souvent, leur manque de certitudes à propos du couple hétérosexuel ne peuvent en être que renforcés.

Pour compléter ce brouillage entre les sexes, ajoutons le narcissisme grandissant des hommes qui sont de plus en plus attentifs à leur physique, qui utilisent des crèmes et des cosmétiques, s'épilent la poitrine, se font faire des opérations de chirurgie esthétique. Même un modèle de virilité comme le footballeur David Beckham ose, indifféremment, se raser totalement la tête ou, avant d'entrer sur le terrain, mettre un serre-tête pour se tenir les cheveux. Les filles qui, aujourd'hui, trouvent le plus facilement un compagnon sont aussi celles qui, tout en ayant un physique agréable, font montre d'une certaine tolérance à l'égard du narcissisme masculin.

Tel le roseau de la fable de La Fontaine, la femme semble donc avoir appris à ployer sans céder. L'homme, lui, en revanche, continue plutôt de « faire le chêne » : il résiste à la tempête du féminisme, et recherche une compagne avec qui établir une relation sans agressivité et qu'il pourrait également protéger. Car s'il est bien une chose que les hommes d'aujourd'hui ne supportent toujours pas, c'est que les femmes cessent de rechercher leur protection au sein du couple – même les plus modernes en apparence, ceux qui acceptent la parité entre les sexes, éprouvent au fond d'eux-mêmes ce besoin. Cela ne les empêche pas, dans le même temps, de vouloir également se sentir protégés dans ce qu'ils ont de plus vulnérable : leur vie sentimentale. Une telle contradiction constitue, évidemment, un véritable casse-tête pour les jeunes femmes d'aujourd'hui qui les accompagnent…

J'en reçois beaucoup de ces hommes déçus parce qu'ils n'ont pas trouvé la douceur qu'ils cherchaient auprès d'une partenaire trop émancipée : ils ont l'impression d'avoir été trompés. Ils voudraient, comme Ulysse le fit pour ses compagnons, s'être bouché les oreilles et ne pas avoir cédé aux chants envoûtants de ces sirènes : au moins, ils n'auraient pas perdu leur route ou ne se seraient pas noyés, disent-ils… Mais je vois aussi nombre de jeunes femmes plus intéressées par leur accomplissement personnel que par le couple. Quand viendra donc le moment du vrai partage, celui qui permettra le mélange harmonieux du masculin et du féminin chez l'un et l'autre sexe afin que l'un et l'autre sexe évoluent ensemble vers un nouveau bonheur ?

CHAPITRE II

La nouvelle éducation sentimentale

Julie a 16 ans. Elle vient consulter parce qu'elle a des problèmes quand elle fait l'amour : elle n'a plus de désir et éprouve des brûlures vulvaires, surtout lors de la pénétration. Son petit ami, Léo, et elle sont au lycée. Au collège, ils ont été plusieurs années dans la même classe, mais en troisième, ils ont été dirigés vers deux sections différentes. Et Julie, qui a toujours eu un rapport fusionnel et symbiotique avec Léo, vit cette séparation comme un drame : elle a peur de le perdre, mais aussi de lui parler de cette crainte. Et c'est donc son corps qui s'exprime. De son côté, Léo ne comprend pas ce qui se passe et a l'impression que Julie se détache de lui et ne le désire plus. Son manque de confiance, typique des adolescents, l'empêche d'en parler et le pousse à s'isoler, à élever une barrière entre ses pensées et le monde extérieur. Quand ils se voient, il essaie de l'embrasser, de la prendre dans ses bras, mais elle se bloque dès qu'elle comprend qu'il a envie de faire l'amour. Et Léo, qui se sent rejeté, s'en va jouer de la guitare dans son coin pendant qu'elle pleure.

S'agit-il tout bonnement d'un amour d'adolescence qui touche à sa fin ? Je ne pense pas. Julie a une relation très forte et très intime avec sa mère, à qui elle dit tout. Ainsi, elle lui a parlé de Léo et de sa décision de faire l'amour avec lui. Sa mère lui a tout de suite conseillé de prendre la pilule, et quelquefois, accepte que Léo reste dormir à la maison. Comme elle le dit fièrement à ses amies, elle a une relation « moderne » avec sa fille. Pour moi, le vrai problème est justement là, dans cette communication « excessive » entre une mère et sa fille : trop transparente, elle ne leur laisse ni secrets ni intimité. Or ce modèle de communication, Julie l'a repris au début avec son petit ami, mais aujourd'hui qu'ils ne sont plus dans la même classe, qu'ils n'ont plus les mêmes camarades, les mêmes interrogations, qu'ils ne partagent plus les mêmes potins, le « tissu » de leur relation s'est élimé et c'est l'éloignement de son petit ami que cette jeune fille exprime à travers son symptôme sexuel.

Dans cette histoire, autre chose me frappe : avec leur désir de fusionner, Julie et Léo forment un couple à l'ancienne car, de nos jours, les jeunes ont davantage tendance à être en symbiose avec leurs amis qu'avec leur partenaire. Certes, il y en a encore qui aspirent à un amour romantique et exclusif, mais, le plus souvent, ils veulent être amoureux sans renoncer à leur liberté, partager sans trop donner et, surtout, préserver leur identité et ceux qui continuent à rêver du grand amour se montrent extrême-ment réalistes : ils cherchent la passion au cinéma ou à la télévision, plutôt que dans leur quotidien. C'est comme si la belle phrase de Saint-Exupéry selon laquelle « s'aimer, ce n'est pas se regarder l'un l'autre, mais regarder ensemble dans la même direction » avait été abandonnée au profit de l'envie de se réaliser personnellement. Désormais, le couple est vu comme une tanière plutôt que comme un lieu d'intimité, et le partage est davantage recherché au sein de son groupe d'amis ou de la « tribu » que forment les copains de son âge. Dans ces conditions, l'amour devient un exercice d'équilibriste : il faut rester à l'écoute de l'autre, mais toujours à une certaine distance. Certes, l'amour n'est pas l'attachement que tous, dans notre enfance, nous avons ressenti pour nos parents ; il n'est pas synonyme de dépendance affective. Mais ce n'est pas non plus l'indépendance affective totale, comme le croient beaucoup de jeunes qui s'intéressent surtout à eux-mêmes et fort peu à leur relation. L'amour est à mi-chemin entre la dépendance affective de l'enfant et l'indépendance affective de bien des adultes, surtout des femmes, qui ont cessé de croire en la possibilité de tomber amoureux.

PERDRE LA TÊTE :
L'AMOUR PLATONIQUE
AU TROISIÈME MILLÉNAIRE

Leïla, 22 ans, n'a pas encore trouvé le juste milieu entre la fusion avec son petit ami et une indépendance qui ne compromette pas cette relation. Tel est son véritable problème, même si, dans la longue lettre qu'elle m'envoie, elle ne parvient pas à l'identifier clairement. Depuis cinq ans, elle a un petit ami, Jérôme, qu'elle définit en plaisantant – mais peut-être pas tant que cela – comme « une perle rare » : l'homme que toutes les femmes voudraient avoir. Jérôme est un gentil garçon : il aura bientôt sa maîtrise, est issu d'une bonne famille, l'aime et serait prêt à faire n'importe quoi pour elle. Il parle déjà de mariage, d'un avenir ensemble. Il est sincère, fiable et fidèle. Mais alors qu'auparavant sa possessivité et leur relation exclusive donnaient à Leïla le sentiment d'avoir de l'importance, maintenant, elles gênent une envie d'indépendance inexprimée.

Le premier symptôme qui manifeste cette envie est sexuel : Leïla n'éprouve plus de désir et fuit les situations intimes. Jérôme, patient, attend. Cela fait maintenant deux ans qu'ils ne font plus l'amour. Parallèlement, des crises de panique ont commencé : Leïla a tout à coup l'impression qu'elle va mourir. Elle est saisie d'une angoisse insurmontable et se retrouve même parfois aux urgences, alors qu'elle n'a rien sur le plan physiologique. Comme le lui a suggéré l'excellente doctoresse qui l'a examinée un jour, elle devrait peut-être commencer à penser à elle-même et à ce qui la bloque.

Mais Leïla rêve. Elle rêve de fugue romantique. Sur un *chat*, elle rencontre un garçon qui, comme elle me l'écrit, la « fait planer ». Même s'ils ne se sont jamais vus, avec lui, elle se sent renaître : elle s'achète de nouveaux vêtements et change de coiffure. Elle lui donne même son numéro de portable et, outre de très longs *mails*, ils s'envoient des dizaines de SMS. Et puis, tout à coup, il lui déclare qu'il est amoureux… d'une autre, qu'il vaut mieux qu'ils ne s'appellent plus, qu'ils ne s'envoient plus de messages. Leïla est désespérée. Pour elle, cet amour virtuel était réel, profond, fort. Et elle sombre de nouveau dans l'angoisse, prenant dix kilos. Que faire ? Près d'elle, il y a toujours Jérôme, qui ne s'est aperçu de rien, qui l'aime encore comme au premier jour. Mais la vérité, comme elle le dit elle-même à la fin de sa lettre, c'est que Leïla ne s'aime pas. Et c'est de là qu'elle doit partir.

Dans cette histoire, il est donc question d'un amour qui, sans être consommé, déstabilise, bouleverse, fait perdre la tête. D'un amour par Internet, qui n'est que la version « troisième millénaire » du classique amour platonique. Chez les adolescents, l'amour platonique est considéré comme un événement quasiment « physiologique », tout comme l'habituel béguin pour un professeur.

Prenons l'histoire de Corinne, qui a 14 ans. Elle m'écrit : « Je n'arrive pas à oublier mon prof. Nous l'avons

eu comme remplaçant, et je suis tombée amoureuse de lui.
Je peux vous jurer que j'essaie par tous les moyens de
l'oublier, mais je n'y arrive pas. Il est sensible, loyal et
doux. Mais il a 40 ans... Heureusement, il n'est pas marié
et n'a pas d'enfants. Je me rends bien compte que mon
souhait ne peut se réaliser, mais je ne peux m'empêcher de
penser à lui. J'ai l'impression que nous sommes "faits du
même sang". Bien entendu, j'éprouve cela, moi, mais lui
ne sait même pas que j'ai des sentiments pour lui. Je
pourrais escalader le plus haut sommet du monde,
traverser le désert sans la moindre goutte d'eau, mais je
ne peux pas vivre une minute sans penser à lui ! S'il vous
plaît, conseillez-moi. »

J'ai rapporté presque intégralement les phrases
romantiques de Corinne, des phrases à l'eau de rose qui
m'ont fait sourire mais m'ont également ému. Elle déborde
de sentiment, ce qui est une qualité, et j'espère qu'elle
restera ainsi : tant de filles de son âge font l'amour sans
cœur. Corinne idéalise son professeur, qui est sans doute
sympathique, voire bel homme, mais qui n'est certainement pas le seul qu'elle aimera. Cet engouement d'adolescence est une sorte d'« échauffement » de sa capacité
d'aimer, mais elle ne le comprend pas. Elle ne vit que dans
le présent, intensément et douloureusement, elle est incapable de se projeter dans l'avenir. Il lui paraît impossible
de penser qu'un jour, elle pourra rencontrer et aimer
quelqu'un d'autre. Comme elle l'écrit, elle a l'impression
qu'elle et son professeur (qui n'est pas du tout au courant
de son béguin) sont « faits du même sang », et cette idée
d'union est typique de l'adolescence et de l'amour en
général, lorsque l'on projette ses pulsions sur l'objet
d'amour.

J'ai conseillé à Corinne un livre qui l'aidera à
comprendre ce qu'elle éprouve : *Je t'aime. Tout sur la
passion amoureuse*, de Francesco Alberoni[1]. Dans cet
essai, le sociologue italien établit une distinction entre la

passion subite, qui constitue une des forces vitales de
l'existence, et l'amour durable, au cours duquel on « voit »
l'autre de manière objective en en reconnaissant les
qualités, mais aussi les défauts. Corinne devra commencer
par réfléchir à ses sentiments afin de comprendre la force
qui la meut. Sa passion n'est qu'un « rodage » de ses sentiments. Pour filer la métaphore automobile, elle devra
apprendre qu'en amour, il n'existe pas que la première ou
la cinquième, mais aussi des vitesses intermédiaires. Les
« embardées » de l'adolescence ont leur utilité, à condition que les sentiments ne s'atrophient pas ou n'entravent pas le développement affectif naturel. Il faut que
Corinne réussisse à lever le pied de l'accélérateur. Elle doit
apprendre que, dans la vie, il arrive qu'on perde et qu'on
soit obligé de se détacher de choses ou de gens auxquels
on tient, mais que la vie continue et qu'elle est pleine de
nouvelles conquêtes et de nouveaux objectifs. Elle doit se
défaire de cet amour à sens unique avant qu'il ne bloque
son évolution. Comment ? En vivant sa vie, tout bonnement, en se confiant à une amie, en tenant un journal ou
en allant danser. Je suis sûr qu'elle le fera : elle n'a que
14 ans, elle vient juste de découvrir la force de l'amour.

« JE T'AIME SI TU M'AIMES » :
LA TOUNDRA AFFECTIVE

« Aimer » est un verbe transitif actif. Plus qu'au verbe
« offrir », il s'apparente au verbe « donner », car tous les
deux présupposent une gratuité implicite, sans attente en
retour. Pourtant, j'ai de plus en plus l'impression de me
trouver aujourd'hui face à des jeunes gens qui, même si
c'est inconscient, calculent ce qu'ils peuvent recevoir de
l'autre, tant sur un plan affectif que pratique. Ce qui peut
amener à confondre les registres. Comme à Noël quand la
gratuité d'un cadeau est remplacée par un geste calculé qui

ne vise qu'à « rendre la pareille » ou encore à maintenir ou établir des rapports d'amitié ou d'affaires.

Ce phénomène peut s'expliquer, entre autres, par le fait que les nouvelles générations ont extrêmement peur de l'instabilité du mariage et de la précarité des sentiments : ils jouent la carte de la sécurité. Des études récentes ont bien montré que les jeunes d'aujourd'hui sont plutôt de tendance néotraditionaliste : ils imaginent un futur dans lequel ils seront mariés, auront beaucoup d'enfants et condamnent la séparation et le divorce [2]. Mais que se passe-t-il ensuite lorsqu'ils grandissent, commencent à travailler, se mettent à vivre à deux ou se marient, bref, à l'approche de la trentaine ? Eh bien, ces mêmes jeunes qui sont dans une logique du « je t'aime si tu m'aimes », c'est-à-dire dans une logique qui n'a rien à voir avec le don, demandent non pas de l'amour, mais de la sécurité : ils sont dans les « calculs du cœur ».

Certes, sur le plan financier, il est non seulement licite, mais nécessaire, de vouloir gagner de l'argent, mais quand on parle d'amour ? Dans une histoire amoureuse, mieux vaut accepter qu'on est tour à tour créancier, mais aussi débiteur et que, en général, quand on donne, on donne à fonds perdus. Le seul vrai gain personnel, en amour, ce sont les avantages tirés d'une relation durable, dans laquelle les deux partenaires trouvent leur « intérêt » affectif. Mais une telle conscience demande que l'un des deux fasse le premier pas en donnant son amour dans l'espoir que l'autre en fasse autant. C'est la seule façon d'éviter le repli et la méfiance réciproques. Quand les liens sont uniquement fondés sur des avantages réciproques ou sur des avantages à sens unique, il s'agit purement et simplement d'une relation d'affaires et le mariage, s'il a lieu, se réduit à un contrat affectif.

De façon significative, ceux qui traversent une crise conjugale ne se plaignent pas ouvertement d'un problème de couple, et chacun se concentre sur le comportement de l'autre et sur ses réactions à d'éventuelles demandes, attribuant des significations profondes à des attitudes qui, bien souvent, n'en ont guère. Ces personnes-là veulent absolument comprendre et savoir, à travers les attitudes de leur partenaire, s'il est amoureux ou non, au risque de perdre de vue leurs propres sentiments. C'est comme si l'amour pour l'autre était directement proportionnel à l'amour de l'autre.

Du fait de ces incessants calculs du cœur, ces couples évoluent dans une espèce de désert glacial où il ne fait pas bon vivre. Pour reprendre l'image climatique ou géographique, nombre de couples jeunes aujourd'hui semblent ne pas réussir à « s'établir » dans une zone tempérée : ils choisissent la toundra, l'endroit le plus proche du pôle où il est possible de survivre. Ceux qui se retrouvent ainsi dans leur « toundra affective » mènent une vie terne parce qu'ils ont peur de prendre des risques. Ils vivent en adhérant aux rôles sociaux du couple, mais de l'intérieur, leur couple ne vit plus. Ils ont moins de 30 ans, mais c'est comme s'ils en avaient 60 : ils sont déjà vieux, parce qu'ils ne veulent pas courir de risques sentimentaux.

LE NOUVEAU « COCOONING » : LE « NESTING »

On observe donc un nouveau besoin de sécurité, et partant de stabilité, y compris et surtout chez les jeunes de 20 ans. Ce n'est pas un hasard si, dernièrement, on s'est mis à parler d'une nouvelle variante du *cocooning*, le *nesting*.

Le *cocooning* remonte à la fin des années 1980 : ce terme, forgé par la futurologue américaine Faith Popcorn, désignait la tendance à se renfermer dans un cocon, au sein d'une intimité protégée, afin de se défendre des agressions du monde extérieur. Elle est née de l'effritement des structures macrosociales et de la fin des illusions révolutionnaires et politiques. Et le besoin de sécurité s'est déplacé vers les structures microsociales, dont le couple. Aujourd'hui, après le 11 septembre 2001, ce phénomène a été rebaptisé *nesting* : on ne désire plus seulement un cocon, mais un nid.

Dans les deux cas, il s'agit du triomphe des émotions sur les idéologies, et d'une revalorisation de la sphère privée, de la famille, du couple, de la maison. Cette tendance a été accélérée par les événements du 11 Septembre, parce que la peur et la perte de repères qu'ils ont entraînées ont fait naître une nouvelle envie de sécurité, de « nid » (*nest*). À une différence près, cependant, comme le soutient la nouvelle gourou du mode de vie contemporain, la Néerlandaise Li Edelkoort : si le *cocooning* amenait à rechercher un cocon fermé, une protection par rapport au monde, le « nid » d'aujourd'hui est une maison câblée, connectée au reste du monde grâce à Internet. Une maison « ouverte », donc.

Le désir de *nesting* est omniprésent actuellement. On le retrouve clairement dans la mode, l'alimentation, la décoration, les soins du corps. Prenons la mode, par exemple. Les tenues de sport et les *sneakers* sont devenus un uniforme quotidien : ils ont fait naître un style décontracté, déstructuré, pratique, bien entendu répandu et promu par les plus jeunes, les adolescents. C'est comme si le style « ado » nous avait tous contaminés. Et la lingerie féminine : elle ne se porte plus sous les vêtements, mais devient un dessus, le vêtement lui-même. L'alimentation ? Peut-être l'euro y est-il un peu pour quelque chose, mais on n'a jamais autant mangé à la maison qu'aujourd'hui. Et l'on voit se multiplier les cours de cuisine, les cadeaux gourmets et les repas entre amis.

Dans un autre domaine, les secteurs de la décoration et de l'électroménager sont en plein boum. Jamais on n'a vu une telle affluence au Salon de l'ameublement. Des hordes de jeunes architectes, de stylistes ou de simples curieux s'y précipitent. Cela ne répond pas seulement à une envie esthétique, mais au désir de mieux vivre sa maison. Une maison belle et pratique, où trône le *home video* : un énorme téléviseur à plasma, équipé du tout dernier modèle de lecteur de DVD et d'installations stéréo des plus sophistiquées, pour passer ses soirées à regarder des émissions par satellite ou des films « comme au cinéma ». Mais l'attention accordée à ce nid ne touche pas seulement la sphère du divertissement. Ainsi, le responsable de Miele France (qui produit des machines à laver le linge et la vaisselle) a déclaré avoir établi son record de ventes en octobre 2001. Et l'on a vu apparaître sur le marché les premiers articles électroménagers « chics » : des gants de caoutchouc ornés de roses, des aspirateurs de couleur, des lessives dont l'emballage rappelle celui des parfums... Les nouveaux lits comportent de plus en plus d'accessoires et d'équipement, comme un écran ou un ordinateur. Car pour certains, la maison est aussi devenue un lieu de travail, quelquefois par nécessité : il y a de plus en plus de professionnels indépendants, de télétravailleurs ou de collaborateurs temporaires ; autant de travailleurs « flexibles » qui travaillent un peu au-dehors et un peu chez eux. Avec un écran d'ordinateur toujours allumé et une connexion Internet permanente, pour travailler ou simplement bavarder avec des amis, la maison s'ouvre au monde. Mais reste une maison, une tanière protégée.

Que devient le sexe dans une telle ambiance ? Il n'a guère de place à l'intérieur du nid. La tendresse a pris le pas sur l'érotisme. L'incertitude pousse à se retourner vers la sphère privée, mais engendre également une tendance parallèle et opposée au *nesting* : certains couples ne font pas de projets d'avenir, préférant vivre plus intensément le moment présent et séparer la sexualité des sentiments. Or ce n'est pas le sexe qui pose des problèmes, de nos jours : c'est le cœur.

GRAMMAIRE DES SENTIMENTS

Je le reconnais, je voudrais créer un comité de défense des relations sentimentales, pas des relations sexuelles. Et je suis également convaincu que dans les écoles, il faudrait donner des cours d'éducation sentimentale plutôt que d'éducation sexuelle. Le problème est que notre société, axée sur la performance, nous amène à assimiler le sexe et les sentiments en nous poussant à croire que bien faire l'amour avec quelqu'un signifie l'aimer et vice versa.

Cette équation entre le sexe et le cœur est démentie par un grand nombre de mes patients, des hommes et des femmes, qui n'ont aucun problème et n'éprouvent aucune angoisse sur le plan sexuel mais qui, tout en ayant fait l'amour avec différents partenaires dans les positions et les circonstances les plus variées, n'ont jamais réussi à aimer. Les gens qui identifient l'amour avec le sexe le réduisent à une sphère unique, celle de la sexualité, mais d'une sexualité dépourvue de ses aspects symboliques et réduite à une technique visant à connaître des sensations plus ou moins excitantes ou relaxantes. On comprend que cela débouche sur une conception faussée et peu naturelle de l'amour. Il faut aussi dire que la sémantique favorise ce malentendu, puisque on peut « aimer » tant en regardant en haut (le cœur) que plus bas (en dessous de la ceinture).

La voie menant à l'équilibre entre les sensations et les sentiments, entre le corps et la psyché, est toujours tortueuse et difficile. La capacité d'éprouver du plaisir sexuel sans trop d'angoisse n'implique pas toujours la faculté psychologique d'aimer, tout comme la capacité d'aimer et de se donner à l'autre ne va pas toujours de pair avec celle de s'abandonner au plaisir sexuel. Ce paradoxe apparent est particulièrement net lorsqu'on se penche sur les problèmes qui peuvent surgir dans le domaine sexuel. L'exemple classique est celui des hommes qui ont du mal à avoir une érection lors de leurs premières rencontres avec une femme à laquelle ils tiennent beaucoup et qui déclarent ne pas comprendre pourquoi. La raison en est pourtant simple : il s'agit de personnes extrêmement sensibles, qui éprouvent une telle attirance et une telle émotion qu'elles ne parviennent pas à s'exprimer sexuellement dès la première fois. Et c'est précisément le manque d'intégration des émotions et des sentiments ressentis qui les rend incertaines et vulnérables. Paradoxalement, le problème montre que ces hommes ont une vision équilibrée de la sexualité, qu'ils lui accordent une juste place et qu'ils la voient comme une interpénétration du corps et de l'âme.

On le sait, limiter l'éros au sexe est préjudiciable à l'érotisme et réducteur. Le sexe n'est pas le thermomètre de l'amour. Certes, il est un moyen d'atteindre le plaisir et un certain bien-être, mais il ne faut pas le confondre avec l'amour. Le moment est donc venu de réécrire une grammaire des sentiments, domaine dans lequel les jeunes sont les plus vulnérables.

CHAPITRE III

Le couple : mode d'emploi

À la recherche du bonheur. À la recherche de ce qui nous rend heureux. C'est là une recherche ardue, obstinée, et bien résumée par la fable du psychiatre François Lelord[1]. Au lieu d'écrire un essai sur les difficultés que l'on peut éprouver à parvenir au bien-être, celui-ci raconte l'histoire du jeune médecin Hector, qui part à travers le monde en quête du bonheur. Nous découvrons, à son retour, qu'il n'a pas trouvé de formule magique : le bonheur, conclut-il, n'est pas une fin, mais un voyage, une aventure. C'est le chemin, et non l'objectif.

Cette idée se retrouve dans de nombreux autres récits et essais publiés ces dernières années, qui mêlent la recherche désespérée du bien-être en Occident à la sagesse antique de l'Orient, la psychologie et les enseignements du zen[2], tout en revalorisant la psychologie humaniste au détriment de l'école comportementale. Moi-même, qui ai longtemps vécu en Californie, j'ai personnellement

constaté à quel point le contact du monde occidental avec
la philosophie orientale pouvait être fécond.

Évidemment, c'est sur l'amour que nous comptons
quand nous parlons de bonheur. Et nos espoirs reposent
sur la formation d'un couple, en dépit de toutes les
craintes et de toutes les incertitudes qu'engendrent les
informations de plus en plus négatives sur l'instabilité
matrimoniale. Les plus jeunes, nous l'avons vu, ont très
peur de l'échec sentimental. Peut-être est-ce pour cela que
le mariage est de plus en plus souvent précédé d'une
période de cohabitation « à l'essai », pas toujours déclarée
à la mairie, ni même aux parents. On fait l'expérience de la
vie à deux. Si cela se passe bien, la cohabitation se transforme en mariage, de préférence après la naissance d'un
enfant. Je dis bien *après* la naissance… En effet, les jeunes
qui se présentent à la mairie un bébé dans les bras sont
devenus très nombreux, de même que les jeunes mariées
au ventre rebondi sous leurs robes blanches. Même
Emmanuel Philibert de Savoie a épousé avec faste (mais
sans scandale) l'actrice Clotilde Courau qui, outre son
voile blanc, arborait fièrement son ventre à l'église. La
chose est entrée dans les mœurs. On ne se marie plus à
deux, mais à trois : elle, lui et le bébé à venir. Ce phénomène en plein essor aurait, il y a seulement cinquante ans,
défrayé la chronique ; de nos jours, la notion de « mariage
réparateur » n'a plus guère de sens.

Mais revenons aux couples de concubins, avec ou sans
enfant à venir. On estime actuellement que seuls 20 % de
ces unions libres évolueront en mariage, ce qui confirme
que le concubinage est une « zone de transit » servant à
tester l'union avant d'aborder les rives du mariage [3]. Il est
intéressant que 20 % de couples finissent par dire « léga-
lement » oui. Mais qu'arrive-t-il aux 80 % restants ?
S'agit-il de personnes qui se séparent, ou simplement qui
ne veulent pas officialiser leur union ?

De fait, de très nombreux couples en concubinage se

séparent. Bien souvent, ce sont les jeunes femmes qui ne sont pas convaincues et veulent s'accorder une deuxième chance : elles optent pour la cohabitation parce qu'elles ne savent pas si le partenaire qu'elles ont choisi est le bon ; elles veulent rester libres au cas où un nouvel amour, un homme meilleur se cacherait au coin de la rue. D'autres fois, les femmes choisissent le concubinage parce qu'elles veulent se consacrer corps et âme à leur travail et ne pas gaspiller d'énergies dans le mariage.

Un des traits distinctifs des nouvelles générations me semble être que les femmes de 20 à 25 ans sont inquiètes. Elles ne souffrent pas de dépression, mais d'anxiété. Elles craignent de ne pas réussir à atteindre deux objectifs importants : fonder une famille, c'est-à-dire avoir un enfant, et se réaliser professionnellement. À l'époque de la précarité professionnelle et des contrats à durée déterminée, le travail est devenu l'objectif numéro un ; ensuite, seulement, vient le besoin de trouver un compagnon, suivi de celui d'avoir un enfant (à condition qu'il ne soit pas trop tard...).

Camille a 25 ans. Elle est née dans une petite ville du Sud, a fait une maîtrise de sciences de la communication et est montée à Paris, où il y avait davantage de travail et d'occasions de faire carrière. Elle a pu constater qu'elle avait fait le bon choix. Son ami, âgé de 30 ans, l'a suivie. Lui aussi a trouvé un emploi, comme ingénieur en BTP, et maintenant, il voudrait l'épouser. Mais Camille prend son temps. Elle aime son travail, qui est très prenant et l'amène à se déplacer beaucoup. Pour elle, sa relation avec son ami est une tanière où elle peut se réfugier et se reposer (phénomène du *nesting*). Les parents de Camille la poussent à se marier, pensant qu'à la fin, son ami finira par en avoir assez d'attendre, mais elle, elle trouve que le lien établi avec son compagnon est tout à fait solide, quoique sans obligation. Et elle veut créer une famille avec lui, mais après 35 ans.

Il est légitime que Camille pense à sa propre réalisation et à son indépendance. Mais attention, cette « liberté de choisir », poussée à l'extrême, risque de tourner à l'égocentrisme. Que serait-il arrivé si son ami avait décidé, comme elle l'a fait, elle, de suivre ses désirs ? S'il avait décidé de rester travailler dans l'entreprise de son père ? Leur amour n'y aurait pas résisté.

Autrefois, dans le couple, c'était la femme qui était disponible et s'adaptait aux besoins et aux habitudes de son mari. À cette époque, Camille se serait adaptée aux plans de son compagnon et, au lieu de rechercher un emploi (qu'elle n'aurait pas trouvé, de toute façon, dans sa ville), elle aurait investi toute son énergie dans le mariage. De nos jours, la situation est plus équilibrée. Et pas seulement parce que, comme beaucoup l'affirment, les rôles se sont « inversés » ; c'est là une vision réductrice de la situation.

POURQUOI LE SEXE NE SUFFIT PAS

Aujourd'hui, le couple doit apprendre de nouvelles techniques pour durer. Je l'ai dit, ces dernières années, on assiste à un transfert du couple romantique vers le couple sensoriel, qui accorde plus d'importance à la sexualité qu'au cœur. Les hommes et les femmes cherchent surtout de nouvelles sensations excitantes. Et quand le partenaire n'en fait plus naître, quand le frisson est passé, que le cœur arrête de battre fort, alors on cherche une solution de remplacement. Mais le couple sensoriel est un piège dangereux, car comment fonder un mariage sur le sexe, qui est instable par définition ? Faut-il alors en revenir au mariage sûr, voire arrangé, comme le voudraient certains parents, et à la famille comme socle de la société, comme le souhaitent certains hommes politiques ? Il me semble qu'il existe une troisième voie. Les recettes du passé ne marchent plus, le modèle du couple stable proposé par les parents étant dépassé et trop ennuyeux, mais une relation fondée uniquement sur l'entente sexuelle est voué à mourir. Alors, pour faire durer un couple jeune, pourquoi ne pas réévaluer l'*amour romantique*, qui replace l'objet d'amour au centre des pulsions ? Notre société est de plus en plus focalisée sur l'instinct, l'écoute des pulsions, et accorde de moins en moins d'importance à la relation. Peut-être la tendance actuelle à vivre l'érotisme de manière quasi obsessionnelle représente-t-elle, d'une certaine façon, une révolte contre l'autorité morale et religieuse qui a longtemps fait du sexe le mal suprême ?

Si de nombreux couples exigent du sexe des sensations fortes, il est évident que cette demande est plus grande au sein des couples jeunes qui sont encore en formation que chez ceux qui sont déjà structurés à travers le mariage. Le sexe est une bulle spéculative, comme à la Bourse. Seulement l'amour n'est pas un bon du Trésor produisant chaque mois des intérêts. Les deux partenaires doivent verser leur avoir sur le compte commun ; sinon, il arrive un moment où ils ne peuvent plus tirer d'argent et le compte est bloqué.

Soyons clair : quand je propose de revenir au couple romantique, je ne suis pas en train de dire que le sexe est un élément négligeable. La satisfaction sexuelle est nécessaire au couple, et, même chez les moins de 30 ans, on rencontre de nombreuses situations catastrophiques dans le domaine de l'érotisme.

Prenons le cas de Sandra. Elle vit avec son petit ami, qui a 26 ans, et ils ont déjà parlé de mariage. Lui n'éprouve aucun intérêt pour l'amour physique ; c'est comme si les préliminaires n'existaient pas, et il arrive aussi qu'il ne réussisse pas à aller jusqu'au bout... Il dit qu'il l'aime, mais refuse de consulter un sexologue pour comprendre ce que cache sa semi-impuissance. C'est Sandra qui m'écrit pour savoir ce que j'en pense. Plusieurs hypothèses se présentent. Peut-être est-il un « empoté » sexuel, à moins qu'il ne pense que derrière la « fée » se cache toujours une « sorcière », ou qu'il n'ait une maladie génétique ou encore, plus simplement, un taux de testostérone trop faible. Il prétend aimer Sandra, mais ne fait rien pour leur relation, au point que son inhibition risque de tuer leur couple. La satisfaction sexuelle est essentielle, et quand elle fait défaut, oui, alors, le couple est menacé.

Je ne me lasserai cependant pas de le répéter : si le sexe est nécessaire, il n'est pas suffisant. L'histoire de Mélina le montre bien. Elle aussi a presque 30 ans et vit avec son ami. Sur le plan sexuel, ils n'ont aucun problème, ce qui n'empêche pas Mélina d'être mécontente. Elle raconte que son petit ami ne lui a jamais fait de cadeau, pas même pour son anniversaire ou Noël. C'est n'est pas une question d'avarice, mais de désintérêt : il dit ne pas avoir le temps de faire les magasins pour chercher quelque chose, et il lui donne de l'argent pour qu'elle s'achète ce qui lui plaît. Elle, elle se sent négligée et m'écrit : « De toute évidence, je ne compte pas beaucoup pour lui, s'il ne peut consacrer un peu de son temps si précieux à chercher un cadeau pour moi. » Mais Mélina refuse de se résigner : au lit, les choses se passent bien, et cela lui donne de l'espoir. Elle pense que l'on peut apprendre même l'amour. A-t-elle raison ? A-t-elle des raisons d'espérer ? Je dirais que oui ; avec le temps, on peut apprendre. On apprend à aimer mieux et à mieux faire l'amour.

L'important est de ne pas s'avouer vaincu, d'admettre que quelque chose ne va pas et d'essayer de changer, y compris et surtout dans la sphère érotique. Or, bien souvent, les couples renoncent, alors que découvrir et se découvrir ensemble est une merveilleuse expérience. C'est le non-dit qui tue le couple. Le silence blesse, alourdit et empoisonne une relation, alors que la parole libère et, parfois, réussit même à guérir. Toutefois, pour pouvoir communiquer avec l'autre, il faut se connaître, et il y a des personnes trop cérébrales, qui ne connaissent pas le langage des sensations corporelles. Pour elles, il pourrait être utile de (re)commencer à écouter leurs sens. Voici, à leur intention, un petit aide-mémoire érotique à consulter régulièrement.

– La vue. Est-ce que j'aime faire l'amour au milieu de l'après-midi, dans la lumière de l'été ou dans la pénombre ? Est-ce que je préfère la lueur des bougies ou l'obscurité totale ?

– L'odorat. Est-ce que j'apprécie un bon parfum, ou seulement l'odeur du savon sur la peau, ou encore les odeurs corporelles, plus « sauvages » ?

– L'ouïe. Est-ce que je préfère une musique de fond ou une fenêtre ouverte sur la campagne et les bruits de la nature ? Et encore, est-ce que j'aime le silence ou plutôt entendre la respiration excitée de mon ou ma partenaire ?

– Le goût. Est-ce que j'aime ses baisers, le goût de sa peau, ou l'arôme de son corps ?

– Le toucher. Comment est-ce que je préfère qu'il (elle) me touche, avec délicatesse ou avec vigueur ? Lentement ou vivement ? Une même caresse peut être merveilleuse sur une partie du corps, mais désagréable sur une autre ; elle peut aussi être trop brève ou trop prolongée par rapport à ses besoins et ses désirs.

Vous avez essayé de répondre à ces questions ? Bien : cela signifie que vous vous êtes arrêté quelques instants pour réfléchir à ce qui vous plaît vraiment, mais le plus difficile reste à venir : êtes-vous certain que votre partenaire sache ce qui vous excite le plus, ou ce qui vous bloque ? Et vous, vous savez ce qu'aime la personne dont vous partagez la vie, et pas seulement la chambre à coucher ? Peut-être pas... Peut-être faites-vous toujours l'amour dans le noir, mécaniquement, par habitude ou parce que vous croyez que c'est ce que votre partenaire préfère. Accordez-vous le temps de trouver ce qui vous excite, et accordez-vous aussi le temps (et le plaisir) de le dire à votre partenaire. C'est aussi sur l'écoute des cinq sens que se fonde une vie sexuelle heureuse, mais, une fois que l'on a découvert ses propres goûts, il est essentiel de les faire connaître à l'autre.

Chose que Monique n'arrivait pas à faire. Cette jeune fille sensuelle aimait faire l'amour, mais ne supportait pas qu'on lui touche les seins, parce que cela lui rappelait des abus subis quand elle avait 13 ans. Or, dans leurs rapports sexuels, son nouveau petit ami suivait un schéma habituel : baisers, caresses sur les seins, pénétration. Et chaque fois qu'il lui touchait les seins, il ressentait des résistances qu'il ne réussissait pas à s'expliquer. Il ne posait pas de questions, et elle n'expliquait rien, ne voulant pas parler des sévices subis et de son traumatisme. D'accord, c'est là un cas extrême. Mais combien de mariages courent de grands dangers parce qu'un des partenaires ne prend jamais de douche avant de faire l'amour ou, au contraire, parce qu'il en prend trop et apparaît trop propre, presque stérilisé ?

L'heure « juste » pour la sensualité est elle aussi un élément important, et les jeunes couples devraient aussi évoquer cette question : certains préfèrent le matin ; d'autres, en revanche, n'aiment pas être réveillés par une invitation érotique mais n'ont pas toujours le courage de le dire... Et le lieu également compte. Les uns aiment la sexualité au lit, qui est le lieu le plus pratique et le plus relaxant, tandis que d'autres trouvent excitant d'avoir des rapports improvisés dans la baignoire, sur la table de la cuisine, dans l'ascenseur, etc. Le tout, c'est de se le dire, pour éviter les mauvaises surprises et, peut-être, en faire de très excitantes.

Beaucoup de couples affirment que lorsque l'intimité est bonne, il n'est pas nécessaire de parler. C'est vrai. Le langage non verbal est la forme de communication typique de la passion amoureuse ; il crée une empathie. Mais attention ; dans bien des cas, l'idée que « s'il m'aime, il

saura ce qui me plaît sans que j'aie besoin de le lui dire »
est un mythe très dangereux pour le couple. Nous ne
sommes pas télépathes et n'avons pas le don d'entrer dans
la tête ou le corps de l'autre. Il arrive que nous sentions
ce qu'il veut par hasard, par chance, par inspiration ou par
amour. Mais sommes-nous vraiment d'accord pour tuer
une belle relation pour la seule raison que nous sommes
incapables de parler ?

PRENDRE DES RISQUES
AVEC SON CŒUR

Ce fut Tagore, le grand poète indien, qui déclara :
« Fiez-vous à l'amour, même s'il fait souffrir. Ne fermez
pas votre cœur[4]. » Je suis bien d'accord : il ne faut pas
fermer son cœur, même si l'on a peur. D'ailleurs, la peur
n'a jamais été bonne conseillère. Dans les situations difficiles, il vaut mieux s'en tenir à la réserve ou à la prudence
qu'agir par crainte. Et n'oublions pas que « l'amour est un
risque qu'il faut courir ». Il faut parfois céder devant
l'imprévu, car la vie devient grise et ennuyeuse si l'on
essaie de la programmer, de contrôler toutes ses émotions.
Les « malheureux en amour » sont bien souvent, en réalité,
des personnes qui manquent d'audace.

En témoigne l'histoire de deux amies de 20 ans, Claire
et Elsa, en vacances à Ibiza. Claire est très jolie, mais très
timide. Elle est partie dans l'idée d'oublier sa vie quotidienne, dépourvue d'émotions et pleine de soucis : la
grand-mère à laquelle elle est très attachée devient aveugle
à cause de son diabète. Mais même au loin, elle ne
parvient pas à se laisser aller, ne s'ouvre pas à de nouvelles
rencontres. Elle a même tendance à voir, derrière la
moindre approche accidentelle sur la plage ou en discothèque, un péril caché.

De son côté, Elsa affronte la nouveauté avec enthousiasme. Passionnée de sport, elle s'est essayée, sur la plage, au parachute ascensionnel et en discothèque, elle se laisse approcher par les garçons. En fait, c'est Claire, si timide et si différente des jeunes sportives et désinvoltes qu'il rencontre, qui plaît au beau moniteur musclé de 25 ans spécialiste du parachute. Mais elle n'a pas confiance, pense qu'il veut seulement coucher avec elle, et sa peur de prendre des risques au niveau sentimental ternit ses vacances.

L'AMOUR CHEZ LES ENFANTS DE DIVORCÉS

Les jeunes d'aujourd'hui sont souvent des enfants uniques, et des enfants de parents séparés. Ils ont grandi avec un seul parent (leur mère, en général), ce qui a des incidences sur leur façon d'aimer. Je risquerais une hypothèse, hélas négative : les ex-conjoints, blessés par leur séparation et pleins de rancœur, oublient bien souvent leur rôle de parents. Ils ne parviennent pas à transmettre des sentiments positifs à leurs enfants, semblent absents ou, au contraire, sont trop présents et trop possessifs, et ne se soucient pas des effets potentiels de leur comportement.

La famille est le premier contexte au sein duquel on socialise et on ne peut pas dire que les familles monoparentales, typiques de la société moderne, offrent aux jeunes des modèles affectifs stables. Pères absents, mères déprimées… : il s'agit de noyaux familiaux dans lesquels règne souvent l'incommunicabilité. Or l'absence d'une des deux figures parentales peut priver l'enfant d'une vie relationnelle sereine ou modifier son rapport à l'autre sexe. Il arrive aussi qu'apparaisse un « syndrome d'aliénation parentale » dans les cas où l'enfant est « reprogrammé » contre l'ex-conjoint. Les enfants de parents séparés sont déjà obligés, pour la plupart d'entre eux, de digérer, seuls, leur abandon ; s'ils sont en même temps bombardés de messages négatifs du parent avec lequel ils vivent, ils stoppent leur croissance intérieure jusqu'au jour où, pas toujours consciemment, ils prennent la décision de faire face à leur douleur, de la travailler et de recommencer à vivre. Sinon, ils restent prisonniers de leur sentiment d'inadaptation et d'abandon et forment, lorsqu'ils y arrivent, de nouveaux couples peu équilibrés. Tel est le scénario négatif, malheureusement très fréquent. Le scénario positif peut heureusement arriver si les partenaires qui se séparent en toute civilité cessent d'être un couple, mais pas d'être des parents.

Aux adultes, donc, d'être vigilants car les jeunes ont déjà bien assez de problèmes durant leur adolescence, et ils n'ont pas tous cette souplesse particulière que l'on appelle « résilience ». La résilience, propriété des métaux qui désigne leur degré de résistance à la rupture, est un concept qui peut aussi s'appliquer à la psychologie. Il a été théorisé et diffusé par Boris Cyrulnik qui a, sans nul doute, puisé, pour cela, dans sa tragique expérience personnelle durant la Seconde Guerre mondiale. Cyrulnik est ce que l'on appelle un survivant, mais il ne s'est pas laissé écraser par son drame personnel. En tant que psychiatre, il s'est intéressé à ceux qui, ayant vécu des situations extrêmes – en général, au cours de leur enfance – réussissaient à s'en sortir grâce à des ressources insoupçonnées. Dans un de ses derniers livres, *Les Enfants qui tiennent le coup*[5], il étudie cette idée dans le cadre de l'univers des jeunes. On sait que les adolescents sont toujours en lutte et adoptent des positions intransigeantes à l'égard de leurs parents, de l'école ou de la politique. Le seul fait qu'ils réussissent à tenir sur tous ces fronts et à ne pas s'engouffrer dans le tunnel de la drogue ou d'un amour obsessionnel et traumatique montre bien qu'ils sont des individus résilients : les difficultés typiques de l'adolescence deviennent une stimulation utile à leur développement.

Cela étant, nombre de filles et de garçons, restés prisonniers des conflits familiaux n'ont pas suffisamment d'énergie pour sortir indemnes de l'adolescence. Ils risquent alors de ne pas réussir, à l'âge adulte, à construire un couple sain. Telle est, par exemple, l'histoire de Mathieu dont les parents ont divorcé. Leur motif ? Une insatisfaction érotique : sa mère ne supportait plus la façon dont son mari faisait l'amour. En effet, celui-ci n'était excité que s'il courait le risque d'être vu ou entendu ; de ce fait, il ne lui demandait de faire l'amour que dans le jardin ou avec la fenêtre de la chambre ouverte. Comme elle n'avait rien d'exhibitionniste, sa pudeur l'a emporté sur Éros et l'a poussée à demander le divorce.

Mathieu est alors resté avec son père qui, deux ans plus tard, s'est remarié avec une femme plus jeune séparée et mère d'une fille de 5 ans. Il a atteint l'adolescence en état de « perte » affective, voyant peu sa mère qui, entre-temps, était partie vivre dans une autre ville, voyant peu son père, complètement absorbé par son nouveau mariage et voyant peu sa demi-sœur, pour laquelle il n'éprouvait aucune sympathie. Fort heureusement, les scouts qu'il fréquentait ont été sa véritable famille de substitution, il y trouvait un refuge chaque semaine. Mais nul ne peut dire si adulte, Mathieu réussira à panser la profonde blessure causée par la séparation de ses parents.

L'IMPORTANCE DES LIMITES

J'ai été consulté par Clara, 47 ans, qui a des problèmes avec sa fille Christine. La jeune fille, qui a 16 ans, voudrait sortir danser tous les soirs. La mère a très peur : il y a quelque temps, une adolescente a été agressée dans la discothèque où elle a l'habitude d'aller. Du coup, elle a interdit à sa fille d'y retourner, ne serait-ce que parce qu'elle s'y rend seule avec une copine, et non avec une bande d'amis qui pourraient ensuite les ramener à la maison. Pour le reste, la famille a été récemment ébranlée par des revers de fortune qui ont obligé tout le monde à changer de train de vie. Christine a été éprouvée par ces changements, et c'est au cours de cette période qu'elle a commencé à souffrir de boulimie. Cette même absence de limites dans son rapport à la nourriture se retrouve dans le reste de sa vie. C'est comme si cette adolescente ne se rendait pas compte que l'on ne peut pas tout faire, que rentrer à la maison avec un inconnu à deux heures du matin n'est pas une chose « normale », mais dangereuse.

En attendant, puisque les interdits maternels ne faisaient qu'envenimer la situation, j'ai essayé d'aider cette ado à comprendre qu'elle devait apprendre à évaluer les situations : où aller, comment et, surtout, avec qui. La discothèque, pourquoi pas, mais à condition de pouvoir être raccompagnée par des amis. Il n'est pas normal, à 16 ans, de sortir tous les soirs et de ne pas avoir d'horaires. Christine doit apprendre le sens des limites. Et du risque. C'est aussi ça, grandir. Et même si elle a du mal à le croire, au stade actuel, apprendre à exercer son sens des limites lui servira aussi en amour.

Chez d'autres jeunes, le sens des limites se traduit par une attitude d'opposition permanente et quasi systématique. C'est le cas de ceux qui sont toujours « contre » et qui ne transforment pas leur agressivité en volonté constructrice ou d'affirmation de soi. En termes psychologiques, on parle d'« érotisation du non ». Un exercice psychophysique permet de mesurer, en cours de thérapie, la prédisposition de quelqu'un à dire « non » : on propose aux partenaires d'interpréter à tour de rôle le marionnettiste et la marionnette. Dans un premier temps, il est permis au marionnettiste de « commander » comme il le veut le corps de la marionnette. Il peut lui faire prendre les positions les plus bizarres, et la marionnette doit obéir passivement. Au bout de deux minutes, les règles du jeu changent : la marionnette s'oppose systématiquement et énergiquement aux positions demandées par le marionnettiste. Puis l'on passe à une troisième phase pendant laquelle la marionnette peut choisir, en fonction de ce qui lui est demandé, d'accepter ou de refuser. À ce stade, les rôles sont inversés, et les trois phases de l'expérience répétées. À la fin, le couple discute de ses réactions et il apparaît ainsi que certaines personnes vivent mal le fait d'avoir dû s'abandonner au marionnettiste, mais se découvrent un penchant particulier pour le « non ».

Néanmoins, l'agressivité ne se traduit pas toujours par un « non ». Il en existe des formes plus ambiguës, comme l'agressivité passive et obséquieuse, ou celle que j'appelle la résistance « caoutchouc-mousse », attitude qui a, en général, pour effet de faire tourner son adversaire en bourrique. Dans d'autres cas, il arrive que l'opposition revête un caractère plus violent, comme dans un film-culte sur la cruauté de la séparation, *La Guerre des Rose* [6]. Les deux protagonistes, interprétés par Michael Douglas et Kathleen Turner, décident de divorcer. Et il s'engage immédiatement une lutte à couteaux tirés concernant la maison. Comme aucun des deux ne semble disposé à la laisser, c'est un crescendo de représailles cruelles, de la destruction des objets favoris de chacun jusqu'à la présentation, à table, d'un pâté des plus fins qui a tout l'air d'avoir été préparé avec le chien adoré de l'autre...

Si, au cours de l'enfance, puis de l'adolescence, on acquiert le sens des limites à travers le *contrôle*, c'est-à-dire à travers des limites fixées de l'extérieur par la société et la famille, quand on est adulte, on devrait savoir se *maîtriser* et trouver les limites dans son intériorité. Pour utiliser une métaphore, un pianiste qui contrôle son instrument ne sera jamais un artiste ; seul celui qui le maîtrise pleinement pourra le devenir.

QUAND L'IDENTITÉ SEXUELLE EST EN DOUTE

Notre société nous offre les modèles les plus divers et toutes les nuances possibles et imaginables dans la gamme infinie allant du rôle du guerrier à celui de la ménagère. Cette nouvelle ambiguïté laisse place à des comportements, des goûts et des fantasmes très divers. L'ambiguïté s'impose de plus en plus comme la tendance du moment.

Alice, par exemple, me demande si elle est bisexuelle. Elle a 24 ans et un petit ami qui lui plaît, mais récemment, elle a rencontré en discothèque une jeune fille qui a fait naître en elle des fantasmes sexuels. Sa famille l'a toujours poussée à se montrer dure et forte. Quand elle était petite, son père lui répétait souvent qu'elle aurait dû être un garçon. Il est donc naturel que maintenant, Alice se rapproche plus facilement des hommes, tant sur le plan professionnel que dans le domaine sportif. Selon moi, cela ne signifie pas pour autant qu'elle est bisexuelle, mais seulement qu'elle a des fantasmes « d'homme », pour garder l'image que son père s'est faite d'elle. Mais quand elle se masturbe, quels sont ses fantasmes ? Pense-t-elle à un homme, ou à une femme ? Telle est la question qu'Alice devrait se poser. Je pense qu'elle se rendra compte alors qu'elle est hétérosexuelle.

En tout état de cause, il est très fréquent quand on est jeune, d'avoir des doutes au sujet de son identité sexuelle, parce que l'on n'a pas encore une identité stable et bien assurée. C'est ce que montre l'histoire de Jérôme, qui a 22 ans. Il est le fils d'Élisabeth, 52 ans, divorcée, qui a aussi deux filles. Seul garçon de la maison, Jérôme a des problèmes et souffre en particulier d'une grande timidité : il vit pratiquement enfermé à la maison, ne va jamais à la moindre fête, et Élisabeth le soupçonne de ne jamais avoir eu de petite amie. Le point le plus gênant est qu'il souffre d'énurésie nocturne : il fait encore pipi au lit. Bien entendu, cela dure depuis qu'il est petit.

Élisabeth l'a amené plusieurs fois voir le médecin, qui a toujours été rassurant, affirmant qu'il n'y a rien d'anormal du point de vue organique. Elle vient aujourd'hui me consulter avec son fils. Je constate, en examinant celui-ci, qu'il n'a pas la hargne que devrait avoir un garçon de son âge. Il vit en symbiose avec sa mère, et reproduit en partie ce mécanisme avec ses sœurs. Si le traitement conseillé pour l'énurésie est simple du point de vue médical, en revanche, la thérapie psychologique est plus délicate. Les antidépresseurs modernes comme le Prozac peuvent être utiles, mais Jérôme a surtout besoin de faire du sport pour devenir plus énergique et plus volontaire : une certaine dose d'agressivité est indispensable au développement de son identité sexuelle masculine.

AU DIABLE L'HOMME IDÉAL !

Laura et Anne me consultent toutes deux pour la même raison : elles ne parviennent pas à avoir de relation stable. Après un certain nombre d'histoires qui se sont mal terminées, elles ont décidé d'essayer de comprendre ce qui ne va pas. Toutes deux ont 28 ans, sont jolies et ont un bon métier.

Laura a déjà vécu avec un homme qui, au début, ne lui plaisait pas et dont elle dit être tombée follement amoureuse seulement après qu'il l'a quittée une première fois. Pour sa part, Anne a été quittée, après un an de concubinage, par le dernier en date d'une longue série de petits amis. Il était amoureux, mais ne se sentait pas prêt à vivre avec elle et à fonder une famille. En amour, Laura a tendance à rechercher un homme idéal et à ne pas se résoudre à regarder en face celui qu'elle côtoie. Elle s'obstine à projeter sur le petit ami de service une série de caractéristiques davantage liées à ses désirs qu'à la réalité. Et sa quête perpétuelle d'un homme idéal se heurte régulièrement à l'homme réel. Résultat : elle cherche tout le temps à se défaire du malheureux avec qui elle est. Anne, elle, s'efforce chaque fois de créer un lien à tout prix, sans tenir compte du fait qu'un rapport se construit à deux, en fonction des besoins et des désirs des deux partenaires. Aucune de ces deux jeunes femmes n'est réellement amoureuse de son compagnon : Laura est amoureuse d'un partenaire idéal et Anne de l'idée d'avoir une relation (et de se marier au plus tôt).

Dans le cas de Laura, le partenaire, qui n'est jamais considéré pour ce qu'il est, mais en fonction de ce qu'elle voudrait qu'il soit, a l'impression de ne pas être à la hauteur et commence à développer un complexe d'infériorité. Dans le cas d'Anne, il a le sentiment de n'être qu'un numéro, un instrument nécessaire à la construction d'une relation et non une personne aimée pour sa singularité. Dans les deux cas, les hommes, ne se sentant ni aimés ni désirés, ont tendance à jeter l'éponge.

La solution aux problèmes de ce genre s'enracine dans le passé, même si c'est dans le présent que la crise se déclenche. Pour trouver la stabilité sentimentale, Laura et Anne devront réfléchir à la question de leur autonomie et du choix de leurs partenaires. Seule l'autonomie émotionnelle et affective leur permettra d'accepter les différents aspects de leur personnalité, de les faire cohabiter et, chose encore plus importante, de faire la distinction entre la réalité extérieure et leur monde intérieur plein d'idéalisations. Derrière les choix de la première se cache l'image intériorisée d'un père idéal, qui n'a jamais existé ; dans la réalité, le père de Laura était un joueur qui a eu des démêlés avec la justice. Quant à Anne, elle cherche désespérément à réaliser un projet qui n'est pas le sien, mais celui de sa mère, qui a toujours rêvé d'un grand mariage pour sa fille unique. Rapprocher le plus possible l'homme idéal de l'homme réel qui se trouve devant elles, tel est le chemin que ces deux quasi-trentenaires devront suivre et qui, je l'espère, les mènera à connaître, enfin, le bonheur en couple.

Odette aussi cherche un prince charmant. Cette autre quasi-trentenaire finit toujours par s'engager inconsciemment dans des histoires avec des hommes qui lui plaisent physiquement mais qui ont des goûts et une culture très différents des siens. Son dernier compagnon, avec qui elle est depuis deux ans, ne met jamais les pieds au théâtre, au cinéma, aux concerts... mais au lit, dit Odette qui songe au mariage, il est exceptionnel... L'amour peut, dans certains cas, être irrationnel, mais le mariage, lui, ne le peut pas. L'émotivité d'Odette est comme un fleuve en crue, et il faudra qu'elle bâtisse des berges pour la canaliser, mais pas des digues qui feraient barrage et empêcheraient le fleuve de s'écouler car, alors, l'amour se transformerait en marécage...

Je donnerai un autre conseil à Odette : celui de ne jamais épouser un homme pour ce qu'il pourrait devenir, mais pour ce qu'il est. Elle dit qu'elle pourrait se marier avec son compagnon actuel, qu'avec un peu d'efforts, elle pourrait lui inculquer les rudiments d'un comportement social acceptable. Ce n'est pas sans certains risques et, avant tout, celui de modifier l'équilibre des rôles au sein de leur couple. Sans compter qu'il se pourrait qu'il ne peuve ou ne veuille pas changer. Que deviendrait un tel mariage, entièrement fondé sur des attentes ? Mieux vaut épouser un homme pour ce qu'il est, sans en attendre dès le départ un virage à trois cent soixante degrés.

Laura, Anne, Odette : trois femmes qui idéalisent l'homme, mais l'homme aussi a tendance à idéaliser la femme, à la voir comme une « fée », en niant la

« sorcière » qui peut se cacher derrière la beauté... Chez les deux sexes, l'idéalisation est un processus naturel dans l'enfance, qui refait surface au cours de certaines phases de l'adolescence et lorsque l'on tombe amoureux. Mais attention : il ne faut jamais trop s'écarter de la réalité, sous peine d'être la proie de ses fantasmes et de critiquer sans cesse son partenaire sous prétexte qu'il ne correspond pas à ses rêves.

RECONNAÎTRE L'AMBIVALENCE AFFECTIVE

Bien des gens, dès le début de leur relation de couple, sont sujets à l'indécision et à l'ambivalence : ils jugent certaines qualités de leur partenaire appréciables et d'autres rédhibitoires.

Prenons José, par exemple. Il va épouser Adeline parce qu'il lui paraît normal de se marier avant 30 ans, parce que ses amis ont déjà accaparé les plus belles filles de la petite ville où il vit, et parce que ses parents le poussent à « s'installer ». Certes, Adeline ne deviendra pas une top model (elle a même quelques kilos en trop), mais c'est une femme de confiance. Elle a le même âge que lui, 27 ans, et les mêmes intérêts ; elle est également issue d'une famille de la moyenne bourgeoisie et a les mêmes goûts que José en matière de musique, au point qu'ils ont souvent fait des heures de voiture ensemble pour se rendre à un concert de rock.

Tout cela est très raisonnable. Trop même, car José rêve d'une passion fatale, comme il en a vécu une à 21 ans avec une belle Sud-Américaine. Son indécision ne touche donc pas seulement au choix de sa partenaire ; son dilemme est celui, plus général, du choix entre la passion et la sécurité.

Cette ambivalence se répercute, bien entendu, sur sa relation avec Adeline : il dit qu'il l'aimerait plus passionnée. Pourtant, quand ils vont danser (tous les deux aiment les rythmes latinos) et qu'elle se déchaîne, il est terriblement jaloux du regard des autres hommes. Heureusement pour leur couple, Adeline ne connaît pas la même ambivalence que lui. Il lui plaît, elle est contente de l'épouser et est encore plus contente de fonder une famille. Aucune ambiguïté : c'est exactement ce à quoi elle aspirait.

Tel n'est pas le cas de Doris, dont l'indécision était d'un tout autre ordre : elle a longtemps hésité entre se marier et accepter un poste prestigieux à New York. Finalement, elle a donné la priorité à sa carrière et prend l'avion une fois par mois pour venir voir son amoureux en espérant qu'il finira par la suivre.

On rencontre encore d'autres formes d'ambivalence au sein du couple, liées à des problèmes psychologiques plus profonds. Ainsi deux amis, Julien et Stéphane, ont épousé ce que j'appelle, par souci d'efficacité plus que d'amabilité, des « emmerdeuses ». Après dix ans de mariage et de récriminations réciproques, ils ont décidé de les quitter. Ils se sont alors retrouvés seuls, mais certains de rencontrer en deux temps trois mouvements des hordes de jolies jeunes femmes prêtes à se lier à eux. Mais voilà qu'à la Noël suivante, ils étaient encore seuls. Après un triste réveillon passé ensemble à faire le bilan de la situation, ils se sont dit que la séparation n'était pas si simple et que le prix à payer, y compris sur le plan financier, était trop élevé. Et ils ont décidé de retourner auprès de leurs femmes, qui ont eu des réactions opposées.

Pendant le temps de la séparation, la première épouse avait réfléchi et décidé qu'elle voulait retrouver son mari et laisser derrière les mauvaises habitudes qui avaient fragilisé leur mariage. Ayant compris que les torts n'étaient jamais entièrement du même côté, elle a commencé à envoyer des signaux positifs à Julien, à lui faire des compliments, à lui dire qu'elle était heureuse qu'il soit revenu ; elle a cessé de ne mettre en avant que ce qui n'allait pas, abandonnant cette manie de tout critiquer qui faisait sortir son mari de ses gonds. Elle a fini par se rendre compte que cet homme, excellent professionnel, était un narcissique qui avait besoin d'être constamment flatté.

La seconde épouse, elle, a eu une réaction différente. En voyant son mari revenir la queue entre les jambes, elle qui aimait déjà commander s'est sentie confortée dans son attitude. Stéphane est typiquement le genre d'homme qui se sent mieux avec d'autres hommes : il préfère passer son temps avec ses partenaires de tennis et ses camarades de parti. L'univers féminin est une énigme pour lui. Il a toujours été convaincu que derrière la fée se cachait une sorcière, et son choix matrimonial n'a fait que confirmer son fantasme.

De nos jours, l'ambivalence dans le couple est devenue une véritable épidémie sociale. Les « piliers » qui, autrefois, influençaient les choix et les comportements se sont effondrés. La religion et le droit civil n'imposent plus les mariages de réparation ou les « unions pour la vie » ; on peut choisir librement. Paradoxalement, cette nouvelle liberté dans nos relations et cette absence de lignes de conduite imposées de l'extérieur nous ont rendus prisonniers de notre ambivalence intérieure.

Le doute et l'insécurité sont inhérents à la nature humaine. Il peut même arriver que ce soit justement l'insécurité qui crée une ambivalence dans le rapport de couple. Certaines personnes, en effet, sont prêtes, pour ne pas perdre leurs certitudes affectives, à sacrifier leurs désirs. C'était le cas de la majorité des femmes il y a cinquante ans, qui n'étaient pas certaines de pouvoir vivre, sur le plan social et financier, sans s'appuyer sur un mari. Mais, aujourd'hui encore, on trouve des traces de ce masochisme « social » chez des jeunes femmes, pourtant bien de leur temps, qui acceptent de suivre leur mari à l'étranger, quel que soit, pour elles, le prix de ce déplacement. Outre ce masochisme social, on rencontre aussi des femmes victimes d'un véritable masochisme individuel. Tel est le cas d'Élise qui, durant son enfance, a subi des avances de la part d'un ami de la famille et qui, incapable de se rebeller, a fini par penser que pour survivre, il fallait satisfaire les désirs des autres. À 20 ans, elle a réussi à quitter la maison familiale, où elle n'avait jamais connu le bonheur, et a trouvé un emploi de secrétaire auprès d'un avocat. Au bout d'un certain temps, celui-ci a commencé à lui faire la cour, et elle s'est montrée bien disposée à son égard. Elle croyait ingénument qu'il voulait l'épouser, alors que lui ne cherchait qu'une aventure : toutes les nouvelles de son cabinet devaient passer par ce « péage ». Élise ne s'est jamais révoltée et, pour ne pas le perdre, elle a même accepté qu'il fasse des avances à la nouvelle assistante embauchée tout de suite après elle. Dans le cas d'Élise et dans de nombreux autres, le masochisme cache une grande agressivité envers soi-même, une forme de sadisme développée en réaction à la violence subie dans l'enfance. Ce masochisme, qui amène à diriger sa violence contre soi, « couvre » donc en réalité un aspect invisible du caractère d'Élise.

D'autres jeunes filles, elles, usent sans complexe de leur pouvoir de séduction. Telles Lucie et Chloé, deux belles filles de 25 ans qui ne demanderaient qu'à devenir des bimbos et qui n'hésitent pas à exhiber leurs atours lors des fêtes où elles se rendent. Les autres femmes les détestent, non pas pour l'attrait qu'elles exercent, mais pour l'usage qu'elles en font : elles se servent de leur beauté comme d'un instrument de domination sur l'autre sexe. De la même manière, en somme, que bien des hommes se servent de l'argent. Précisons, enfin, pour être tout à fait juste, qu'une bonne partie de la population masculine aime exploiter et exhiber la beauté de leur partenaire comme signe de force. C'est une espèce de pacte tacite passé à un niveau inconscient : la femme utilise sa beauté pour acquérir du pouvoir, et l'homme utilise la beauté de sa compagne pour sortir vainqueur de sa confrontation avec les autres hommes. Rien de bien nouveau, en fait ; c'était exactement la même chose il y a cent ans. Sauf qu'aujourd'hui, nous voyons différemment ce genre de femmes.

Maintenant, revenons plus directement à notre question : comment dépasser l'ambivalence dans le rapport de couple ? Comment résoudre l'indécision, comme choisir entre la voix qui nous pousse à prolonger le *statu quo* et celle qui nous dit d'en finir ? Les thérapeutes américains conseillent de tenir un carnet où noter, en vis-à-vis, les « pour » et les « contre » de la vie conjugale. Au bout de trois mois, estiment-ils, on peut dresser un bilan. Pour d'autres thérapeutes, comme le psychiatre suisse Jurg Willi [7], nous projetterions sur notre partenaire la partie de nous-mêmes que nous ne reconnaissons pas ou que nous n'acceptons pas. L'histoire de Bruno rend, à tout le moins, cette hypothèse séduisante. Cet homme de 24 ans a épousé une femme très intelligente mais plutôt réservée sur le plan sexuel, pour calmer sa crainte d'être trahi, mais aussi poussé par le besoin d'imposer des limites à sa sexualité compulsive : il a « délégué » en quelque sorte cette responsabilité à sa femme.

Enfin, une dernière manière de surmonter l'ambivalence relationnelle au sein du couple consiste à dépasser l'idéalisation qui le mine. Car on peut réparer ce qui est cassé, mais pas ce qui n'a jamais marché. Une fois que cette idéalisation aura été balayée, il sera possible de commencer à travailler ensemble sur les aspects positifs de la relation afin de les renforcer, l'un des moyens étant de faire revivre au couple ses meilleurs moments.

DEUX INTIMITÉS : LA DIFFÉRENCE
HOMMES/FEMMES

Une femme tombe amoureuse parce qu'elle ressent le besoin que quelqu'un s'occupe d'elle : plus elle se sentira comprise et acceptée dans le domaine affectif, plus elle se montrera réceptive et fournira des preuves d'estime à son compagnon. L'homme, lui, tend à tomber amoureux pour satisfaire son sentiment de pouvoir et son besoin de se consacrer à une femme qu'il finira par posséder. Le conflit naît lorsque les deux partenaires n'acceptent pas ces différences. Dans ce cas, l'homme pense que les femmes sont mues par le même désir de possession que lui, alors que la femme croit que dans les moments difficiles, les hommes ont besoin de compréhension.

Dans sa jeunesse, une femme est nettement plus disposée à se sacrifier et à se conformer aux exigences de son partenaire, tandis que l'homme est bien plus absorbé par lui-même et peu ouvert aux besoins des autres. Au stade de la maturité, la femme se rend compte qu'elle a peut-être renoncé à elle-même pour plaire à son compagnon. Son objectif numéro un est alors d'atteindre un nouvel équilibre entre son inclination à donner et le besoin de fixer des limites pour pouvoir se procurer ce qu'elle désire. Chez l'homme, en revanche, on note une plus grande conscience de sa capacité de donner.

Pour être bien ensemble, les hommes et les femmes auraient donc intérêt à accepter l'existence de ces différences et renoncer une fois pour toutes à essayer de changer l'autre. Les femmes, en particulier, devraient laisser tomber l'idée de tout partager avec leur partenaire, cesser de le voir comme un robinet de purge ou, pire encore, comme leur psychothérapeute.

Mais alors, me direz-vous, pourquoi les hommes et les femmes tombent-ils amoureux les uns des autres ? À en croire la psychologie évolutionniste, l'amour a une fonction biologique dont l'objectif est, au-delà de la transmission des gènes, la conservation de l'espèce. Hommes et femmes tomberaient amoureux parce que cela constitue un « avantage génétique » pour le bébé humain : celui-ci disposerait ainsi d'un couple d'adultes qui s'occuperont de son bien-être jusqu'à ce qu'il soit devenu pleinement autonome. En revanche, sous l'angle de l'évolution personnelle, l'amour et la formation du couple ont une autre signification : on ne tombe amoureux que lorsqu'on est passé de la phase *autocentrique* (caractérisée par l'investissement total en soi-même et ses propres besoins) à la phase *allocentrique* (caractérisée par la découverte de l'autre, au sens le plus profond du terme).

Les différences entre les deux sexes sont bien souvent liées à des conceptions différentes de l'intimité [8]. C'est ce qui ressort de l'histoire de Roselyne, 22 ans, qui m'écrit pour me soumettre son cas. Elle vit avec Claude depuis quatre ans. Pour elle, leur rencontre a été le fait du destin : c'était un amour fort, solide, intense. Ils étaient vraiment unis, ne faisaient qu'un et étaient convaincus que leur histoire ne finirait jamais, si ce n'est par un autre coup de ce destin qui les avait fait se rencontrer. Et puis voilà qu'ont surgi les premières incompréhensions, les premières disputes, toujours suivies de réconciliations passionnées. Lentement, les crises de jalousie et les moments de méfiance et de rancœur se sont multipliés, toujours entrecoupés de périodes d'amour, de sexe et de tendresse intenses. Claude a commencé à se plaindre du manque d'attention de Roselyne à son égard, de ses caprices. Il a eu assez d'être toujours relégué au second plan, de se sentir mal quand elle sortait avec ses amies, de rester éveillé la nuit en proie à sa jalousie. Peu à peu, il s'est éloigné d'elle, et Roselyne regrette aujourd'hui sa tendresse et le sentiment d'union qui faisait la force de leur couple. Est-il possible, me demande-t-elle, de retrouver l'harmonie et la confiance perdues ?

Je pense que ce couple est en train de s'ajuster et de rechercher le bon degré d'intimité. Au début, c'est Claude qui demandait davantage d'intimité affective, et Roselyne qui était plus distante, peut-être parce qu'elle canalisait ses énergies en vue de sa réalisation personnelle. Maintenant qu'il s'est éloigné, c'est elle qui souffre. Selon moi, ce genre d'évolution « en accordéon », marquée par une inversion alternée des rôles, est nécessaire au couple. C'est seulement à ce prix que l'on peut savoir si un amour est durable.

L'histoire de Patricia, elle, est toute différente. Son problème ne se situe pas tant au niveau de l'intimité que de la fusion. Depuis que son petit ami l'a quittée, il y a environ trois mois, elle n'est plus qu'une âme en peine. Elle ne fait que pleurer, ne mange presque plus, maigrit à vue d'œil et, pendant les quelques heures où elle réussit à dormir, a de terribles cauchemars qui, une fois qu'elle est réveillée, la laissent très perturbée. En outre, elle refuse de sortir de chez elle, terrorisée à l'idée qu'elle pourrait le revoir, peut-être bras dessus bras dessous avec une autre. Elle a même envisagé de quitter la ville où elle vit, où tout lui parle de lui et de déménager, loin, là où elle ne courra plus le risque de tomber sur lui. Patricia est obsédée par son souvenir. Mais ce qui la préoccupe le plus, et qui l'a amenée à se dire qu'elle avait un grave problème de dépendance, c'est que bien qu'il l'ait blessée, elle ne parvient ni à le haïr ni à le rayer définitivement de sa vie. Il lui manque horriblement et, à l'entendre, sa seule possibilité de redevenir heureuse serait d'être à nouveau avec lui.

Le diagnostic posé par Patricia est exact : elle confond amour et dépendance, et dépend de son objet d'amour pour vivre. Elle a bien un problème de fusion, et non d'intimité. Je lui ai conseillé de tenter un processus de « défusion », autrement dit, de reprendre possession de ses sentiments qui, pour le moment, restent « collés » à l'objet d'amour perdu.

LES SIX INGRÉDIENTS PRINCIPAUX
D'UN COUPLE DURABLE

1. *L'unicité.* Il n'y a rien de pire que la perte de ce sentiment qui rend chacun des deux amoureux unique l'un pour l'autre. Le mot clé est celui-là : unicité. On ne peut que donner raison à ce mari déçu par le comportement monotone et peu passionné de son épouse qu'il accusait de faire l'amour « comme si son médecin le lui avait prescrit ». Et une autre femme, toute contente que son mari l'appelle « ma princesse », a été bien désappointée en découvrant qu'il appelait leur chatte de la même façon !

2. *L'énergie.* L'amour doit dégager une quantité d'énergie suffisante sous peine de se réduire à une question de calcul et d'intérêt.

3. *Le temps.* Il faut donner du temps à l'amour. Laissons l'urgence aux coups de foudre ; l'amour ne doit pas être pressé. Bien des relations se consument en un éclair, sautant tous les rituels des avances. Or le temps est indispensable pour que les partenaires apprennent à se connaître, partagent des expériences et même pour qu'ils surmontent les crises inévitables. Car n'oublions pas qu'un couple qui n'a pas encore traversé et surmonté de crise demeure un couple à risque.

4. *La générosité.* L'amour a besoin d'une certaine dose de générosité. Je ne veux bien entendu pas parler de cadeaux à tout bout de champ, mais de capacité à aimer l'autre et la relation instaurée avec lui. Et générosité signifie également gratuité.

5. *La confiance.* Tout comme dans la relation mère-enfant, une bonne intimité se fonde sur la confiance. L'amour ne peut coexister avec la méfiance et la suspicion.

Celui qui fait suivre l'autre par un détective ne fait pas preuve d'amour, mais affiche seulement son désir de possession. Sans faire l'apologie de l'amour aveugle, il me semble important de souligner que la confiance de base est un élément indispensable à l'amour.

6. *L'estime.* La passion ne va pas forcément de pair avec la sincérité et la transparence, mais une chose est certaine : l'amour peut difficilement résister sans une certaine dose d'estime.

CHAPITRE IV

Faire la cour au temps des SMS

Roxane a 26 ans et s'est installée depuis peu dans une grande ville. Dans la salle de gym qu'elle fréquente, les garçons ne perdent pas de temps à faire des avances : ils veulent « conclure » tout de suite et, à la moindre réticence, s'éclipsent. Cette histoire me semble très représentative de la situation actuelle. Aujourd'hui, en effet, dans les jeunes générations, on ne fait plus la cour. On veut aller directement au but, sans perdre de temps « inutile » et sans investir à fonds perdus. Beaucoup de femmes s'en plaignent ; dans le même temps, nombre d'hommes me rapportent que leurs manœuvres d'approche, avec bouquets de fleurs, cadeaux et billets doux, ne sont ni appréciées, ni prises en considération. Comment expliquer pareille énigme ? Il me semble que, de nos jours, seul celui qui est vraiment très fortement intéressé par une femme utilise les anciens rituels de la cour, rituels qui, par ailleurs, ne sont bien accueillis que si l'intéressée elle-même a déjà un petit faible très affirmé pour son prétendant. Les temps ont bien changé... Autrefois, qu'elles qu'aient été les intentions d'un homme, il se devait de faire la cour à une femme pour l'approcher ; aujourd'hui, il s'épargne une grande partie de cet effort. Le temps des galants hommes de Jane Austen n'est donc plus, tout comme a disparu celui des « filles à marier ».

Pourtant, l'attitude des dragueurs expéditifs n'est pas toujours si claire : il est possible qu'ils n'aient que le sexe comme objectif, mais, derrière leur recherche frénétique de plaisir, se cache souvent un besoin de se défendre contre les émotions qu'ils éprouvent. La raison de ce phénomène tient à ce que beaucoup de jeunes sont des « mal élevés sentimentaux », incapables de déchiffrer leurs émotions ou celles des autres, et totalement ignorants de la grammaire affective d'une relation. Le sexe leur permet alors de surmonter des peurs anciennes et de compenser ce manque d'éducation sentimentale. Ils suivent les consignes à l'emporte-pièce de leurs parents : « Mets un préservatif », « Fais bien attention aux maladies », « Ne la mets pas enceinte », mais enseigner les sentiments exige davantage de temps qu'énoncer, et respecter, deux ou trois formules lapidaires.

D'ailleurs, même le flirt demande du temps, comme l'a démontré Monica Moore, professeur à la Webster University, aux États-Unis. Cette chercheuse a étudié le comportement de 2 000 personnes en lâchant des enquêteurs (ses propres étudiants) dans des bars et des discothèques. Ceux-ci devaient respecter un protocole scientifique précis et noter ce qu'ils observaient. Eh bien, ils ont rapporté que, dans les faits, l'approche était plus ou moins longue, même une fois que la « proie » était repérée. D'après les résultats de cette étude, ce sont les femmes qui lancent l'hameçon, à travers des messages non verbaux (le fameux *body language*), tandis que l'homme prend en charge la seconde phase, l'abordage. Notre chercheuse a identifié 52 comportements différents chez les femmes pour envoyer un signal de disponibilité et d'intérêt (façon de bouger la tête et le corps, de jouer avec ses mains et ses cheveux, de sourire, de jeter des regards…).

Dans tous les jeux de séduction et de conquête, la beauté compte moins que ses capacités de séduction. Je me souviens qu'un jour, j'ai demandé à une étudiante qui avait beaucoup de succès avec les garçons, alors qu'elle n'était pas particulièrement belle, quel était son secret. Sa réponse a été la suivante : « C'est très simple. Je regarde l'homme qui m'intéresse droit dans les yeux pendant cinq secondes ; après, c'est lui qui m'approche, sous un prétexte quelconque. » J'ai fait faire le test à une autre jeune femme, parce que je restais sceptique, mais c'est vrai : ça marche !

Toutefois, si on en croit Monica Moore, 70 % des hommes ne sont guère perspicaces devant le comportement non verbal des femmes, tant ils sont centrés sur eux-mêmes et sur leur psychologie. Dans un sondage que j'ai effectué moi-même il y a plusieurs années [1], j'ai demandé ce qui faisait le plus craquer lors d'un premier rendez-vous au restaurant. Les hommes ont parlé du champagne et de la nourriture ; les femmes, elles, étaient catégoriques : c'était l'atmosphère du restaurant et la conversation. Et aujourd'hui, que répondraient les uns et les autres ? Plus ou moins la même chose, sans doute. Peut-être les hommes placeraient-ils le vin en tête, mais ce n'est pas si sûr, car le champagne reste associé aux rites de la séduction, ainsi que le confirme l'étude réalisée par Harlequin qui commande chaque année un grand sondage mondial sur tout ce qui touche à l'amour. En 2004, le thème central de l'enquête était la séduction. Quatre mille personnes originaires de dix-huit pays différents ont ainsi été interviewées. Et les résultats ont encore une fois confirmé que les deux premiers outils de séduction étaient : le champagne et… l'humour [2].

LES ANCIENS RITUELS :
L'INVITATION À DANSER

Selon le psychologue néodarwinien David M. Buss[3], le flirt est un instrument de « coopération biologique » : une belle femme serait choisie par un homme parce qu'elle est biologiquement plus susceptible de lui donner de plus beaux enfants, alors que la belle femme ferait, elle, miroiter sa disponibilité sexuelle et son investissement affectif total. Selon Buss, cette opposition entre les sexes a un objectif commun, celui de la coexistence : les partenaires d'un couple recherchent l'entente, non pas tant parce qu'ils aspirent à l'harmonie que parce que la vie à deux a une utilité.

Si on remonte en arrière, les anciens rituels dans les familles fortunées mettaient en scène certains intermédiaires (pensons aux femmes dont la fonction consistait à arranger des mariages) ou des amis de la famille, ce que l'on appelait le clan. Ces personnes agissaient dans l'intérêt de la famille plus que dans ceux du couple à venir. Les deux jeunes commençaient alors à se fréquenter, toujours sous l'œil vigilant de la famille (les fiancés ne pouvaient se voir seuls), qui en faisait un sujet de conversation. C'était un peu comme une leçon d'escrime à fleurets mouchetés : les règles de l'assaut étaient claires pour les deux adversaires, mais on s'en tenait à la simulation. Une fois que la famille avait donné son autorisation venait l'envoi de billets doux, de fleurs, de petits cadeaux en gage d'amour ; puis, c'étaient les débuts en public, bien souvent lors du mariage d'un autre membre de la famille. Plus tard encore venait la sortie en voiture (ou à cheval) et, dans certains cas, un court séjour ensemble. Bien évidemment, les fiancés faisaient chambre à part. Commençait après une longue période de rodage de l'amour, qui offrait différentes occasions de transgression...

Ces anciens rituels ont duré fort longtemps. Je me souviens que dans ma jeunesse, je fréquentais un groupe d'amis qui avaient un chalet en montagne. Les filles arrivaient ensemble, mais finissaient par partager leurs chambres avec les garçons, eux aussi venus ensemble. Le sexe n'était cependant que le couronnement d'un long parcours, presque jamais prévu.

Les classes moins aisées avaient elles aussi un rituel, d'un autre genre : la guinguette. Les vêtements « parlaient » au moins autant que les gestes. Le regard aussi comptait beaucoup. Et puis, bien sûr, il y avait la danse, qui permettait de se rencontrer et d'établir un contact, tout en maintenant une certaine distance. Toutes ces stratégies d'approche ont laissé derrière elles une grande nostalgie, mais aussi quelques traces.

LES NOUVEAUX RITUELS :
LE « SPEED-DATING »

Aujourd'hui, sur les grandes plages touristiques, les bals et les « night-clubs » ont définitivement disparu au profit du beach-volley ou des cours de gym. Le culte du corps et de la forme a remplacé le désir de séduire. Conditionnés par notre société de consommation, les garçons perçoivent leurs conquêtes davantage comme des trophées à exhiber que comme des partenaires. Et plus les maillots des femmes qui passent sous leurs yeux sont réduits et plus les hommes transfèrent leurs désirs dans un autre domaine : le travail, de plus en plus introuvable, et l'amitié. Malgré tout, et presque en contrepartie, on entend beaucoup parler de deux techniques venues d'ailleurs : le *speed-dating* et le *toothing*.

Le *speed-dating*, expression que l'on pourrait traduire par « rencontre éclair », a été inventé par un rabbin américain afin d'aider les célibataires de la communauté juive à faire connaissance et pour favoriser leur mariage. Importé en Europe, cette pratique a connu un incroyable succès. Au point que les organisateurs de rencontres se sont hâtés de diversifier leurs soirées par tranches d'âge (et il y en a même pour les plus de 50 ans !). Ce phénomène récent a déjà donné naissance à un film, *Love is eternal, as long as it lasts*. On y voit Carlo Verdone se rendre à une séance de *speed-dating* et tomber amoureux. Jusqu'au moment où on découvre que ce quinquagénaire en quête d'une nouvelle compagne n'est pas célibataire, mais marié, et qu'il avait seulement envie d'aventure...

Dans la réalité, comment fonctionne aujourd'hui le *speed-dating* ? L'idée est de permettre à vingt-cinq hommes et vingt-cinq femmes, tous rigoureusement célibataires, de se rencontrer en une seule soirée. Chacun dispose de trois minutes par partenaire. Les femmes s'assoient à une table et accueillent à tour de rôle les candidats masculins, numérotés de 1 à 25. Trois minutes, donc, par rencontre, scandées par un gong : à peine le temps de se regarder, de se sourire, de poser quelques questions. Sur sa fiche, chaque participant, homme ou femme, aura juste le temps d'écrire oui ou non à côté du numéro du candidat... En fin de soirée, ces fiches sont remises à l'organisateur, qui les compare et s'il y a des correspondances, il envoie par Internet les coordonnées et l'adresse électronique des inté-ressé(e)s... Autant de petit(e)s ami(e)s en puissance, si je puis dire.

La clé de cette approche rapide réside, bien évidem-ment, dans la façon de se présenter. Que mettre en avant au cours de ces trois minutes ? Qu'est-ce qui compte le plus : séduire par ce que l'on dit ou par son décolleté ? Sans doute « l'examinateur » se rappellera-t-il surtout le corps, l'odeur dégagée (les fameuses phéromones) et quelques caractéristiques davantage liées à sa propre histoire qu'à celle de l'« objet examiné ». En général, les hommes regardent les seins et les jambes, même si une femme qui a du talent et du charme sait toujours faire oublier son physique ; quant aux femmes, elles regardent plutôt les yeux et les fesses des hommes ; les deux sexes font pareillement attention à la façon qu'a l'autre de sourire et à sa conversation. Et comme dans la publicité, c'est l'inattendu, la surprise, qui marque.

La drague rapide ne laisse aucune place aux timides (qui s'inscrivent néanmoins pour surmonter leur timidité) : il faut abattre rapidement son jeu et, surtout, dire ou comprendre très vite ce qui suscite l'intérêt de l'autre. Mais, justement, quelles règles doit-on suivre pour séduire l'autre aujourd'hui, y compris dans la version accélérée du flirt qu'est la soirée de *speed-dating* ? Peut-être, sur cette question, faut-il se fier à John Gray, l'auteur du livre culte de *Les Hommes viennent de Mars, les femmes viennent de Vénus* [4], si peu apprécié des féministes. Pour Gray, en effet, le mieux est de jouer sur les différences entre l'homme et la femme. Aux hommes, donc, d'apprendre à *écouter* attentivement les femmes et aux femmes d'aimer ce que *font* les hommes.

Parce que le sexe masculin a beaucoup plus de testostérone, il adopte, même de nos jours, un comportement de type *fight or flight* (« bats-toi ou casse-toi »). Le plus malin, pour une femme qui veut séduire, est donc d'admettre ce besoin de compétition, même si ce narcissisme la gêne (et la gêne d'autant plus qu'elle a elle-même l'esprit de compétition !). Et aussi d'accepter que de temps à autre, l'homme a besoin de s'isoler pour résoudre seul ses problèmes. À l'inverse, le sexe féminin, qui a moins de testostérone et plus d'oxytocine, est davantage tourné vers la relation, l'écoute et le partage. Or pour sentir s'il y a entente possible sur ces points entre l'homme et la femme qui se rencontrent, il faut moins de trois minutes…

Tant les livres de John Gray, ancien moine bouddhiste devenu conseiller matrimonial de renom, que les agences de Simon Prokter, pionnier du *speed-dating* qui a fait fortune aux États-Unis et en Grande-Bretagne, traitent d'une préoccupation extrêmement prégnante de nos jours : celle de se rencontrer, de se connaître, de se séduire. Et d'être heureux. Jamais plus seul, tel semble bien être le cri de notre société qui, malgré toute la technologie moderne, ou peut-être justement à cause d'elle, compte de plus en plus de célibataires.

Alors, fatalement, les célibataires en viennent aussi à draguer sur Internet. Certes, de nombreuses *chat-lines* sont un moyen de sortir de l'isolement qu'entraînent certaines préférences sexuelles (et aussi certaines petites perversions), mais certains utilisateurs cherchent simplement l'amour sur le Web. C'est le cas des timides et des maladroits chroniques, qui se sentent plus audacieux et moins empotés devant un ordinateur. Sur un *chat*, ils peuvent rencontrer des dingues de sexe et d'aventure, et beaucoup d'« infidèles en série », mais également des esprits romantiques qui, par l'échange de messages amoureux avec des inconnu(e)s, réussissent à teinter leur vie de poésie et à lui donner une nouvelle énergie. Il est surprenant de constater à quel point certains s'expriment mieux par *mails* que lors de rencontres en chair et en os. J'y vois une certaine analogie avec la psychanalyse, où le corps est mis au repos (sur le divan) pour que l'énergie puisse se concentrer sur les fantasmes qui feront resurgir le passé. De façon générale, la drague sur Internet est beaucoup plus créative et fantaisiste, même si elle ne va pas jusqu'à la « conclusion ». C'est presque un nouvel art, un nouveau mode d'expression.

Mais c'est aussi une drogue, dont beaucoup ne parviennent plus à se passer : ils restent cloués au moins une heure par jour devant leur écran. Quand ils sont mariés ou ont un partenaire, certains me demandent parfois (en m'envoyant un message sur mon site, bien évidemment !) si l'on peut considérer qu'ils trompent l'autre. D'un point de vue légal, non : il n'y a trahison que lorsqu'il y a contact physique et, là, il n'y a qu'un contact intellectuel ou, au plus, affectif. Pour le reste, tout dépend des cas : chacun, au fond de lui, sait très bien si – et jusqu'à quel point – ces escapades nuisent à l'intimité de son couple.

Après le *chat*, l'autre trouvaille, plus récente, qui mêle amour et technologie, est le *toothing* (de *tooth*, « mordre », « grignoter »). Il s'agit d'une nouvelle façon de tuer le temps quand on est dans le train ou le métro. Pour le moment, le phénomène reste strictement anglo-saxon, car il faut être équipé du système Bluetooth. Disponible sur les mobiles nouvelle génération, ce dernier permet de repérer à proximité de l'endroit où l'on se trouve les autres portables équipés. Apparaissent alors le numéro de téléphone, le pseudo et l'identifiant des propriétaires. Si l'on veut, après une brève recherche avec son téléphone, contacter quelqu'un dont les coordonnées sont affichées sur l'écran, il suffit de lui envoyer un texto mentionnant : « *Toothing* ? » Si l'autre est d'accord, s'engage alors une conversation par minimessages, conversation qui se conclut parfois par une rencontre « hard », dans le train même…

À l'origine, ce nouveau style de communication a été mis au point par un certain Jon (pseudo : Toothy Toothing), banlieusard anglais de moins de 30 ans qui voulait profiter des longs et ennuyeux trajets entre sa maison et son bureau à Londres pour draguer par téléphone. Ce « pionnier » du sexe fortuit a désormais son site (contenant de nombreux *blogs*, ou carnets personnels), lequel rassemble des milliers de personnes.

Enfin, *last but not least*, il y a maintenant le *dogging* : les propriétaires de chiens peuvent trouver sur des sites web prévus à cet effet les parcs où promener leurs compagnons à quatre pattes… et où se rencontrer. Le *dogging* se pratique à surtout à Londres. À Paris, ville plus chic, on a inventé l'abordage… en grande surface. Ainsi, tous les jeudis soirs, dans les Lafayette Gourmet, a lieu un « shopping single » : les hommes et les femmes désireux de faire des rencontres se présentent et font leurs courses avec un chariot ou un panier en plastique violet, très tendance ; le directeur du magasin, lui, offre la coupe de champagne. Vous vous demandez si cela marche ? Mais bien sûr, du moins chez les jeunes gens pressés qui ont peu de temps libre : entre un camembert et une grappe de raisin, on peut s'observer et entamer une conversation. Cette idée de nocturne a d'ailleurs été reprise en Italie. À Milan, par exemple, le téléphone arabe permet de connaître les supermarchés les plus fréquentés par les célibataires ainsi que les heures où ils sont le plus nombreux. Le plus souvent, c'est 21 heures...

Quoi qu'il en soit de ces nouvelles modalités de rencontre entre amoureux, qu'il s'agisse d'une séance de *speed-dating*, d'une nocturne dans un grand magasin ou, plus banalement, d'un repas chez des amis, une chose reste acquise : la cour, si elle doit se prolonger, passera forcément par l'incontournable canal de communication qu'est devenu le portable. Pensez donc : le jour de la Saint-Valentin, des dizaines de millions de messages sont envoyés par ce biais... Alors, comment caractériser l'amour au temps des SMS ?

Eh bien, il est tout à la fois lent et rapide. Rapide parce que immédiat : questions et réponses, les messages arrivent en temps réel. Lent, parce qu'il renoue avec la séduction des mots et même la poésie. En témoignent les nombreux livres et sites pour séducteurs à court d'idées qui proposent des phrases à l'eau de rose ou de merveilleux vers de poème, tous extrêmement brefs, de façon à pouvoir être « comprimés » en un seul message langoureux. C'est aussi un amour qui se nourrit au quotidien, qui reste toujours « branché » : qu'on pense aux SMS de bonne nuit ou aux « bonjour ma chérie » deux secondes après avoir allumé son portable...). D'une certaine manière, les textos sont la boîte noire de toutes les histoires d'amour aujourd'hui ; ils en mémorisent les épisodes importants et les différents moments : déclaration, confirmation, doutes, jalousies, conflits, réconciliation, rupture [5]... Le téléphone cellulaire se fait aussi journal secret portatif ; on y garde en secret les SMS les plus troublants pour pouvoir les lire et les relire dans ses moments de tristesse. Nul doute que Rudy Krolopp, l'ingénieur américain qui, en 1973, a inventé le portable (il pesait à l'époque huit kilos et n'a été commercialisé que dix ans plus tard) n'aurait jamais pensé que sa création deviendrait le moyen le plus rapide et le plus utilisé, non seulement pour communiquer, mais aussi pour séduire !

PETITES ÉTINCELLES
DE MAGIE MÉTROPOLITAINE

« Les enfants qui s'aiment s'embrassent debout contre les portes de la nuit... », écrivait Jacques Prévert. Mais s'embrasse-t-on encore « contre les portes de la nuit » ? De nos jours, à 20 ans, connaît-on encore les soupirs et les caresses volés ? J'espère que oui. Et certains faits divers me font penser que j'ai raison. Comme l'inoubliable première fois de ces deux jeunes provinciaux [6] qui n'avaient trouvé pour seul endroit sûr que sa voiture à lui. La jeune fille n'aimait pas trop l'idée de s'éloigner dans la campagne, elle voulait qu'ils soient cachés, mais pas trop isolés. Alors, après de longues et de pénibles recherches, ils se sont arrêtés à l'entrée de leur village, sous un lampadaire. Elle s'est inquiétée, mais il l'a rassurée en lui disant qu'il allait l'éteindre. Armée d'une clé anglaise, il a dévissé la boîte au pied du poteau pour en retirer le fusible et il a arraché tous les fils. Ce qui a évidemment éteint le lampadaire, mais aussi fait sauter l'éclairage public dans tout le village. Ainsi, alors que tout le monde se demandait ce qui

avait bien pu provoquer ce black-out, l'obscurité proté-
geait la première nuit magique de ces deux jeunes amoureux. Voilà une histoire faite de rien, de sourires, de petites
étincelles de magie, un peu à la Amélie Poulain… Qui ne
se souvient des grands yeux d'Audrey Tautou dans *Le
Fabuleux destin*[7], ce film qui a enchanté le monde entier ?
Amélie, la douce jeune fille qui parcourt les rues de Mont-
martre, la tête dans les nuages, ne serait-elle pas le
symbole d'une nouvelle envie de romantisme ?

À défaut d'instants magiques de ce genre dans nos
métropoles frénétiques, on peut se rabattre sur une autre
arme de séduction et se consacrer, corps et âme, aux
saveurs. Même les plus jeunes, ceux de la « génération de
l'apéro », rêvent encore d'une rencontre romantique dans
un restaurant, si possible au bord de la mer. Au deuxième
rendez-vous, ils acceptent tout aussi volontiers une invitation à la maison, à condition que leur hôte sache
cuisiner…

Un récent sondage réalisé par une revue consacrée à
la santé au naturel a montré que 39 % des femmes disent
jouer de la gourmandise de leur partenaire. Je n'ai donc
pas été surpris par les conclusions d'une enquête menée
sur les hommes mariés où il était rapporté que 22 % des
585 sujets interrogés plaçaient en tête, parmi les facteurs
déterminants d'une relation conjugale réussie, les apti-
tudes culinaires de leur compagne. En deuxième position
venait sa douceur et, seulement en troisième, ses capacités érotiques. Je me permets d'ajouter que 66 % d'entre
eux affirmaient aussi se sentir moins coupables lorsqu'ils
trompaient une partenaire peu douée en cuisine…

Bref, il n'y a pas de procédure d'approche qui ne
commence par une invitation à dîner, de même qu'il n'y
a pas de relation d'affaires qui ne soit scellée par un bon
repas. La nourriture outrepasse alors sa fonction primaire
pour devenir un vecteur de rapprochement, ce qu'elle est
aussi fondamentalement. Je repense ainsi à un garçon de

20 ans qui m'a écrit récemment que sa timidité l'empê-
chait de manger devant les autres, surtout des filles, sans
se sentir angoissé. Comment ne pas considérer que ce
blocage, renforcé dans son cas par un malaise psychologique de nature phobique, traduit une incapacité à
partager avec les autres un moment d'intimité ?

D'ailleurs, on peut très bien rattacher les rituels
alimentaires de la séduction aux comportements qui existent entre une mère et son nourrisson : au restaurant, le
rôle rassurant de la mère qui allaite serait joué par
l'homme qui, assumant une fonction quasi parentale,
invite et subvient ainsi aux besoins de la femme en lui
offrant quelque chose de très intime : la nourriture. De
la même façon, une femme qui cuisine pour son amour
et prépare les aliments avec amour serait un rappel de la
figure de la mère nourrissant son enfant. Quoi qu'il en
soit, nourriture et affection étant extrêmement liées, je
suis personnellement favorable, en tant que membre de
l'Académie italienne de la cuisine, à la construction
d'« autoroutes » de liaison entre la gastronomie et
l'érotisme ou les serviettes et les draps, afin que ces deux
plaisirs qui adoucissent la vie se renforcent mutuellement.

LE RETOUR EN FORCE DE LA SÉDUCTION

Pour séduire, il ne faut pas être pressé. Ce qui compte
le plus, ce sont les signaux et les traces qu'on fournit de sa
présence. Offrir la première semaine une rose par jour est
un geste cent fois plus apprécié, croyez-moi, qu'une banale
invitation au cinéma ou à une fête : la séduction est un art
sophistiqué ; l'autre doit se sentir unique, spécial, irrem-
plaçable, comme un roi ou une reine.

Aux États-Unis, le nouveau romantisme est une
nouvelle tendance qui a gagné le cinéma, la littérature et
la chanson. Le titre d'un article paru dans le *Washington*

Post, « Les jeunes filles d'aujourd'hui redécouvrent le charme de la séduction à l'ancienne [8] » en atteste. Certes, le modèle de *Sex and the City* est très présent dans les esprits, mais est-il bien certain que les hommes aiment l'agressivité féminine et l'approche directe ? Ou que les femmes n'apprécient pas, quand, à défaut de faire tomber leur mouchoir, elles font tomber leur Palm Pilot ou leur portable, et qu'un homme le ramasse délicatement ? Le *New York Times* va, lui aussi, dans ce sens, en titrant : « Le retour du chevalier servant », c'est-à-dire le retour de celui qui, toujours, referme la portière de sa douce avant de monter en voiture ; qui, toujours, l'aide à mettre son manteau ; qui, toujours, entre dans un lieu le premier… Mais en Europe aussi, nous commençons à avoir d'ardents défenseurs de la courtoisie. Ainsi, l'écrivain et journaliste Alain Elkann [9] estime-t-il que les femmes doivent être écoutées et préconise, dans certaines occasions, le recours au baisemain pour créer des rapports d'une « légèreté mozartienne ». Quant au jeune écrivain Alain de Botton, il se contente d'écrire que le parfait gentleman est celui qui sait être courtois [10], mais tout est dit, non ? Retour, donc, au bon ton ? Oui, mais avec une conscience plus forte du respect dû à la personne.

Depuis quelque temps, on assiste donc, très logiquement, à une certaine nostalgie pour le passé. En témoigne une couverture récente du magazine *Variety*, la plus « classique » des revues *people*, sur laquelle s'affichait non pas Brad Pitt, mais Gary Grant. En témoigne aussi le succès international des nouveaux *crooners*, ces chanteurs de jazz de moins de 30 ans qui font rêver les femmes comme Frank Sinatra autrefois, par exemple le Canadien Michael Bublé, Jamie Cullum ou Peter Cincotti, qui sont en tête des hit-parades dans le monde entier avec leurs reprises d'anciennes chansons romantiques – ce n'est d'ailleurs pas un hasard si c'est précisément Bublé qui chante sur la bande-son de *Bye Bye Love* : ce film néoromantique, où joue la délicieuse Renée Zellweger, est un véritable hommage, non dénué d'humour, à la séduction à l'ancienne. Autre tendance musicale que l'on peut mentionner pour des raisons similaires : celle incarnée par deux pianistes et chanteuses jazz qui ont conquis le monde entier et qui sont tellement *new romantic* qu'elles sont aussi apparues dans quelques brèves séquences de comédies américaines : je veux parler, bien évidemment, de Diana Kroll et Norah Jones. Toute cette musique néo-romantique est d'ailleurs utilisée comme une nouvelle arme de séduction. La dernière tendance est, en effet, aux CD mastérisés, créés sur mesure, souvent en téléchargeant des morceaux sur Internet. Au lieu de l'habituel bouquet de fleurs, on envoie une déclaration d'amour en musique, avec une chanson sentimentale ; c'est une sorte de carte de visite, une façon de dire : « Écoute ce morceau et pense à moi. »

Sur le Web aussi, d'ailleurs, les anciennes manières, revues et corrigées, resurgissent. Ellen Fein et Sherrie Schneider, qui avaient publié en 1995 un livre « vieux style » (mais traduit en 27 langues !) sur les règles de séduction et les façons de trouver un petit ami[11], se sont mises à l'heure des nouvelles modalités offertes par Internet. C'est ainsi qu'est récemment sorti *The Rules for Online Dating*[12], bréviaire de la séduction en ligne qui permet de savoir qui est sérieux et qui ne cherche, au contraire, qu'une aventure érotique. Voici, pour information, quelques-uns des conseils qu'elles donnent :

— Ne pas choisir un pseudo trop sexy.

— Laisser passer au moins vingt-quatre heures avant de répondre à un *e-mail*.

— Ne jamais envoyer de messages le samedi soir (cela reviendrait à admettre que l'on est seul et désespéré).

— Et, surtout, au premier rendez-vous « en chair et en os », refuser catégoriquement le sexe.

ÊTES-VOUS SEXUELLEMENT INTELLIGENT ?

On me consulte de plus en plus souvent pour connaître quelles sont les règles de séduction et pour savoir si le ressort de l'attirance a été enclenché. Je réponds invariablement qu'il faut diversifier les rythmes de l'approche : d'abord identifier très vite la bonne personne, celle qui nous intéresse vraiment, puis, dans un second temps, celui où l'on courtise l'autre, patienter sans brûler les étapes. Ce ralentissement favorise, en effet, le phénomène primaire qui est à la base de toute attirance et que la psychosociologie nomme « effet de familiarité » (plus nous voyons un objet et plus les chances de le trouver agréable augmentent). En outre, les manœuvres lentes permettent aux deux personnes d'apprendre à interpréter les signaux d'ouverture (ou de fermeture) de l'autre et à réagir en conséquence, comme quand on se laisse « conduire » dans une danse. Dans le domaine érotique, ce n'est donc pas tant l'organe sexuel qui compte que le cerveau, et l'endocrinologue John Money a sans doute parfaitement raison quand il affirme que « la zone érogène par excellence est celle qui se trouve entre nos deux oreilles ».

Le concept d'« intelligence sexuelle » s'est désormais imposé pour désigner l'ensemble des qualités indispensables à une vie sentimentale et érotique satisfaisante. Les plus importantes sont certainement la connaissance en profondeur de son corps, de ses réactions sexuelles et, aussi, des réactions de l'autre face à son comportement qu'il perçoit. Maintenant, question : qui peut être qualifié de « sexuellement intelligent » ? Prioritairement, celui qui connaît ses désirs intimes et se donne la possibilité de les vivre et de les réaliser sans névrose ni idéalisation ; celui qui ne se sert pas du sexe comme d'un anxiolytique ou d'un antidépresseur ; celui qui ne se fixe pas sur un partenaire idéal conforme aux modèles dictés par la publicité et la télévision, mais choisit son partenaire en tenant compte des possibilités réelles d'interaction. Même dans ses premières phases d'ailleurs, la séduction demande une intelligence sexuelle permettant de prendre en compte ses potentialités, les attentes de l'autre, mais aussi de recourir aux nouvelles techniques de communication au service de l'homme. Y compris les SMS. Enfin, le bon choix présuppose une certaine dose d'estime de soi, la capacité de détecter les signaux positifs émis par l'autre et celle de prévoir d'éventuelles différences de vues ou de besoins.

À l'inverse, on ne pourra certainement pas dire d'hommes et de femmes qui cherchent à « conquérir » des créatures impossibles à atteindre qu'ils sont sexuellement intelligents, et je ne mentionne même pas le fait qu'ils courent le risque de connaître un véritable syndrome de dépression, vu que l'amour non réciproque produit une baisse de dopamine, hormone présente dans le cerveau...

CHAPITRE V

Quelques signaux d'alarme

Chez les jeunes couples, il est parfois difficile de détecter les raisons d'une crise conjugale et d'identifier, éventuellement, la pathologie sous-jacente. Dans ce chapitre, j'indiquerai donc seulement quelques éléments permettant de reconnaître un comportement susceptible d'être dangereux pour l'avenir d'un jeune homme ou d'une femme jeune.

LA RÉPÉTITION

Antoine est toujours tombé amoureux de jeunes filles étrangères, en général des touristes, qui venaient passer leurs vacances dans l'île où il vit avec sa mère. Chaque fois, il doit faire face à d'autres cultures, y compris en matière de séduction, mais la relation engagée s'interrompt toujours rapidement, parce qu'il n'est pas facile de faire durer une histoire avec une fille qui habite à mille kilomètres de là !

En fait, ce garçon ne comprend pas que sa xénophilie (son attirance pour tout ce qui est étranger) est une façon de se défendre contre un Œdipe extrêmement fort que, à 22 ans, il n'a pas encore résolu. Le bel enfant précoce qu'il était, petit, a été « choisi » par sa mère abandonnée par son mari comme objet affectif de substitution. Et après une phase de fascination homosexuelle de quelques mois durant son adolescence, Antoine s'est mis à « chasser » les touristes étrangères. Pourquoi vient-il donc aujourd'hui demander de l'aide ? Parce que avec sa dernière conquête, il n'a pas réussi à faire l'amour. Il a tout de suite été saisi de panique et douté de sa virilité. Mais c'est justement dans son comportement de « séducteur à répétition » que réside la clé qui pourra l'aider dans le domaine sexuel et sentimental.

Tout comme Antoine ne tombe amoureux que de touristes, il existe des femmes qui ne tombent amoureuses que de blonds souriants et musclés à la Brad Pitt, ou de bruns mystérieux et ténébreux à la Daniel Day Lewis... Ce genre de choix répétitifs ne se limitent pas à la recherche obsessionnelle d'un modèle de beauté particulier : il y a aussi les femmes très maternelles, ayant un fort instinct protecteur, qui sont attirées par des hommes immatures ou les rêveuses qui finissent le plus souvent dans les bras d'un macho. Et si une liaison ne marche pas, le même schéma amoureux se répétera avec un autre partenaire.

Pourquoi, dans de tels cas, l'expérience ne sert-elle pas de leçon, pourquoi ces personnes se retrouvent-elles toujours à frapper à la mauvaise porte ? Sans doute parce que les modèles familiaux s'infiltrent secrètement au niveau inconscient dans leurs choix sentimentaux. Comme je le dis et le redis à ceux qui se plaignent de leur déveine en amour, il faut écouter son inconscient pour comprendre ses choix en matière de partenaires. S'agissant des mécanismes complexes de la vie à deux, l'intuition des causes d'une attirance permet, en effet, d'éviter d'adopter une attitude fataliste du type : « Je n'aime que les hommes qui ne sont pas faits pour moi. » Une fois que l'on a découvert que l'on peut être dirigé par son inconscient, on peut aimer avec davantage de liberté.

Certes, il n'existe pas de formules magiques et instantanées pour régler le problème du syndrome de répétition. Je pense, par exemple, aux multiples « infirmières » qui choisissent un homme en piteux état dans l'idée de le « retaper », un peu comme on rénove un appartement. Quelquefois, ça marche, mais, en général, les femmes jeunes sont déçues de voir que leur partenaire ne veut pas changer, elles le quittent et recommencent ailleurs, préférant soigner les autres qu'elles-mêmes. On peut, bien sûr, se tromper une fois, mais quand on persévère dans l'erreur, mieux vaut essayer de trouver l'origine profonde de son malaise.

Ainsi, j'ai rencontré, il y a peu, une jeune femme, Julie, qui vivait mal sa tendance à chercher tout le temps des hommes avec un style « pirate ». Or, quand elle était petite, elle était la préférée d'un oncle un peu hippy qui se promenait avec un bandana et une boucle d'oreille et qui avait pour elle des attentions quasi incestueuses. L'inceste n'a pas eu lieu, mais, entre l'oncle et la nièce, il n'y a jamais eu de juste distance. Et Julie essaie, depuis, régulièrement de recréer cette atmosphère qu'elle aimait, notamment en refusant des hommes stables, qu'elle trouve gris et sans grand intérêt.

Bien souvent, la loi de la répétition frappe pour la première fois vers 20 et 30 ans, et resurgit ensuite tout au long de la vie. Il y en a qui, avec le temps, apprennent à faire avec. Un ami d'enfance, Marc, m'a ainsi raconté qu'il était « abonné » aux femmes difficiles ! Avec les petites amies de ses 20 ans, passe encore, mais sa femme aussi était compliquée : par exemple, elle était

tellement attachée à ses parents qu'elle croyait qu'au
lendemain de leur mariage, ils allaient tous vivre
ensemble. « Elle me demandait toujours de l'aider, de
compatir, et il ne lui venait même pas à l'esprit que moi
aussi, j'avais besoin d'être écouté, dit Marc. À la fin, exas-
péré, je l'ai quittée. Je me suis ensuite mis à revoir une
ex, une femme calme et très rassurante. Mais je dois
avouer qu'après toutes les années de tourment que j'avais
vécues, cette nouvelle relation, sans drames ni larmes, m'a
paru ennuyeuse... Alors, je suis tombé amoureux d'une
autre, fascinante mais au caractère plutôt difficile. Je sais
qu'avec elle, la vie ne sera jamais un long fleuve tranquille,
mais j'ai compris, maintenant : je suis l'esclave d'adorables
emm... Au moins, aujourd'hui, je l'assume. »

TRÈS JEUNES ET TRÈS PRESSÉS...

Lorène est une jeune fille de 13 ans et demi, très
précoce dans son style et son développement, tant sur le
plan psychologique que physique. Elle n'a pas eu ses règles
depuis deux mois, et la psychologue du collège, alertée, a
demandé un test de grossesse. Fort heureusement, il était
négatif, mais, pendant leur entretien, Lorène lui a raconté
des histoires inquiétantes. Vêtue de noir, les ongles recou-
verts de vernis sombre, avec des têtes de mort en guise
de boucles d'oreilles, cette jeune ado a avoué faire partie
d'une « secte gothique » qui se réunit en général dans des
cimetières. Elle couche régulièrement avec son petit ami,
qui a deux ans de plus qu'elle, et, une fois, ils l'ont fait sur
une tombe. Cela lui a plu, a-t-elle précisé d'un air provo-
cant, avant d'ajouter qu'elle avait eu un orgasme.

Lorène n'a rien d'une déséquilibrée, c'est seulement
une gamine précoce. Elle est la fille de deux universitaires qui travaillent beaucoup et la laissent souvent seule.
Elle joue du piano, suit des cours de danse et, plus tard,

voudrait être journaliste. Ses parents ont-ils perçu les
signaux d'alarme qu'elle leur envoie ? Apparemment pas,
même s'ils devraient au moins avoir remarqué sa façon
de s'habiller : il est pourtant excessif d'être entièrement
habillé de noir quand on a 13 ans. C'est comme un appel
au secours. Le collège les a déjà appelés pour leur dire
que leur fille est très intelligente et a de bons résultats
scolaires, mais qu'elle s'ennuie en cours et que, de ce fait,
elle bavarde et s'occupe visiblement d'autre chose. Eux,
voyant qu'elle a de nombreux intérêts et rien d'apathique,
ne se sont pas fait de soucis. Ils ne se sont même pas
aperçus qu'elle avait pour idole Marilyn Manson, une
rockstar pour le moins dérangeante. Lorène a pourtant
couvert les murs de sa chambre avec les posters de ce
chanteur et n'écoute que sa musique. Quant à la « secte
gothique » dans laquelle elle est entrée par l'intermédiaire
de son petit ami, ils n'en savent rien.

Personnellement, plus que sa sexualité précoce qui est
incluse dans une précocité générale, ce qui m'inquiète avec
cette jeune fille est le pouvoir que la secte exerce sur elle.
Chez une adolescente, ce type d'influence peut être très
dangereux. Et Lorène n'est pas seule dans son cas. Il y a
de plus en plus de petites jeunes, entre 12 et 15 ans, qui
s'habillent de façon à paraître plus âgées et qui jouent aux
adultes alors qu'elles n'ont pas les moyens de se défendre
comme des adultes. Et qui se comportent en conséquence. Le film-manifeste *Thirteen* [1] a bien montré le
risque d'engrenage. On y voit une enfant modèle de 13 ans
dont la vie est scandée par les Barbie, les livres d'école et
les ours en peluche et qui, tout à coup, entraînée par sa
meilleure amie, subit une profonde transformation : elle
se lance dans une exploration de l'excès, entre drogues,
petits délits et provocations, au cours de laquelle elle
touche du doigt le monde des adultes. Ce film a fait beaucoup de bruit, peut-être parce qu'il lève le voile sur le
phénomène délicat des « néo-lolitas », ces petites filles qui

grandissent trop vite, semblent ne pas avoir de limites et les refusent toutes.

Lorène, elle, a appelé à l'aide. Elle a immédiatement accepté la psychothérapie de groupe que nous lui avons proposé de suivre avec d'autres adolescents. Je continue pour ma part à me demander pourquoi ses parents ne sont pas intervenus et comment ils ont pu ne pas comprendre que c'était justement parce qu'elle était intellectuellement brillante que leur fille courait de graves dangers. De même qu'un fleuve est canalisé par son lit et ses berges, une autorité adulte est indispensable pour « contenir » une telle précocité. Heureusement, l'école a pris le relais dans cette histoire.

Notre société qui vit dans le mythe de l'éternel adolescent, tolère et encourage, d'une certaine façon, les excès des jeunes et leur goût de la transgression. Or nous devons faire preuve d'autorité, en nous montrant non pas tyranniques, mais compétents, parce qu'il convient que les adultes soient des adultes et que les adolescents restent des adolescents. Je crois, même s'il est malvenu de le dire aussi brutalement, que c'est souvent la famille qui est en tort. Celle de Lorène, en l'occurrence, n'avait pas de temps à consacrer à cette adolescente qui a fait certaines expériences un peu trop tôt, et de façon trop téméraire.

LES PETITES FILLES QUI ONT DES BÉBÉS

Aux États-Unis, un million d'adolescentes se retrouvent enceintes chaque année. La moitié d'entre elles avortent, alors que les autres gardent leurs bébés, accouchant souvent avant terme. Triste record, donc, que ce record américain, puisque c'est la puissance mondiale qui connaît le plus fort taux de grossesse chez les femmes de moins de 20 ans (22 %) ; en Europe, la moyenne est beaucoup plus basse, en dehors du cas tout à fait exceptionnel de la Grande-Bretagne (13 %).

Les raisons de ce phénomène sont diverses et complexes, mais elles se divisent globalement en deux : les volontaires et les involontaires. Parmi les premières, figure l'amour romantique. Ainsi, on rencontre des adolescentes amoureuses qui, emportées par la magie de ce qu'elles vivent, ne prennent aucune précaution. On note aussi, parmi les motivations véritablement conscientes, une résistance spécifique à la contraception : de très nombreuses jeunes filles ne veulent pas de la pilule, parce qu'elle les fait grossir, ou du préservatif parce que c'est trop « aseptisé ». D'autres encore poursuivent une grossesse non désirée parce qu'elles ont peur de l'intervention médicale qu'est une interruption de grossesse ou parce qu'elles sont opposées à l'IVG.

Dans certaines cultures, l'adolescente qui attend un enfant acquiert un nouveau statut social et a alors la possibilité de quitter sa famille d'origine. Dans les pays occidentaux, la grossesse, si elle est un facteur de maturation pour la jeune fille, est aussi un facteur d'inquiétude pour les parents et, bien souvent, ce sont eux qui demandent l'avortement, et non leur enfant. Aux médecins que nous sommes d'être alors capables de respecter le désir légitime qu'expriment ces adolescentes de poursuivre leur grossesse. Je me souviens en particulier de Marine, qui, quatre années après son IVG, n'avait rien oublié : « Au lieu de diminuer, la douleur grandit jour après jour, me racontait-elle. Elle augmente quand je regarde un film où il y a des enfants, quand je lis un article, quand je me promène en ville et que je croise de gros ventres ronds. Au seul mot d'avortement, je ressens les crampes qui ont suivi l'intervention. J'avais 18 ans à l'époque et j'ai été prise dans une spirale terrible : mon petit ami était encore trop jeune et trop immature, et quand je lui ai proposé de garder le bébé, il m'a accusée de vouloir "bousiller sa vie" ; ma mère n'a pas été capable d'entendre mon appel à l'aide et m'a carrément dit qu'elle ne serait pas la baby-sitter d'un enfant qu'elle n'avait d'ailleurs pas les moyens d'entretenir. Comme s'il était plus grave de donner la vie que de l'enlever... J'avoue, je n'ai pas résisté à leur pression psychologique, à leurs injonctions ; j'avais peur de perdre leur amour et leur estime, j'ai accepté... »

Mais des motivations inconscientes peuvent aussi pousser une jeune fille à garder son bébé. Il y a ainsi des adolescentes qui utilisent la grossesse comme un antidépresseur ou qui s'en servent comme d'une arme de guerre contre une famille « comme il faut » et ses règles : un ventre rond, bien visible de tous, est parfois une revanche éclatante contre des parents puritains ou simplement respectables. Chez d'autres encore, le désir d'avoir un enfant est si fort qu'il s'exprime à travers des comportements sexuels à l'origine d'« accidents » qui n'en sont pas. C'est le cas de Coralie, 16 ans, qui a découvert qu'elle est enceinte et veut poursuivre sa grossesse. Lors de la consultation, elle vient accompagnée de sa grande sœur, qui n'a pas d'enfant et lui envoie des signaux contradictoires : d'un côté, elle la pousse à interrompre sa grossesse ; de l'autre, elle lui dit de garder l'enfant et qu'elle l'aidera, puisque elle, elle n'en a pas.

Coralie est issue d'une famille perturbée : sa mère a eu de nombreux amants et son père est alcoolique. Récemment, alors que sa mère était hospitalisée pour deux mois en raison d'une grave maladie, Coralie a rencontré un nouveau petit ami. Il a 20 ans, c'est lui le père de l'enfant, c'est aussi le premier garçon avec qui elle a fait l'amour. Il ne sait pas qu'elle est enceinte et elle ne veut pas le lui dire, convaincue que les services sociaux sauront très bien s'occuper de tout.

Ces grossesses « thérapeutiques » sont très fréquentes chez des jeunes provenant de familles et de milieux sinistrés qui cherchent, pour cette raison, à « remplir » leur vie. Une enquête menée par l'Indiana University a notamment montré que les filles entre 12 et 16 ans qui ont une vie sexuelle ont aussi un Moi plus faible et qu'elles se laissent plus facilement draguer par des garçons plus âgés qui veulent tout de suite coucher avec elles. Pour beaucoup d'adolescentes perturbées comme Coralie, l'enfant à venir est un moyen de combler le vide de leur existence. Si elles continuaient d'aller à l'école ou cherchaient un travail, cette aspiration pourrait être « déplacée » dans le domaine professionnel, mais quand le travail n'est pas au rendez-vous et que les études n'accrochent pas, la grossesse est souvent vue comme une bouée de sauvetage.

Même cas de figure chez Aurélie, 15 ans, qui vient au centre de Planning familial pour une grossesse dont elle ne veut parler ni à sa mère ni à son petit ami. Elle est originaire d'une famille de réfugiés d'Amérique centrale. Son père, avec qui elle était extrêmement complice, est mort d'un infarctus alors qu'elle avait 10 ans. Aurélie a subi un véritable traumatisme lorsqu'elle l'a vu à la veillée funèbre. Pendant des semaines entières, elle a refusé de manger. Quoique jolie et vive, elle est comme obsédée par la mort. Elle porte d'ailleurs le nom d'une tante disparue trois jours avant sa naissance. Il y a quelques mois, elle a tenté de se suicider : sa mère l'ayant accusée d'avoir fait mourir son père de chagrin, elle a avalé des somnifères. Son petit copain, Alex, a 17 ans. Depuis qu'elle a fait cette tentative de suicide, il s'est éloigné d'elle, est devenu plus froid. Il ne sait même pas qu'elle est enceinte. Aurélie est convaincue qu'il la pousserait à interrompre cette grossesse.

Au début, elle a essayé de prendre une décision « raisonnable » : il lui semblait impossible, à 15 ans, d'avoir un enfant, d'envisager un projet à aussi long terme. Puis, elle a commencé à établir un lien entre sa tentative de suicide et l'avortement, et l'obsession de la mort ayant resurgi de plus belle, elle s'est sentie poussée, de façon

irrationnelle, à décider de poursuivre sa grossesse. Peut-
être essaie-t-elle désespérément de trouver un sens à sa vie.

À 15 ans, une grossesse ou un avortement sont des
événements difficiles à gérer, même dans un cadre psycho-
social favorable. Dans un milieu familial comme celui
d'Aurélie, on se trouve devant une véritable situation
d'urgence. Quelle que soit la décision prise, les conséquences en seront lourdes. Et comme souvent en méde-
cine, la seule solution consistera à choisir le moindre mal.

Comment réagir face au désir d'Aurélie de ne prévenir
ni son petit ami ni, surtout, sa mère ? En général, avec
les mineures, la famille est tenue l'écart lorsque l'on estime
que le degré de maturité de la jeune fille est suffisant pour
l'amener à faire un choix conscient. En l'occurrence,
cependant, vu les antécédents psychiatriques d'Aurélie, je
crois que prévenir la mère est sans nul doute une décision difficile à prendre, mais nécessaire. Difficile notamment parce que rien ne permet d'exclure une autre
tentative de suicide. Voilà pourquoi, dans des cas aussi
complexes et délicats, le médecin ne doit pas agir seul ; la
décision doit être collégiale.

Carole, elle, a 18 ans et s'apprête à passer son bac.
Elle vient consulter pour un test de grossesse qui s'avère
positif, bien que son petit copain mette un préservatif
(mais à l'évidence, pas tout le temps). Face au résultat
positif du test, Carole ne sait pas quoi faire. Nous avons
avec elle un premier entretien dont l'objectif est de tirer
la situation au clair. Son milieu familial serait sans nul
doute hostile à une grossesse. Quant à son petit ami, qui a
22 ans, il ne veut l'aider en aucun cas, qu'elle choisisse de
garder l'enfant ou qu'elle avorte. Il est égoïste, indifférent,
et Carole a d'ailleurs décidé de le quitter.

La mère de Carole est aussi opposée à la grossesse
pour des raisons financières. Elle est veuve (son mari est
mort il y a quatre ans), la maison est petite et l'argent
est rare. Pourtant, Carole est de plus en plus déterminée à

garder l'enfant. Elle raconte que sa mère s'est elle aussi trouvée enceinte à 18 ans et que si elle avait avorté, elle ne serait pas née. Et puis, il y a une dernière raison : Carole pense que l'avortement est un geste de destruction, contraire à la vie. Non pour des raisons religieuses, mais intimes, psychologiques. C'est donc décidé : elle gardera le bébé.

Les trois premiers mois de grossesse sont toujours délicats : outre les symptômes physiques (les fameuses nausées !), se pose le problème du passage du rôle de fille à celui de mère. Quand il faut y ajouter les ambivalences de son partenaire et de la famille, la décision devient ardue, comme dans le cas de Carole. Pourtant, si cette jeune femme était aidée, qui sait si cet événement ne pourrait pas constituer un tournant, un changement véritablement positif ?

LA DÉPRESSION À 20 ANS

Claire, 20 ans, vient à l'hôpital vers la douzième semaine de grossesse : elle veut avorter parce qu'elle s'est disputée avec Jean-Marc, son petit copain et qu'ils ont juste rompu. Leur dispute portait sur leur entente sexuelle : quoique n'ayant pas de désir pour son ami – et pour aucun autre, souligne-t-elle –, Claire a longtemps accepté les rapports quasi quotidiens que Jean-Marc lui imposait, mais, ce jour-là, elle a refusé, sans préciser la raison, et il ne l'a pas supporté.

Ce couple se connaît depuis trois ans, mais ne vit pas encore ensemble. Jean-Marc est très fidèle à Claire, et aussi très exigeant sur le plan sexuel. C'est un beau garçon, diplômé en mécanique. Cela fait désormais un an qu'il n'a pas de travail, et il ne fait rien pour en trouver. Claire dit qu'elle s'est trouvée enceinte par erreur : comme elle avait de légers saignements, elle a cru qu'il s'agissait de ses règles et elle s'est trompée dans le calcul des jours fertiles. Depuis qu'elle a compris qu'elle était enceinte, elle déprime : elle reste enfermée chez elle, totalement apathique, sans jamais sortir. Et pour finir, elle fait une tentative de suicide assez spectaculaire, puisqu'elle a essayé de se jeter par la fenêtre. Ses parents l'ont arrêtée à temps.

Je pense que Claire est en pleine dépression et que sa demande d'IVG est, au fond, une tentative d'autosabotage. À mon avis, si elle a attendu jusqu'à la fin du troisième mois, c'est parce qu'elle veut cet enfant. De toute façon, cette jeune femme n'est absolument pas en mesure de supporter le poids psychologique d'une IVG compte tenu de son état dépressif. Il a d'ailleurs suffi de deux entretiens pour lui faire trouver des implications positives à la grossesse : son petit ami pourrait trouver dans la paternité une motivation à chercher du travail et elle pourrait quitter le foyer familial et s'éloigner de ses parents. Certes, avec ce genre de personnalité perturbée, toute décision est un risque. Mais je crois qu'en la poussant vers la grossesse, nous l'avons incitée à opter pour la vie.

Contrairement à ce que beaucoup pensent, la dépression peut bel et bien frapper à 20 ans. Beaucoup d'adolescents expriment un fond dépressif de manière masquée, à travers des actes antisociaux (en général, des vols dans les supermarchés ou les magasins de disques) lors desquels ils se font prendre ou bien en se mettant dans des situations sentimentales ingérables, ou encore en somatisant via l'anorexie, la boulimie et l'obésité.

L'AGRESSIVITÉ EN CONTINU

Un ton de voix élevé, la sensation désagréable d'être agressé, l'impossibilité d'endiguer le flot de paroles qui s'écoulent, l'obligation de donner raison à l'autre, l'irritation de ne pas être écouté... Quand on se retrouve en couple à vivre des moments de ce genre, c'est, en général, que l'on a face à soi une personne en train d'exprimer une émotion (la colère) à travers un comportement inadapté (l'agressivité). Et c'est profondément délétère. Surtout si c'est l'unique mode de communication à deux. Les fameuses « scènes » que l'on peut avoir à 20 ans, parfois sous le coup de la passion, deviennent, passé un certain âge, qui vient d'ailleurs très vite, insupportables et peuvent marquer la fin d'un amour.

À la fin de sa première heure de consultation, Diane me donne à moi aussi l'impression d'être dos au mur. Elle a parfaitement conscience d'avoir un problème d'agressivité et voudrait que je lui enseigne tout de suite les moyens de la gérer. Mais il m'apparaît très vite que cette jeune femme est peu encline à abandonner certaines attitudes qu'elle trouve « avantageuses ». Tout le monde la considère comme une personne « forte », résolue à obtenir ce qu'elle veut. Et pour elle, qui a toujours pensé que la meilleure défense était l'attaque, il est essentiel de se sentir invincible et puissante. Pourtant, à force, ce comportement agressif l'isole socialement et lui donne une sensation de lassitude : Diane sent peser sur ses épaules tout le poids du monde, il lui faut donc apprendre à utiliser l'énergie caractéristique de l'agressivité pour s'affirmer davantage.

Nous avons tous du mal à faire la différence entre l'agressivité destructrice et le panache. Pour Diane, l'agressivité est un « moyen d'essayer d'obtenir ce que l'on désire », c'est de l'affirmation de soi. Or s'affirmer ne signifie pas du tout amener l'autre à faire ce que l'on veut, mais exprimer avec clarté et respect ses désirs et ses opinions. Chez cette jeune femme, l'agressivité est une réaction à un passé dominé par la passivité, l'impuissance et la dépression de sa mère. Elle y a réagi en abandonnant très tôt sa famille et en devenant rapidement autonome malgré son besoin de dépendance. Au bout d'un an de thérapie, elle commence à penser qu'il est possible d'être bien avec soi-même, d'être respecté pour ses qualités et de s'investir à fond dans une relation. À long terme, cela se traduira par le renforcement de son identité personnelle, entendue comme la reconnaissance totale par soi-même et par les autres de ce que l'on est, avec ses faiblesses et ses insuffisances, mais aussi avec ses ressources et ses points forts. S'affirmer, c'est utiliser son énergie sans crainte, mais toujours dans le respect de la personnalité des autres.

À partir de l'adolescence, il est très important de savoir faire la distinction entre agressivité et affirmation de soi. Je suggère toujours, pour y parvenir, dans la vie de couple comme dans les autres relations interpersonnelles, une forme de « rodage » : un sport de compétition, par exemple le tennis, non pas pour gagner à tout prix, mais pour « entraîner » sa capacité d'affirmation.

PERVERSION ET SOUMISSION

Il est extrêmement courant que parmi les fantasmes érotiques féminins, on trouve des thèmes comme la soumission et l'abandon. Chez les jeunes femmes prisonnières de tels sentiments et esclaves de leur partenaire, la psychothérapie peut être très efficace. En effet, le lien avec le thérapeute leur permet de connaître un type de relation différente avec le sexe masculin, de prendre conscience du mécanisme d'« autosabotage » qu'inconsciemment, elles mettent en œuvre dans leurs relations et, enfin, d'analyser les raisons qui les amènent à développer ce genre de défenses afin de pouvoir les remplacer par des comportements plus positifs.

C'est ce qui est arrivé à Perrine. Cette jeune femme de 25 ans est venue consulter après s'être aperçue qu'elle avait un blocage intime : après l'orgasme, elle ressent dans le bas-ventre des crampes qui durent à peu près une demi-heure. Pourtant, avant, avec le petit ami qu'elle a eu pendant plusieurs années, cela n'arrivait pas. Le problème a commencé après leur rupture, il y a trois ans. Je précise qu'il s'agissait d'un ami d'enfance qui, à un moment donné, l'a quittée pour une autre.

Étant donné que l'examen gynécologique n'a rien révélé d'anormal, le phénomène doit être purement psychosomatique. Nous avons donc avec Perrine approfondi l'analyse de ses fantasmes érotiques, tous empreints de masochisme. Le plus révélateur était celui d'être attachée au lit, alors même qu'elle est claustrophobe. Perrine qui a peur de rester dans le noir ou d'être enfermée dans un ascenseur ou un parking souterrain, craint, en fait, d'être obligée de faire l'amour, mais, dans le même temps, son fantasme sexuel est d'être attachée.

Le traitement de Perrine s'est fait en deux temps : une phase initiale à base de médicaments antispasmodiques afin de réduire ses contractions musculaires, puis une recherche des raisons profondes de cette douleur masochiste. Je pense que cette jeune femme a subi un traumatisme sexuel dans le passé, un accident qui, au lieu d'être évacué ou surmonté, a été « érotisé », c'est-à-dire transformé en fantasme sexuel. Cela a créé chez elle un vif sentiment de culpabilité qui provoque, au cours des rapports sexuels, des douleurs psychosomatiques. Voilà bien un cas typique de « masochisme féminin ». C'est d'ailleurs la perversion la plus fréquente chez les femmes, alors que toutes les autres sont « au masculin [2] ».

Autre histoire : celle d'Agnès, 25 ans. Quand elle s'approchait « trop » de son petit ami, il se vengeait et rétablissait à sa façon la distance affective entre eux, en la maltraitant physiquement et psychologiquement. Une fois la crise passée, il s'excusait et elle lui pardonnait. Jusqu'au jour où, dans un moment de lucidité, elle l'a quitté. Mais cet amour malade est-il vraiment fini ? Pas si sûr, car, quand elle le voit dans la rue (ils habitent une petite ville de province) au bras d'une autre femme, elle est jalouse et a envie de reprendre contact avec lui. En fait, Agnès n'est pas seulement en proie à la jalousie, mais à une passion malsaine. Elle a la perversion inverse par rapport à son ancien ami qui redoutait l'intimité et glissait dans le sadisme : elle est attirée par les hommes qui lui font du mal.

Ce qu'il faut élucider, c'est si elle est restée avec lui par malchance, si elle s'est habituée à cette relation sado-masochiste ou bien si, au fond d'elle-même, elle n'a pas un besoin impérieux de souffrir qui devra être travaillé en psychothérapie, car il cache une forme de sadisme. Si le problème d'Agnès est bien celui-là, mieux vaut qu'elle s'en préoccupe : elle risque, autrement, de continuer à projeter des pulsions sadiques sur les hommes qu'elle rencontre. Je précise qu'Agnès vient d'une famille macho au sein de laquelle son frère avait beaucoup plus de droits qu'elle. Si elle n'a pas subi de violences, elle est certainement victime du modèle féminin soumis et passif qu'incarnait sa mère : celle-ci donnait toujours raison aux hommes de la maison, son mari ou son fils, et s'occupait de tout sans qu'ils aient à lever le petit doigt. Ce masochisme féminin a beaucoup régressé sur le plan social, surtout grâce aux combats idéologiques menés par les féministes, mais l'extirper du cœur d'Agnès est une autre histoire...

Sur un plan psychothérapeutique, je ne crois pas que l'on puisse modifier totalement la structure perverse de quelqu'un. Le pervers « hard » ne se décide à changer que quand le droit l'exige : la pulsion cède alors devant la loi. Une « sexo-analyse » peut certes aider à passer d'une « perversion hard » à une forme « soft », moins dangereuse, mais une femme, aussi amoureuse soit-elle, ne réussira jamais à « guérir » un mari pervers. Les individus pervers sont extraordinairement doués pour faire croire à leurs victimes qu'ils changeront, et dès qu'elles baissent leur garde, ils recommencent, ils ne peuvent pas s'en empêcher.

Si une thérapie ne peut donc soigner un pervers, en revanche, elle est utile pour la victime, car elle réussit souvent à la libérer de la pulsion masochiste qui la retient dans cette relation. C'est d'ailleurs pour cette raison que les pervers n'aiment pas la psychanalyse : ils savent qu'ils risquent d'y perdre leurs victimes, surtout si leur comportement sexuel, un jour ou l'autre, en arrive à blesser la pudeur de l'autre, révélant leur monstruosité en pleine lumière. Je me rappelle cet entraîneur d'une équipe de basket qui avait été dénoncé parce qu'il regardait avec insistance ses joueurs (tous mineurs) sous la douche en leur faisant des avances verbales. Avant même que le procès n'ait commencé, sa femme avait déjà demandé le divorce : sa pudeur avait été atteinte, et pour elle, leur intimité était brisée à jamais.

En thérapie sexuelle, on conseille aux patients de garder leurs fantasmes dans leur « jardin secret » et d'y travailler en consultation. Toutefois, cela n'est possible que si les comportements du partenaire ne provoquent pas de réactions de défense. Or les jeunes qui passent tout de suite au sexe en sautant les étapes intermédiaires de la séduction ne tiennent pas compte de l'autre, de ses sentiments, ses désirs et peuvent l'amener à se refermer totalement face à d'éventuelles mauvaises surprises. Onanisme devant la télévision, échangisme, sexe à trois... : plutôt que de véritables perversions, je dirais que ce sont de « nouveaux comportements sexuels ». Le vrai problème qu'ils posent aujourd'hui tient à la rapidité avec laquelle ils sont parfois imposés, proposés ou mis en œuvre : ils risquent de susciter une réaction violente chez celui qui n'est pas prêt, voire de provoquer une rupture.

LE POIDS DE LA FAMILLE D'ORIGINE

Barbara, 29 ans, vit avec son mari depuis désormais dix ans. Ils n'ont jamais eu de rapports sexuels complets et elle est encore vierge. Elle fait jouir son mari par des rapports oraux, mais ne connaît pas l'orgasme et ne s'est jamais masturbée. Avant 20 ans, son intimité amoureuse s'est limitée aux baisers et caresses. Pour le reste, Barbara est quelqu'un d'anxieux, de consciencieux et de perfectionniste dans son travail. Son anxiété a été accentuée, l'année dernière, par la mort de son père à qui elle était très liée. De sa mère alcoolique et déprimée, elle parle, en revanche, avec un certain détachement.

Or voilà qu'aujourd'hui, Barbara veut un enfant, et comme elle dit souffrir de vaginisme, trouble psychologique qui provoque des contractions involontaires si douloureuses que la pénétration est impossible, elle a décidé de tenter une insémination artificielle avec le sperme de son mari. En général, le vaginisme est lié à une image d'homme dangereux ; il est souvent associé au fantasme du pénis-couteau. Chez Barbara, cependant, ce trouble remonte à l'enfance et à sa relation avec sa mère, qui a toujours cherché à la maintenir « petite fille » et auprès d'elle. À mon sens, il lui sert, d'une certaine façon, à continuer de croire qu'elle n'est pas une femme, mais encore une enfant qui n'a pas connu la sexualité. D'ailleurs, son frère a, lui aussi, des problèmes d'identité, il passe beaucoup de temps devant son miroir et veut rester adolescent : l'idée de devenir un homme le dégoûte et lui fait très peur.

Quel rôle joue le mari de Barbara dans toute cette histoire ? Apparemment, il s'agit d'un homme assez passif. Troisième fils de la famille, il s'est fait escroquer sur sa part d'héritage à la mort de ses parents, mais n'a pas protesté. Selon moi, c'est un « mari complémentaire », ce qui me fait penser que le problème de Barbara réside moins dans son vaginisme que dans ce mariage non consommé. On dirait, en effet, qu'il s'est créé, entre ces deux partenaires, une complicité involontaire qui les enferme dans la chasteté.

L'idée de recourir à l'insémination artificielle ayant été finalement écartée, nous avons mis en place une thérapie en deux temps : d'abord, une psychothérapie de couple pour les aider tous les deux à sortir de leur dépendance vis-à-vis de leurs familles d'origine ; puis, dans un second temps, une gymnastique périnéale pour soigner le vaginisme de Barbara. Reste à espérer que, derrière le symptôme de cette jeune femme, ne se cache pas, en réalité, une impuissance de son mari, jusque-là masquée par ce vaginisme...

LA PATHOLOGIE DU REGARD

Combien de fois une demande d'aide amène à fouiller dans le passé pour résoudre le problème qui se pose dans le présent. C'est ce qui arrive à Brigitte. Elle est tombée amoureuse, au premier regard, d'un garçon de son immeuble et, depuis, elle a développé un fantasme d'amour réciproque qui en est resté au stade virtuel. Cela fait huit bons mois que cela dure. À plusieurs reprises, elle a croisé son voisin avec une autre femme, mais, apeurée et suppliante, elle continue de quêter perpétuellement son regard. Leurs rencontres sont occasionnelles et éphémères, dans l'escalier. Brigitte est de plus en plus obsédée ; elle perd du poids, fume trop et ne sait pas comment en sortir.

Elle m'écrit en me demandant ce qu'elle peut faire pour se libérer de ce charme et redevenir maîtresse de sa vie.

Brigitte s'est entichée d'une ombre. En huit mois, il n'y a eu qu'un seul regard échangé, rien de plus ; ni mots, ni baisers. Et c'est peut-être pour cela que cet engouement dure si longtemps : de toute évidence, c'est une illusion. Si elle était amoureuse, on pourrait dire qu'elle idéalise, mais l'autre serait au moins reconnu dans sa réalité, alors que ce n'est pas le cas ici. Cette histoire me fait penser à un des essais de Freud, *Délires et rêves dans la « Gradiva » de Jensen* [3], qui raconte comment un archéologue, en visitant les ruines d'Herculanum, croit reconnaître une femme ; il se met à la suivre, fasciné, jusqu'au jour où il s'aperçoit qu'elle ressemble à une jeune fille qu'il a connue il y a bien des années et qu'il a abandonnée. Reste à découvrir, dans le cas de Brigitte, ce que le regard de cet inconnu réveille en elle et pourquoi il a été le « détonateur » de quelque chose qui a explosé en elle de façon morbide. Heureusement, dans la plupart des cas, les coups de foudre de ce genre ne durent pas et ne résistent pas à l'épreuve de la réalité. Quand Brigitte se sentira assez forte, elle pourra affronter la réalité qui se cache derrière ce regard et l'enchantement prendra sans doute fin. Mais elle se doit de réagir rapidement pour ne pas suivre l'exemple de Claudie, qui m'a écrit une lettre extrêmement touchante. La voici.

« Je voudrais vous parler de moi et de mon obsession pour un homme. J'ai 38 ans, ne suis pas mariée, ni fiancée, et ne l'ai jamais été. Ma vie sentimentale se limite à un amour platonique durant mon adolescence. Et à une longue relation de sept ans avec un homme marié que je me suis finalement décidée à quitter. Ensuite, plus rien : je ne tombe jamais amoureuse. Et je ne tombe jamais amoureuse parce que je n'arrive pas, peut-être parce que je ne le veux pas, à oublier un homme. Le plus absurde, c'est que cet homme, qui est une obsession pour moi, je ne l'ai rencontré qu'une fois, pendant quelques minutes seulement, il y a trente ans, quand j'étais enfant. Je l'ai rencontré à l'hôpital où se trouvait alors mon père. Je pleurais, désespérée, alors que les médecins et les infirmiers passaient à côté de nous en courant ; tout à coup, il est apparu. C'était un médecin, mais lui, il ne courait pas comme tous les autres. Il s'est arrêté devant moi et m'a regardée d'un air sérieux, presque douloureux. Je me rappelle encore l'instant où nos regards se sont croisés comme un moment magique. J'ai été ensorcelée, c'est comme si la peur en moi s'était évanouie... Il s'est assis, m'a serrée contre lui. Depuis, j'ai fait une longue psychanalyse et ai longuement analysé ce regard. Mais cet homme me colle à la peau et je vis avec ce lancinant désir en moi. C'est ainsi que je continue à parcourir le monde comme s'il pouvait surgir devant moi à chaque coin de rue. »

CHAGRINS D'AMOUR

À tout âge, il est important de se séparer sans compromettre ses sentiments et son estime de soi. Reconnaissons que c'est devenu particulièrement difficile de nos jours où on fait si peu cas de l'amour qu'on n'hésite pas à en communiquer la fin par simple SMS, comme pour éviter tout problème relationnel. Vous pensez que c'est un geste réservé aux adolescents ? Détrompez-vous : à en croire une étude anglaise, une personne amoureuse sur dix dit adieu par SMS, chiffre qui monte seulement à une sur cinq chez les 15-24 ans [4].

Pourtant, jusqu'à 20 ans au moins, le chagrin d'amour est fondamental, car structurant : il fait partie de l'apprentissage des émotions, de la vie, de l'amour et, aussi, de soimême, car il reflète un idéal déçu, parfois si vital pour le sujet qu'il peut déclencher un syndrome dépressif.

Je pense en particulier à ces couples de jeunes qui

sont tombés amoureux sur les bancs du lycée ou de l'université. Leur lien est stable, il leur permet de se protéger de leurs parents et de la solitude. Mais chacun des partenaires peut ensuite connaître une évolution différente. Ainsi, tout à coup, la jeune fille n'aura plus besoin d'un compagnon-ami qui l'aide ; elle le verra même comme un partenaire étouffant, collant. Plus sûre d'elle-même, elle voudra explorer d'autres horizons sentimentaux. Les réactions suscitées chez l'autre peuvent alors être vives. Comme celle de Charles, qui a eu un accident de moto en sortant d'une discothèque après s'être disputé avec sa petite amie : déçu, aveuglé par la colère, il a roulé trop vite. De tels comportements sont sans nul doute des signaux d'alarme, mais ils restent dans le cadre d'une personnalité saine. Le garçon, ou la fille, a une réaction excessive, hors norme, souvent antisociale : il vole une mobylette ou boit trop et traverse une période d'« alcoolisme temporaire », jusqu'au jour où il réussit à faire le deuil de l'idéalisation de son amour.

Mais d'autres dangers menacent, plus sérieux. Alors qu'il suffit, chez beaucoup d'entre nous, de quelques chocolats de plus que d'habitude pour aller mieux (le chocolat contient une hormone, la phényléthylamine, que nous produisons naturellement quand nous sommes amoureux), une jeune fille peut, elle, entreprendre de « soigner » son chagrin par la boulimie nerveuse et remplacer la douceur affective par la nourriture. La fin d'un amour peut également nuire aux résultats scolaires. Si certains jeunes, après une déception, se précipitent sur leurs livres, cela reste assez exceptionnel. En général, le mal d'amour produit une baisse de rendement et d'intérêt pour les études. Autre conséquence possible, je l'ai mentionnée : la dépression, qui comporte différents degrés et peut aller jusqu'à la tentative de suicide. La loi des adolescents est celle du « tout ou rien », jusqu'à la dramatisation extrême et une tentative de suicide « simplement » destinée à attirer l'attention peut finir en tragédie.

J'en profite donc pour donner un conseil à tous les parents. Que faire face aux chagrins d'amour de leurs enfants ? Surtout, ne pas en rire, ne pas banaliser la chose et éviter de trahir leur secret. La période de la vie que les adolescents traversent est riche d'enseignements, notamment en ce qui concerne l'intimité. Les jeunes en confondent souvent les différentes formes – intellectuelle, affective, physique et sexuelle – et ne savent pas distinguer celle de la tête, du cœur et du ventre [5]. Leur éducation sentimentale passe par ce travail sur l'intimité, et le chagrin d'amour, avec la douleur et la déception qu'il suscite, constitue une étape de leur maturation. Et puis, s'il y a chagrin d'amour, c'est que l'on a aimé. Personnellement, à la question classique : « Préférez-vous les remords ou les regrets ? », je réponds : « Les remords », car mieux vaut avoir vécu, osé, et même souffert, que regretter de ne pas l'avoir fait.

Mais quand les chagrins d'amour s'enchaînent sans discontinuer ? me direz-vous. C'est l'histoire de Sophie qui vient de subir une rupture, qui n'est pas sa première. Cette jeune fille de 22 ans, belle et vive, qui étudie l'architecture avec passion, a beaucoup d'amies prêtes à la consoler à la fin de ses histoires d'amour. Pourtant, aujourd'hui, elle vient consulter et éclate en sanglots, accusant tous les hommes d'être lâches et superficiels. Ce serait donc la faute des hommes ? C'est de là qu'il faut partir, à mon sens, et je suggère à cette brillante jeune femme de ne pas se contenter de ce genre d'idées reçues, mais de commencer à regarder sa situation sous un autre angle, en se concentrant sur elle-même, en s'analysant et en essayant à se comprendre.

Dans ma pratique, il m'arrive de plus en plus fréquemment de voir des hommes et des femmes très chanceux sur le plan sentimental, alors que d'autres semblent collectionner les déceptions. Est-ce une fatalité ? Non, car, en matière d'amour, le verbe « savoir » n'est pas le plus adapté : nous pouvons tous nous faire aimer, même si beaucoup d'entre nous n'en sont pas conscients. Se faire aimer n'est ni une question de tactique ni une recette miracle. Y parvenir n'implique pas de se perdre de vue, bien au contraire, mais de se connaître mieux et de se mettre en valeur, tout en restant fermement attaché à son « socle » de convictions. Connaître ses besoins, ses limites et ses forces permet de fixer les limites nécessaires à une relation pour qu'elle se développe et qu'elle puisse durer. Il est indispensable d'ailleurs de réussir à admettre que nous ne satisferons jamais pleinement notre partenaire et qu'aucun homme, aucune femme ne nous suffira jamais vraiment. C'est le seul moyen d'éviter d'angoisser l'autre et de ne pas verser dans les jeux de pouvoir et les vaines tentatives pour essayer de changer ce que nous avons.

DEUXIÈME PARTIE

S'en aller ou rester ?

Les enjeux de la quarantaine

CHAPITRE VI

La vie en couple

Après avoir surmonté les ambivalences de la période précédente, la plupart des gens jettent la solitude aux orties et se mettent en couple. Copinage, concubinage ou mariage sont autant de formules possibles pour poursuivre à deux le chemin de la vie. Ou, parfois, pour s'éloigner d'une famille d'origine « toxique ».

LA FAMILLE D'ORIGINE, ENCORE ET TOUJOURS

Quand Jean-Luc et Sonia consultent pour la première fois, ils demandent qu'on les aide à « accueillir » au sein de leur couple leur bébé tout juste né qui a été, dans leur vie, un véritable séisme. Un an plus tard, ils reviennent en demandant que faire pour « décrocher » de leurs familles d'origine respectives qui sont tout à la fois envahissantes et toxiques. Malheureusement, au lieu de s'améliorer, la

situation se dégrade, et après quelques mois et la naissance de leur second enfant, ils s'adressent de nouveau à
moi en raison de la violence accrue de Jean-Luc.

Ils se sont connus à l'adolescence, au lycée, et se sont
mariés pour faire alliance contre un ennemi bien particulier : leurs familles. Jean-Luc, qui a maintenant 31 ans,
est en conflit avec ses deux frères au sujet de l'héritage, le
petit hôtel de famille, où son père l'a « exploité » en l'obli-
geant à arrêter ses études (il aurait voulu aller à l'université) et à travailler presque bénévolement, d'abord comme
serveur, puis à la réception – tout cela « pour son bien »,
sans lui verser de salaire régulier.

Jean-Luc a réussi à se détacher de ce milieu familial
négatif, mais il a constamment des problèmes avec l'autorité : quel que soit le travail qu'il aborde, il finit toujours
par se disputer avec quelqu'un et par s'en aller. D'ailleurs,
tant qu'il a des ennemis à affronter, il réussit à « organiser » la violence qu'il a en lui, mais si le danger extérieur s'atténue, le jeu de massacre commence au sein de
son couple, avec Sonia. La situation a empiré récemment
parce que, depuis la mort de son père, Jean-Luc veut
revenir « à ses origines », autrement dit, à l'hôtel familial.
Sonia, elle, refuse d'entrer dans un clan dont elle connaît
le pouvoir dévastateur.

Elle vient, elle, d'un milieu moins violent, mais aussi
perturbé. Sa famille était d'un genre plutôt évanescent :
un père absent, toujours en déplacement professionnel ;
une mère qui, à la moindre difficulté, tombait malade.
Deux parents froids, distants, par qui Sonia ne s'est jamais
sentie ni aimée ni appréciée.

Jean-Luc et Sonia se sont mis ensemble pour fuir ces
familles toxiques et se sont empressés de mettre au monde
deux enfants. Mais le fait de s'être choisis, non pour des
raisons positives, mais dans un but de protection, rend
leur vie de couple difficile.

Lors de nos entretiens, Jean-Luc reste très méfiant ; à

la maison, ses accès de colère se multiplient. Sonia, déçue, se sent rejetée et refuse de faire l'amour. Son agressivité passive a pour effet de renforcer le sadisme actif de son compagnon. Ce couple réussira-t-il à trouver une communication plus « civile » ? Dans la négative, nous devrons aider Sonia, qui est financièrement indépendante, à sortir de cette spirale et de son rôle de victime malheureuse.

Florence, 35 ans, est elle aussi dépendante de sa famille d'origine, quoique d'une façon moins évidente. Elle a épousé Grégory, 36 ans, dont elle a eu une fille, mais se plaint depuis peu de l'impuissance de son mari. Par deux fois déjà, ils ont envisagé de se séparer, mais sont restés ensemble. Nous décidons d'abord de faire un doppler des organes génitaux de Grégory, d'où il résulte qu'il est parfaitement normal. La semaine suivante, Florence accuse son propre père d'avoir violé sa fille, qui a 7 ans. Là encore, nous prescrivons, avec la plus grande délicatesse, un examen pédiatrique et gynécologique : la petite fille ne présente aucune lésion et n'a donc pas été abusée. Finalement, à la troisième séance, Florence révèle que quand elle était petite, elle a été violentée par son père, ce dont elle n'avait jamais parlé à personne. Voilà qui explique tout d'abord ses préoccupations au sujet des dimensions du pénis de son mari, puis la peur qu'elle a éprouvée au sujet de sa fille. À cause, notamment, de cet abus jamais avoué, Florence a développé des traits de personnalité hystrionique pour lesquels elle est actuellement en thérapie. Pour pouvoir ainsi identifier la « véritable » cause de ses problèmes, il nous a tout de même fallu démontrer la fausseté de deux allégations – l'impuissance partielle de son mari et le viol de sa fille.

Souvent, lors de la première phase d'une thérapie de couple, l'appel à l'aide est exprimé par le partenaire le plus faible, qui présente parfois un symptôme, parfois une souffrance. En général, il s'agit de la femme, parce que le mari ne veut pas se mettre en cause dans le conflit conjugal, surtout si son narcissisme est suffisamment nourri par sa réussite professionnelle.

LE CONTRAT PSYCHOLOGIQUE

Non, il n'est pas question de contrat de mariage holly-woodien à la Michael Douglas et Catherine Zeta-Jones ni de contrat de mariage « royal », tel celui récemment sous-crit par Philippe d'Espagne et son épouse. Je veux parler de ces contrats psychologiques qui non seulement ne sont pas écrits noir sur blanc, mais ne sont quelquefois pas même formulés alors qu'ils expriment ce que les parte-naires attendent de leur vie en commun : les rêves, les désirs, les craintes et les aversions. Même ces contrats non écrits posent des problèmes. Voyons-en les principaux.

L'ambiguïté du contrat

Elle est très fréquente chez les couples en formation. Ainsi, Christine et Florian, tous les deux trentenaires, ont tout de suite eu des problèmes lorsqu'ils ont commencé à vivre ensemble. Florian est issu d'une famille assez tradi-tionnelle, dans laquelle sa mère, secondée par une bonne, s'occupait de tout. Il n'a jamais fait la cuisine, ni les courses, sans parler de repassage ; il a même l'habitude de laisser traîner partout ses chemises et ses chaussettes, pensant qu'il y aura toujours quelqu'un pour ranger. Chris-tine, elle, a partagé un appartement avec deux amies pendant ses années d'université. Elle a l'habitude de se débrouiller seule mais, surtout, s'attend à ce que chacun fasse sa part du travail. Quand elle a compris que Florian n'avait pas l'intention de préparer les repas, ni de mettre la table ni même de placer les assiettes dans le lave-vaisselle, elle s'est sentie offensée. Au sein de ce couple, il convient donc de clarifier le « contrat » au sujet des tâches ménagères, qui sont non seulement des symboles de parité ou de division du travail, mais reflètent aussi les attentes de l'un et de l'autre quant à leurs rôles respectifs. Il faut absolument que Christine et Florian en parlent rapidement, sans se faire de reproches, mais en exprimant clairement ce que chacun demande à l'autre.

La non-révision du contrat

Quand on passe de la fréquentation à la cohabitation ou du couple à la famille avec la naissance d'un premier enfant, et, plus généralement, quand on passe d'un lien passionnel à un lien plus stable, durable, il faut revoir le contrat sur lequel repose l'union. Sinon, une crise peut se déclencher.

C'est ce qui est arrivé à Claire et José, âgés de 34 et 35 ans. Ils sont ensemble depuis cinq ans – cinq années difficiles, puisqu'ils habitaient à six cents kilomètres l'un de l'autre. Pendant ces cinq ans, Claire et José ont été des amants du week-end : ils se retrouvaient, dans la ville de l'un ou de l'autre, le vendredi soir ; ils organisaient des week-ends à la campagne ou autour d'une exposition, Claire adorant la peinture. En semaine, ils s'appelaient tous les soirs pour se souhaiter bonne nuit ; c'était un rituel tendre comme une caresse. Quand José a enfin trouvé un travail dans la ville de Claire et l'y a rejointe, les problèmes ont commencé. L'amant fougueux, curieux, fantasque s'est transformé en pantouflard. La tension érotique est retombée et le long coup de téléphone romantique du soir est devenu un « dors bien, chérie » grommelé avant de sombrer dans un sommeil profond. Claire est déçue et inquiète : qu'est-ce qui ne va pas ?

Le problème est qu'ils n'ont pas revu leur contrat. Leur amour n'est pas fini, il doit seulement adopter un nouveau rythme, non plus hebdomadaire, mais quotidien. Certes, la tension érotique entre deux êtres qui se voient rarement diminue inévitablement une fois qu'ils dorment tous les soirs dans le même lit, mais, au lieu de se plaindre de ne plus être l'objet des assiduités de José, Claire devrait essayer de prendre l'initiative. Entre les draps, mais aussi dans leur vie commune.

La révision unilatérale du contrat

Deux personnes ayant décidé de vivre ensemble peuvent ne pas évoluer de la même façon et au même rythme. Ainsi, Éléonore, 31 ans, a mûri plus vite que son mari Jean-Pierre. Au travail (elle est employée par une grande entreprise), elle a rencontré des collègues et des supérieures sympathiques et sans façons qui ont un style de vie très différent du sien. Non seulement dans le domaine professionnel, mais, plus généralement, dans la vie. Elles l'invitent souvent au cinéma pour voir un « film de femmes », romantique et émouvant. Jean-Pierre, qui est suspicieux, ne comprend pas qu'elle ait envie de sortir seule. Ses collègues, qui sont elles aussi mariées et mères de famille, sont indépendantes, elles prennent des cours de yoga ou de gym sans demander l'autorisation à leurs maris ; quelques-unes d'entre elles ont même organisé des vacances sans hommes. Pour Éléonore, qui vient d'un village de province, cela a été une révélation : elle a découvert une nouvelle façon d'être femme et de vivre son couple. Elle est inquiète. Jean-Pierre, en dépit de son âge, est très traditionaliste et ne comprend pas ce qui arrive. Il dit qu'à cause de ses collègues, elle a maintenant des « lubies », et il s'oppose à tout nouveau projet qu'elle propose. S'ils ne discutent pas en profondeur du changement des rôles au sein de leur couple, ils auront donc beaucoup de mal à continuer.

Jacques, 42 ans, est, lui, un chirurgien confirmé. Il a épousé Joanna, infirmière, lorsqu'il était jeune. Aujourd'hui, il voudrait mener une vie plus mondaine, en rapport avec sa réussite professionnelle, et perçoit sa femme comme un obstacle à ses ambitions. Or Joanna ne veut ni ne peut changer. Elle s'occupe de la maison, des enfants et est jalouse des fréquentations de Jacques, qui pense de plus en plus souvent au divorce.

Comme dans les exemples ci-dessus, de nombreux conflits conjugaux sont dus à un manque de flexibilité dans l'évolution du couple. C'est d'autant plus vrai que les partenaires sont de religions et d'ethnies différentes ou qu'ils n'ont pas vraiment tiré au clair les modalités de vie en couple acceptées dans leurs milieux respectifs. Ainsi Anne, qui a épousé Nabil, un Égyptien propriétaire de la pizzéria où elle allait souvent manger le midi. Nabil, qui est sympathique et extraverti, a tout de suite été bien accueilli par la famille et les amis d'Anne. Ils se sont mariés civilement et leurs premières années de mariage ont été heureuses. Puis leur premier enfant est né, un garçon, et Nabil a changé. Il insiste désormais pour qu'Anne quitte son travail, puisque ce qu'il gagne avec la pizzéria suffit largement et qu'il vaut mieux que sa femme reste à la maison avec le petit. Il avoue aussi depuis peu qu'il n'aime pas les pulls trop serrés ou les pantalons à taille basse... Bref, il est en train de revoir « unilatéralement » le contrat conjugal, ce qui est malheureusement fréquent dans les couples mixtes.

D'autres écueils se dressent lorsqu'il y a une grande différence d'âge entre les partenaires. En général, si la femme est la plus âgée, le couple ne connaît pas de problèmes d'évolution majeurs, entre autres parce que les partenaires se choisissent et se rechoisissent sur la base de critères psychologiques qui font abstraction des codes sociaux. Leur lien reste donc très fort. À l'inverse, quand une femme épouse un homme qui a vingt ans de plus qu'elle, elle recherche la solidité, la sécurité, mais aussi un enfant. Et s'il n'y a pas eu d'accord sur ce point, des problèmes peuvent surgir, parce que l'homme va vouloir à ses côtés une femme jeune qui se consacre totalement à lui et l'accompagne dans sa carrière, ses déplacements. J'ai beaucoup d'amis de plus de 50 ans qui ont épousé des femmes plus jeunes. Certes, elles les aiment, avec leur réussite, leur statut social, mais, ensuite, quand elles atteignent 30 ou 40 ans, elles veulent un enfant. Et la crise éclate.

Je me souviens d'un industriel qui avait épousé une ancienne mannequin photo. Leurs premières années de mariage avaient été merveilleuses, entre fêtes et voyages ; il était très fier d'exhiber une femme aussi sexy et aussi belle. Puis, elle a commencé à vouloir un enfant qui n'est pas arrivé. Elle a passé des examens pour trouver la cause de leur stérilité et l'a poussé à en faire autant. À contre-cœur, il a accepté. Il racontait qu'à la maison, elle faisait sans arrêt des scènes, menaçant de casser sa collection de faïences. Il a fini par s'opposer à sa proposition de tenter une fécondation *in vitro*. En fait, il cherchait à gagner du temps : sa femme avait déjà 36 ans et il pensait que, les années s'écoulant, elle aurait encore plus de difficultés à tomber enceinte... Au fond, il lui en voulait d'avoir tenté une révision unilatérale de leur contrat. À 57 ans, il avait déjà eu des enfants d'un premier mariage et il voulait maintenant profiter de sa jolie femme sans voir arriver de bébé.

LES COUPLES TROP COMPLÉMENTAIRES

On peut diviser les couples en complémentaires ou symétriques. Quels sont ceux qui courent le plus de risques ? Certainement les symétriques, dont nous parlerons plus loin. Les complémentaires, eux, durent plus longtemps, à condition que cette complémentarité ne devienne pas excessive. La meilleure proportion est de 2/3-1/3. Par exemple, l'un est pour 2/3 organisateur et pour

1/3 inventif, alors que l'autre sera aux 2/3 créatif et, pour 1/3, organisateur. La complémentarité est utile dans la vie quotidienne, surtout, dans les sentiments, mais si elle se transforme en collusion, tout changement devient difficile.

Voyons le cas d'Irène, 38 ans, d'origine lettone. Elle est mariée depuis trois ans à Éric, 42 ans, avec qui elle a précédemment vécu deux ans. Dès le début, celui-ci n'a guère manifesté de désir. Ils faisaient l'amour deux fois par mois, et seulement si elle en prenait l'initiative. Peu à peu, Irène s'est sentie dévalorisée dans sa féminité et a commencé à avoir des cauchemars. C'est une âme sensible, mélancolique, qui tend à s'identifier aux plus faibles, végétarienne, mais aussi fervente protectrice des animaux ; elle a même fondé une association en vue de sauver des animaux de boucherie.

Éric, lui, est un homme consciencieux et très confor-miste. Son désir ne s'éveille que quand il a bu quelques verres ou qu'il est dans un état de vigilance atténuée. Sur le plan sexuel, il n'aime pas les préliminaires. D'ailleurs, il connaît très peu les femmes : avant 40 ans, il n'a eu que quelques aventures. Et il s'est marié surtout parce que Irène a insisté.

Or Irène a beaucoup aimé, elle a eu de grandes passions qui ont mal fini. Arrivée à 30 ans, elle a compris qu'elle avait besoin de stabilité et l'a trouvée avec Éric. Si elle a quitté son pays en rêvant d'une vie sûre et sereine, elle a payé cher la perte de son idéal romantique.

C'est Irène qui est à l'origine de la consultation, mais elle n'est pas encore prête à remettre en cause son couple. Elle me semble fragile et au bord de la dépression ; elle a peu confiance en elle-même et n'est guère enracinée socialement, comme souvent avec les expatriés qui ont refait leur vie.

Un second entretien confirme la « collusion » du couple, c'est-à-dire la complicité masquée qui unit les deux partenaires. Quand il est apparu qu'il évitait les rapports

sexuels avec sa femme, mais pratiquait l'autoérotisme,
Éric s'est justifié en disant que c'était « plus simple » vu
que cela évitait toute dépendance à l'autre.

Irène confirme sa fragilité en disant qu'elle ne travaille
plus parce qu'elle ne supporte pas l'hypocrisie des relations humaines. Quand elle est angoissée, ses lèvres se
couvrent d'herpès. Avec Éric, elle a choisi la stabilité pour
se protéger, je l'ai dit. Quand je lui explique qu'il ne chan-
gera pas, Irène réagit en avouant que, quand elle croise
des hommes dans la rue, il lui arrive de se demander
comment ils lui feraient l'amour. Mais alors, pourquoi
a-t-elle choisi un homme de toute évidence incapable
d'aimer, qui ne donne ni argent, ni amour, ni plaisir
physique ? Sans doute parce qu'il représente la possibilité
de créer une relation durable, alors que ses autres amours,
quoique romantiques et passionnés, se sont toujours mal
terminés.

Dans ces conditions, la demande d'aide d'Irène paraît
peu sérieuse. En réalité, elle me demande seulement de
modifier le désir d'Éric, mais elle n'est pas disposée à se
remettre en cause. Vu sa fragilité fondamentale, peut-être
ce mariage est-il un moindre mal. À 38 ans, toutefois, il est
triste de faire un bilan de vieux, d'autant qu'Irène est jolie
et intelligente. Mais dans de tels cas, comme dans d'autres,
il est inutile de demander à son conjoint ce qu'il ne peut
pas donner. Il est beaucoup plus utile que le couple revoie
ses attentes à la baisse et que chacun trouve de nouveaux
pôles d'intérêt dans l'espace d'autonomie que le partenaire
lui accorde, afin de ne pas être « coincé » dans une intimité excessive.

LES COUPLES SYMÉTRIQUES

Quand deux personnes se défient dans le bon sens du mot, le couple connaît des moments fantastiques. C'est la période où l'on fait connaissance et où l'on tombe amoureux, celle où chacun donne plus qu'il ne reçoit. Au cours de cette phase, on ne fait pas de calculs, il n'y a pas de « comptabilité affective » : le véritable plaisir est le plaisir de l'autre. Malheureusement, cette symétrie positive est parfois suivie d'une symétrie négative et il faut, surtout s'il n'y a pas d'ennemi « extérieur », affronter l'envie de chacun de réussir.

Notre société a tellement changé que nous avons désormais tendance à parler presque fièrement de comportements qui étaient autrefois réprouvés. Ainsi, on entend faire l'éloge de la paresse, de la gourmandise, et certains sont fascinés par la luxure, mais... vous avez déjà entendu parler positivement de l'envie ? Non. Elle n'est jamais admise. Ceux qui l'éprouvent la masquent, parce qu'il n'est pas concevable d'en faire état publiquement. Même au travail. Un collègue a fait une belle carrière ? « Il a sûrement eu des appuis politiques. » Une femme a été promue ? « Elle a couché avec son supérieur, c'est sûr. » Ces médisances visent à dénigrer la « victime » ; pour les envieux, elles ont surtout pour but de rendre la comparaison avec eux-mêmes acceptable.

Le même phénomène se retrouve dans le couple. Il y a des hommes qui, envieux de la carrière de leur femme, minimisent leur succès pour ne pas se sentir trop inférieurs. À l'inverse, il y a des femmes tellement jalouses de la réussite – sociale, plus que professionnelle – de leur mari qu'elles finissent pas le critiquer de façon injustifiée. Or il est très préjudiciable à la survie du couple que l'un des partenaires envie la réussite de l'autre, parce que les deux conjoints ne peuvent plus s'allier pour atteindre un

objectif commun. Cela me rappelle un couple d'amis architectes, tous deux très créatifs et bien cotés. Lui ne
manquait jamais de critiquer les travaux de sa femme,
laquelle a fini par venir me consulter pour renforcer son
estime de soi, systématiquement « abaissée » par son mari.

LE DIALOGUE AU SEIN DU COUPLE

Dans leur best-seller sur les règles fondamentales du
bon fonctionnement d'un mariage[1], John Gottman et Nan
Silver ont identifié quatre mécanismes psychologiques qui,
s'ils sont présents, permettent de prédire le divorce avec
91 % de probabilités. Ce sont :

1. La critique systématique du partenaire ou de ses
actions.

2. Le mépris de l'autre, même quand il s'efforce
d'améliorer sa communication.

3. Le silence défensif en réponse à l'agression du
partenaire.

4. L'évitement de la discussion par la lecture du
journal, la télévision ou encore en sortant de la pièce, voire
de la maison.

Quand ces quatre comportements sont présents simul-
tanément, c'est comme si le mari et la femme avaient
dressé un mur entre eux. L'investissement affectif dans la
relation étant nul, le thérapeute doit alors s'occuper davantage de leur communication que de leur personnalité.

Autre point important dans le dialogue de couple : la
communication positive. En général, on est toujours prêt à
faire remarquer ce qui ne va pas et on oublie – ou on n'a
pas envie, ou l'habitude – de souligner les choses positives. La communication conjugale est donc faite de bana-
lités quotidiennes : « Tu vas faire les courses ? » ou de
reproches : « Pourquoi tu oublies le lait chaque fois que tu
fais les courses ? », voire de remarques agressives : « Pour

une fois que tu faisais les courses ! » Comme si nous n'étions pas capables de dire : « C'est fantastique d'avoir un mari qui fait les courses ! » ou : « Merci, ma chérie, de t'être souvenue de mon vin préféré ! » Pourtant, où est-il marqué qu'entre mari et femme, on ne peut pas se dire : « Ce pull te va très bien » ou : « C'est quoi ce parfum que tu as mis, ce soir ? Il sent bon ! » ? Souvent, on pense que cela va de soi. Comme me l'a dit un mari : « Mais ma femme sait que j'aime bien ses vêtements ! Je ne vais pas le lui répéter tout le temps... » Pourtant, pour soutenir l'estime de soi et renforcer la séduction, il vaut mieux faire quelques compliments de trop. Et ce conseil s'adresse aux maris, mais également aux femmes.

Et puis, rappelons aussi que, dans le dialogue de couple, la crainte de parler tue la spontanéité. Mieux vaut une bonne dispute qui relance l'énergie ! Si deux partenaires sont trop silencieux, je leur suggère d'exprimer d'abord des choses positives, et seulement après ce qui ne va pas ; cela passera plus facilement.

« POUSSE-TOI UN PEU » : LA DISTANCE OPTIMALE

Beaucoup de couples autour de la quarantaine ont l'impression d'être très fusionnels. Ils voudraient « respirer », trouvent que leur mariage est devenu étouffant. Or les stratégies de distanciation érotisante sont multiples.

Les vacances séparées

On peut passer des vacances séparées par obligation ou par choix. De même qu'il y a des séparations de cœur ou de fait. Certains se sentent seuls sous le même parasol ; d'autres très proches à mille kilomètres de distance. Les vacances séparées sont un risque affectif que les couples ne peuvent pas tous se permettre. Parfois, la séparation est une stratégie afin de redonner de l'oxygène à une relation en crise ; d'autres fois, elle n'est pas choisie d'un commun accord : un partenaire l'impose et l'autre l'accepte, faisant contre mauvaise fortune bon cœur, en espérant que viendront des jours meilleurs.

Les domiciles séparés

Vu le prix des locations et du mètre carré, les domiciles séparés sont une option théorique. Une solution de ce genre peut être envisagée avant le mariage, mais un homme et une femme mariés qui, dans la même ville, ont des appartements différents, forment sans aucun doute un couple dans un état critique...

Chambres ou salles de bains séparées

Il s'agit là d'une stratégie plus réaliste. Et saine. Parce que deux partenaires peuvent avoir des conceptions différentes de l'intimité, au point d'avoir des prises de bec pour les raisons les plus banales : le soir, l'un veut dormir, et l'autre lire ; ou bien, l'un ronfle, et l'autre n'arrive pas à s'endormir, allume la télévision, ce qui réveille tout le monde. D'où disputes, cris, énervements, rancœur, etc. Pour certains, l'intimité au lit ou dans la salle de bains est plus importante que l'intimité sexuelle, et moins facilement partageable. Dans ce cas aussi, une certaine autonomie peut être utile si les dimensions de l'appartement le permettent. Et un déménagement, ou un réaménagement, pour avoir une seconde salle de bains, est sans nul doute plus plaisant et moins coûteux qu'un divorce.

Les lits séparés

Faire lit à part en renonçant au grand lit conjugal peut présenter des avantages, surtout si l'un des partenaires a des problèmes d'insomnie ou un sommeil agité et réveille l'autre, que cela met de mauvaise humeur. En outre, des lits séparés peuvent réactiver le désir sexuel.

Vêtements et accessoires

À Madrid, j'ai fait la connaissance d'un couple très sympathique. La femme m'a raconté qu'après s'être plainte pendant des années de la sexualité trop hâtive de son mari, elle avait trouvé un remède original : elle s'était acheté une série de vêtements avec moult lacets et boutons, ainsi que des bottines extrêmement compliquées à fermer. Et cette tenue était devenue un antidote efficace à la précipitation érotique de son mari.

Les jardins secrets

Les écoles modernes de sexologie ont tendance à justifier l'existence du « jardin secret » et l'autonomie du monde fantasmatique de deux partenaires qui, pourtant, s'aiment. Une certaine distance est utile à l'amour durable. Le grand succès des SMS romantiques et des longs courriels érotiques montre, paradoxalement, que « l'important est de ne pas se voir ». Cela permet aux timides de garder un certain anonymat et réduit la portée de l'érotisme visuel et du sexe fébrile...

LES SENTIMENTS DIFFICILES À GÉRER

Parmi ces nombreux sentiments, nous n'en analy-
serons que trois : l'envahissement, la générosité déplacée
et la possessivité.

L'envahissement

Combien de fois avons-nous eu l'impression que les
autres étaient trop envahissants, qu'ils s'introduisaient
dans notre espace privé ? Les exemples sont innom-
brables. Transport bondés, restaurants où les gens parlent
fort, autoradio de la voiture d'à côté réglée à fond,
sonnerie de portables dans le train, etc. L'envahissement
peut également être olfactif, par exemple quand les odeurs
de la cuisine entrent en force dans la chambre, ou avec
un parfum corsé utilisé comme arme de séduction non
autorisée. L'envahissement olfactif est peut-être le plus
sournois et Patrick Süskind a bien décrit dans son roman
Le Parfum la torture que peuvent infliger des odeurs[2].

Si un bruit et une odeur peuvent être envahissants, un
regard peut être intrusif et une sensation tactile ambiguë.
Dans l'intimité sexuelle, certains gestes se révèlent envahissants parce qu'ils sont déplacés ou qu'ils ne tiennent pas
compte de la disponibilité de l'autre à ce moment précis.
De fait, quand on est aveuglé par ses propres besoins, on
ne peut pas être attentif et ouvert à ceux de l'autre.
Souvent, cet aveuglement est dû à l'alcool et des personnes
qui, jusque-là, s'étaient montrées tout à fait calmes deviennent tout à coup agressives dans leurs paroles comme
dans leurs gestes.

Daniel, âgé de 32 ans, me consulte, lui, à propos d'un
lourd conflit conjugal sans rapport avec l'alcool. Quand il
était jeune, il a souffert d'asthme, expression pathologique de ses rapports difficiles avec une mère étouffante

qui, aujourd'hui encore, le traite comme un petit garçon. Celle-ci s'est mêlée de la liste de mariage, du restaurant où avait lieu la réception, des fleurs, de la liste des invités... Daniel l'a laissée faire, bien que sa fiancée ait été plutôt inquiète. À juste titre. Tout de suite après le voyage de noces, un dimanche matin, elle est entrée chez eux sans même frapper (elle avait gardé un jeu de clés, « on ne sait jamais »). Sous un prétexte quelconque, elle s'est assise sur leur lit. Devant les protestations de sa belle-fille, elle a répliqué que son fils restait son fils, même s'il s'était marié.

J'ai analysé ce phénomène dans mon livre *Éloge de l'intimité*[3]. C'est, de fait, une cause importante de conflits conjugaux. Nombreux sont les couples où le partenaire en état d'infériorité psychologique – c'est souvent la femme – se sent « envahi » par les comportements de l'autre et par ses idées. Béatrice, par exemple, s'est enfuie de chez elle parce que son mari, universitaire, avait rempli la salle de bains de livres, la privant du dernier espace dans lequel elle pouvait s'enfermer à clé et se sentir tranquille. Non que l'envahissement soit un problème uniquement conjugal. Il y a aussi l'envahissement par les enfants, en particulier par les adolescents. Avec leur comportement extraverti et parfois désinhibé, et un sens de l'ordre et du chaos bien différent de celui de leurs parents, ils provoquent souvent chez les adultes un sentiment d'irritation croissant.

La générosité déplacée

Les aphorismes sur la générosité sont légion. Ainsi, Sénèque a-t-il affirmé : « Ce qui est donné avec orgueil et ostentation relève plus de l'ambition que de la générosité. » Et Sophocle : « Le plus bel acte humain consiste à être utile à son prochain. » Pour la psychanalyse, c'est un sentiment qui n'existe pas en tant que tel, parce qu'en donnant à l'autre, un être humain cherche toujours un retour affectif ou concret. Il suffit de penser au petit enfant. Au début, il est enfermé dans son « narcissisme primaire », puis il doit apprendre à maîtriser ses instincts égoïstes et tenir compte également des exigences d'autrui. Si, au cours de ces phases délicates de l'existence, il a l'impression de ne pas recevoir assez, il ne réussira pas à « donner » aux autres et deviendra égoïste, voire avare, y compris sur le plan sentimental, par crainte de sortir appauvri de la relation. La générosité peut donc s'apprendre, à condition de se développer dans un environnement adapté et des conditions physiques et intellectuelles opportunes. Alors elle devient intentionnelle, dictée par la conscience, car donner signifie recevoir. Elle devient une initiative créative qui s'oppose à la mesquinerie de ceux qui collectionnent et « gardent » tout pour eux. À l'inverse, les générosités « déplacées » sont celles qui se situent à la limite du sacrifice. Je fais allusion aux relations dominées par la soumission à l'autre, celles qui aboutissent à une passivité totale, à une dépendance aboulique. Ces interactions humaines de ce type finissent parfois par déboucher sur un comportement héroïque ou masochiste.

À la lumière de ces considérations, il paraît difficile de juger « mauvaise » et peu authentique la générosité sans borne de celui qui consacre son énergie et son temps à s'occuper d'une personne chère. Je pense, en particulier, aux conjoints d'alcooliques. Le commandement biblique dit : « Aime ton prochain comme toi-même », ce qui présuppose que l'on s'aime, soi, en premier lieu. Or justement, il faut toujours se rappeler que les personnes qui se sacrifient sur l'autel de l'autre ne s'aiment pas et ne sont donc pas généreuses. Bien souvent, elles s'avèrent simplement « dépendantes » de leur partenaire. À tous ces gens, les Alcooliques Anonymes apprennent à se détacher avec amour de la personne considérée comme « malade » de l'alcool. On leur conseille, en toute connaissance de cause, de laisser l'autre à ses responsabilités, de ne rien faire pour lui éviter les conséquences de sa situation, de rester proche, mais sans exercer de contrôle. Les personnes emprisonnées dans une relation de dépendance ne réussissent presque jamais à accepter cette idée qui, pourtant, est cruciale. Cette demande d'éloignement leur paraît paradoxale : elles ont peur que l'autre ne se détruise définitivement et soutiennent que leur attitude « sacrificielle » est indispensable.

Mais il y a aussi des gens qui savent remettre en question leurs actions et reconnaître que leur générosité n'était pas authentique, mais dictée par la volonté d'exercer un contrôle sur l'autre. Pour finir, ils décident de s'en détacher, même si c'est douloureux. Ainsi, Gwendoline veut aider un homme qui ne veut pas être aidé, Henri, un militaire qui, envoyé en mission dans un pays étranger, a sauté sur une mine avec sa Jeep et a dû être amputé d'une jambe. Elle l'a connu sur un *chat*, elle veut l'aider, mais Henri dit que, pour le moment, il préfère rester seul. Gwendoline se demande si elle doit suivre son penchant romantique et insister, ou refréner son élan d'« infirmière ». La question que je me pose, moi, est la suivante : pourquoi cette femme veut-elle donc aider quelqu'un qui ne veut pas de son aide ? Peut-être est-ce pour « soigner » sa solitude plus que celle de l'autre ? Pourtant, dans ce cas spécifique, j'ai conseillé d'insister un peu : Henri est sans doute très orgueilleux et il doit refuser d'apparaître diminué. D'où sa réaction de repli sur lui-même comme un animal blessé...

La possessivité

La guérilla conjugale peut résulter d'une combinaison de mécanismes psychologiques de niveaux différents. Certaines attaques dérivent de la structure même du couple : il suffit de penser à tous les mariages malheureux qui ont été décidés par les familles et non par les intéressés. Et dans de nombreux autres cas, c'est la femme qui, en position subalterne, est obligée de donner plus qu'elle ne reçoit sur le plan affectif et matériel : la non-reconnaissance de son rôle dans la maison peut entraîner des réactions de dépression, mais aussi des formes de représailles. Dans d'autres cas encore, les conflits se consument entièrement au sein du couple et peuvent déboucher sur une issue tragique. Bien souvent, la guérilla conjugale se manifeste alors au quotidien par une série d'actes de domination, de cruauté et de ressentiment, et elle peut atteindre des niveaux extrêmement destructeurs. On voit ainsi des maris se transformer en implacables persécuteurs. Un tel comportement découle du principe erroné selon lequel le partenaire nous appartient : il s'agit de possessivité, sentiment que l'on découvre dans l'enfance, à l'égard de ses parents ou de ses jouets, mais qui doit ensuite être éliminé.

LE COUPLE SAIN

Le couple qui suit sa route sans trop de soubresauts est fondé sur un système démocratique, dans lequel les relations horizontales, celles de l'affection et de la tendresse, comptent plus que les relations verticales de pouvoir. À ce sujet, j'aimerais rapporter l'analyse de sociologues de Genève avec qui je travaille [4] et qui ont identifié cinq modalités de vie en couple.

1. *Le couple refuge* (15 %). Ce sont des couples plutôt casaniers et pantouflards, qui passent leurs week-ends à faire de petits travaux de jardinage ou de bricolage dans leur maison de campagne. Ils fréquentent peu de gens en dehors de leurs collègues de travail. Ils passent leurs vacances toujours ensemble, et toujours au même endroit. Comparés à leurs parents, ils instaurent une division des

tâches plus égalitaire et gèrent leur argent de façon plus
équilibrée.

2. *Le couple allié* (24 %). L'exemple typique est celui
des camarades de classe, amoureux à 16 ans, qui ont
ensuite fréquenté les mêmes amis et le même quartier.
Leur trait dominant est la sociabilité, même quand ils sont
mariés et ont des enfants : ils restent très ouverts et gais
lurons, participent aux initiatives locales et voient régulièrement leurs parents. Ce sont des couples ouverts ayant
des contacts extérieurs, qui aiment briser les habitudes et
pour qui les amis sont indispensables.

3. *Le couple-tranchée* (16 %). Pour ces couples,
l'ennemi est le monde extérieur. Ce sont des couples traditionnels qui fonctionnent en circuit fermé, avec une répartition rigide des rôles masculins et féminins. Avec ou sans
enfants (une fois que ceux-ci ont quitté le « nid »), ils
maintiennent leurs habitudes domestiques et leurs
vacances à l'identique.

4. *Le couple associatif* (28 %). Au sein de ces couples
formés le plus souvent de concubins et non de partenaires mariés, il règne une grande autonomie. Chacun a
ses propres activités (cinéma, expositions, randonnée,
voile...) et refuse les rituels quotidiens de la vie de couple.
Ces couples aiment les voyages lointains et exotiques
(parfois séparément). Ils partagent le toit, le lit et la
cuisine, ils font caisse commune pour les dépenses, mais,
pour eux, la réalisation individuelle est plus importante
que les réalisations du couple.

5. *Le couple parallèle* (17 %). C'est le choix de ceux
qui, après une série d'histoires d'amour et de déceptions,
recherchent la stabilité. La femme investit toute son
énergie dans l'éducation des enfants tandis que l'homme,
pris par son travail, pense que l'essentiel consiste à
rapporter à la maison un salaire régulier répondant aux
besoins de sa famille. Le week-end, le mari se réfugie dans
son club de sport ou son atelier de bricolage, tandis que

son épouse va voir ses parents avec les enfants. Ces couples, très attachés aux habitudes, sont peu fusionnels ; ils adoptent entre leurs quatre murs une répartition traditionnelle des tâches qui peut induire le surmenage de la femme.

Je ne sais pas avec lequel de ces couples vous vous êtes identifié, mais je peux vous dire que les partenaires les plus heureux sont ceux des couples « alliés ». Au sein des autres couples, le bonheur consiste à choisir un modèle qui convient aux deux et à ne pas subir celui qui pourrait être imposé par un partenaire dominant. De nos jours, je précise toutefois que les modalités les plus choisies sont celles du couple associatif (28 %) et du couple allié (24 %), par ailleurs les plus modernes.

Cela dit, quelle que soit la réalité de votre couple, celle-ci entraîne un « attachement », ensemble de facteurs de nature anatomique, psychologique et sociale qui font que deux personnes se rencontrent et décident de partager une période de leur vie, courte ou très longue, en fonction de variables nombreuses : sentiments comme la confiance, l'estime ; érotisme ; projets communs…

Le psychologue John Bowlby [5] a le premier introduit le concept clé d'attachement pour expliquer l'interaction entre les enfants et les parents ; mais celui-ci peut aussi être appliqué au couple. En effet, il semble qu'à la base de la formation d'un couple, il existe un type d'attachement analogue à celui constitué entre un enfant et sa mère : c'est lui qui déterminerait, dans l'avenir d'un individu, la recherche d'un partenaire donné.

Pourtant, si certains couples connaissent des conflits permanents, c'est précisément parce que chacun des partenaires joue le rôle de la moitié que cherche, chez l'autre, la partie qui lui manque pour réaliser pleinement ses potentialités. Or on ne peut vivre bien à côté d'une autre personne que si l'on est devenu un « entier », c'est-à-dire si l'on est parvenu à un certain degré d'autonomie et que l'on cesse de choisir son partenaire pour satisfaire son besoin de « se compléter ». Si l'on ne réussit pas à tirer un trait sur son passé, il est difficile, par la suite, de construire une union stable. Autrement dit, il faut savoir tourner le dos à son passé et à certains modèles compulsifs pour pouvoir réaliser une union « unique », c'est-à-dire une union qui soit l'expression de son désir et non de la volonté, dictée par la peur, de trouver un substitut à sa famille d'origine.

Dans les couples perçus comme une « entité symbio-tique unique », les conflits surgissent quand les exigences de l'un des partenaires s'écartent des exigences du couple. La recherche d'individualité chez l'un provoque chez l'autre une rébellion qui peut déboucher sur la rupture. C'est justement parce que le couple se caractérise par le fait d'être un microcosme constamment sollicité et influencé par d'autres systèmes sociaux qu'il faut, passé la phase passionnelle initiale, réviser le « scénario ». Chacun doit donc trouver sa « spécificité » au sein de l'« ensemble ». Et il n'existe qu'une voie pour atteindre cet objectif : que les deux partenaires s'efforcent de réin-venter continuellement leur façon d'être un couple. Seule cette capacité de revoir quotidiennement la relation permet d'éviter que ne se cristallisent certains modèles stéréotypés et que ne s'installe l'ennui lié à la répétition.

Au sein du couple qui dure, rien n'est donné d'avance et il demeure toujours une « séduction intraconjugale ». N'importe quel couple, y compris le plus stable et le plus confiant, a besoin de se régénérer. Beaucoup de change-ments sont provoqués par l'extérieur (les vacances, les voyages), mais il est important que la volonté de se renou-veler se manifeste aussi au sein du couple. Parfois, il suffit d'apporter des confirmations à son conjoint, en lui faisant savoir, par exemple, que l'on voit en lui une personne digne de confiance et attirante.

La tâche est ardue, mais pour Linda Waite, prési-dente de la Population Association of America, le secret de la réussite sociale réside incontestablement dans le mariage. En effet, les hommes mariés gagnent 6 % de plus et le mariage est une excellente thérapie préventive, qui réduit le stress, améliore la santé physique et accroît le bien-être financier.

Mais pour ne pas être traité d'optimisme béat je dois préciser que divers facteurs sociaux et psychologiques tendent à affaiblir le couple. Les rares « communautés » nées de la libération sexuelle et de mai 68 n'ont pas duré plus de cinq ans et les modèles tribaux ne sont avantageux que pour le chef de la tribu. Quelles sont donc les pressions, les « poussées » sociales exercées sur le couple à son détriment ?

– *Le caractère ambigu de la notion de couple*, qui est à la fois un sacrement, un lien juridique et civil et un lien psychologique. Si une femme affirme être fidèle parce qu'elle est catholique, elle ne vit pas une fidélité active, mais passive, sans élans ni émotions. De l'autre côté, on rencontre des hommes qui affirment ne pas divorcer parce qu'ils auraient à payer de lourdes pensions alimentaires et ne pourraient pas conserver le même train de vie. Et non parce qu'ils aiment encore leur femme et veulent faire durer leur mariage. Selon Jürg Willi [6], les mariages les plus risqués sont justement ceux fondés sur des règles extérieures, religieuses ou juridiques, et non pas sur des valeurs psychologiques subjectives.

– *Notre société extrêmement narcissique où les besoins des individus l'emportent sur ceux du couple*. Le sociologue François de Singly a écrit un livre dont le titre dit tout : *Libres ensemble* [7]. Ce concept correspond à l'idéologie des jeunes couples d'aujourd'hui plus qu'au modèle symbiotico-fusionnel de leurs parents.

– *La formation du couple et de la famille qui est de plus en plus repoussée dans le temps*. Et pas uniquement du fait des nombreux « petits garçons à mamans » et de Peter Pan. Compte tenu de la durée du cursus scolaire et de l'instabilité du marché du travail, la recherche d'une activité professionnelle est devenue une priorité pour les femmes de 20 à 35 ans, c'est-à-dire ayant l'âge où, en général, un couple a des enfants. Aujourd'hui, on se marie vers 30 ans et la naissance du premier enfant est de plus en plus souvent programmée, au moins dans les grandes villes, au-delà des 35 ans.

– *L'hypervalorisation du sexe par rapport au cœur*, non seulement chez les hommes, mais aussi chez les femmes. Beaucoup de couples reposent non pas sur les sentiments, mais sur des sensations plus fortes et, inévitablement, plus éphémères.

– *Le désir sexuel féminin qui n'est plus nié, mais déclaré, et modifie l'équilibre érotique.* Un jour, un de mes patients, surpris que sa femme l'ait réveillé, durant leur sieste estivale, parce qu'elle avait envie de faire l'amour, m'a dit : « Ma mère n'aurait jamais fait cela avec mon père ! »

Le couple doit être protégé et nourri de sentiments positifs. Peut-être conviendrait-il de mettre en place des cours de préparation au mariage. Ils ne devraient pas être dispensés avant les noces, mais un an après, quand les deux partenaires désireux de rester ensemble ont déjà été confrontés aux principaux ennemis de la coexistence...

CHAPITRE VII

Quand il faut se séparer

À un moment donné de la vie de couple, il est inévitable de se poser des questions. Les spécialistes en ont identifié quatre principales [1] :

1. Votre partenaire est-il attentif à vos besoins ou bien étouffant ?

2. S'est-il établi une saine sécurité affective entre vous ou plutôt un climat étouffant ?

3. Votre vie sexuelle est-elle sereine et agréablement rythmée, ou bien les rapports sont-ils « obligatoires » et ennuyeux ?

4. Votre couple vit-il dans la complicité à deux ou dans l'isolement des vieux amis ?

Ceux qui, à chaque question, choisissent la seconde possibilité, perçoivent de toute évidence la vie de couple comme un emprisonnement ou une déception par rapport à leurs idéaux, ce qui risque de les pousser vers la rupture. En 2004, en Italie, on comptait deux millions et demi d'ex-conjoints, dont la majorité l'étaient devenus

« involontairement » ; 50,8 % d'entre eux avaient un diplôme, étaient pour la plupart indépendants sur le plan financier et plus actifs que les personnes mariées sur le plan intellectuel et physique. Cependant, par rapport aux couples mariés, ils étaient plus nombreux à se déclarer insatisfaits de leur situation, surtout les femmes (53 %). On notait également des différences sociogéographiques : au Sud, la plupart des personnes séparées retournaient mélancoliquement chez leurs parents ; dans le centre, c'était la famille monoparentale qui prévalait ; enfin, dans le Nord, beaucoup expérimentaient de nouvelles formes d'union. Il y a donc des gens seuls et des célibataires, volontairement seuls : la distinction est importante, mais dans les deux cas, il importe de vivre la séparation avec énergie et détermination, et non dans la dépression.

LES STRATÉGIES DE SÉPARATION

Il y a une vingtaine d'années déjà, on donnait de bons conseils pour permettre à un couple de se séparer sans trop souffrir[2]. D'abord, comprendre à quel type d'attachement on a affaire : couple « siamois » ; relation « maître-esclave » ; contrat « assurance-vie », etc. ; ensuite, savoir si, au fil des ans, le contrat psychologique – ou pathologique – entre les partenaires a été modifié et évaluer les risques (et les avantages) de la séparation pour les deux parties ; enfin, analyser les aspects angoissants et désespérants de la solitude et surmonter le sentiment de culpabilité.

Certes, l'adieu fait peur et certains s'adressent à un psychiatre en lui demandant un miracle. Comme Barbara, 35 ans, qui ne veut pas se séparer de son mari alors que lui est déjà allé voir un avocat. Dans le cadre d'une thérapie de couple, on peut travailler soit sur les sentiments profonds qui ont engendré la relation, soit, plus en surface, sur la communication. Mais si l'un des deux partenaires est fermement décidé à s'en aller, il n'y a aucune thérapie qui vaille : la seule issue est d'ordre juridique. Dans son cas, Barbara aura besoin d'un soutien pour faire face à cette séparation. Dans d'autres cas, c'est l'ambivalence qui domine et celle-ci peut même, comme l'affirme Mira Kirshenbaum[3], s'accentuer au moment de la séparation : la balle est déjà en place, mais les grands indécis n'arrivent pas encore à appuyer sur la détente. Pourquoi ? Il y en a qui se sentent coupables, qui croient être encore amoureux, qui ont peur d'affronter les conséquences de la rupture ou, enfin, qui ont peur de cette liberté qu'ils ont tant revendiquée. Nombreux sont les gens empêtrés dans cette ambivalence et dans un flot de sentiments contradictoires à propos de leur relation.

N'oublions pas, cependant, que l'hostilité au sein du couple peut parfois atteindre un niveau tel qu'il vaut sans nul doute mieux en venir à la séparation. Cela arrive lorsque les partenaires deviennent – ou se découvrent – incompatibles. Écoutons le célèbre écrivain américain, Anne Tyler, qui a analysé de près les liens amoureux dans ses romans : « Il était de glace et elle de verre, deux substances curieusement semblables, si l'on y réfléchit – mais toutes deux infernales pour leurs enfants[4]. » Dans ces cas, le divorce n'est plus un luxe, mais un choix dicté par la survie. Et cela ne vaut pas, bien entendu, que pour les couples « légaux ». La séparation est tout aussi difficile entre amants... Comme le montre l'histoire d'Émilie, une étudiante de 24 ans qui est tombée éperdument amoureuse d'un de ses professeurs.

Émilie voudrait l'avoir tout à elle, mais lui, un quinquagénaire habitué à être courtisé et à courtiser, vient de découvrir l'usage érotique du portable et s'est amusé, pendant ses vacances d'été, à envoyer des SMS « interdits aux moins de 18 ans » à différentes jeunes filles... Émilie n'est donc qu'une maîtresse parmi tant d'autres, mais elle ne veut pas s'y résigner, elle garde ses messages comme des reliques et pense tout le temps à lui ; bref, il l'obsède. Dans le passé, elle a déjà eu deux histoires avec des hommes qui l'ont maintenue dans un état d'« esclavage psychologique » : le premier avait une maîtresse dans une autre ville ; le second lui téléphonait une fois par semaine, quand il avait envie de faire l'amour dans un jeu pervers de « maître-esclave ».

Plus qu'amoureuse, Émilie est donc la proie de ses fantasmes masochistes. Elle pense qu'en amour, sa position naturelle est d'être « à genoux ». Avec son professeur, c'est le même scénario. Il l'a tout de suite compris, au point qu'après les SMS transgressifs, il est passé à un autre jeu : il lui demande de se masturber en pensant à lui, puis de le lui raconter. Ce qui pourrait n'être qu'un fantasme sexuel un peu « hard » s'est transformé, pour Émilie, en une véritable dépendance affective qui alimente ses pulsions masochistes. Elle se doute qu'elle n'est pas la seule femme dans la vie de son amant, mais ne parvient pas à se détacher de lui, même après un été difficile tout en SMS et coups de téléphone sensuels. Elle dit avoir déjà convenu avec lui du sujet de sa maîtrise et qu'en cas de problèmes, elle risquerait de ne pas l'obtenir.

Avec Émilie, je suis intervenu en deux temps. Je l'ai d'abord aidée à faire place nette. Patience pour la maîtrise : il était plus important qu'elle change de ville et d'université et sorte de ce cycle pervers dans lequel la réalité vécue finissait par renforcer ses fantasmes infantiles. Ensuite a commencé la phase de la psychothérapie, au cours de laquelle elle s'est rendu compte que son désir était né et déplacé vers des figures de bourreau sadique. La raison en remontait à son enfance. Quand elle était petite, elle était extrêmement liée à son père, qui l'adorait et l'accompagnait tous les jours en scooter à l'école maternelle, puis primaire. C'est comme si Émilie avait bloqué son évolution féminine parce que l'objet de son grand amour, son père, était interdit et que, devenue adulte, elle préférait continuer à se faire punir plutôt que d'assumer son désir.

Le cas d'Émilie qui a dû apprendre à se détacher de son professeur et à rompre un lien pathologique n'a rien de rare. Il est fréquent que derrière l'« impossibilité » de se quitter (« je ne peux pas vivre sans lui/elle ») se cachent, en réalité, des comptes non soldés avec le passé. Certains anciens abandonnés vivent mal l'idée que leur partenaire puisse être heureux avec un autre. Comme l'enfant qui, seul dans sa chambre, pense que ses parents sont heureux dans la leur. D'autres ne supportent pas le « silence » de la solitude (un « silence de mort » pour eux) et concluent : « Au moins, avant, nous pouvions nous disputer ! » Ils ne vivent pas le silence comme une condition préalable à un début de dialogue avec soi-même, tellement ils sont habitués au bruit. Un peu comme des ados qui passent leurs journées la radio allumée.

Souvent, en effet, la solitude ramène à des expériences vécues dans l'enfance et l'adolescence. Ainsi, Didier avait beaucoup souffert de la séparation de ses parents. Ayant grandi avec sa mère et sa grand-mère maternelle, son seul moment de socialisation, en dehors de l'école, avait été le sport. Après la mort de sa grand-mère, il avait commencé à se sentir seul, sentiment aggravé par le comportement de sa mère, une femme froide et déprimée. C'est alors que, à la recherche de chaleur humaine, il avait commencé à sortir avec des filles, rencontrant d'ailleurs un certain succès. Mais il était très jaloux et, par peur de rivaux potentiels et d'être quitté, il avait toujours une petite amie « de réserve ». Le spectre de la solitude hantait son inconscient et constituait, dans le même temps, le moteur de ce jeune homme qui a fini par développer quelques fixations : il allait toujours en vacances au bord de la mer, de préférence dans des endroits mondains et très fréquentés ; il détestait le silence de la montagne ; il se moquait de ceux qui suivaient des cours de méditation ; il ne comprenait pas non plus les religieux qui exercent leur spiritualité. Peut-être parce qu'il vivait mal le silence de sa vie intérieure, l'isolement émotionnel provoquait chez lui une angoisse qui le rendait insomniaque.

Les personnes de ce genre tombent continuellement de Charybde en Scylla : elles ne peuvent rester seules et sont incapables de construire un lien véritable, parce qu'elles ont toujours peur d'être quittées. Comment Didier, qui a désormais près de 40 ans, a-t-il organisé sa vie ? Il a découvert qu'il aimait les chevaux et est devenu associé dans un club de campagne où il passe tous ses week-ends ; là, il a des amis avec qui il entretient des rapports aussi cordiaux que superficiels. Chez lui, il a une femme de ménage philippine qui est comme sa gouvernante. Et avec les femmes ? Aucune relation « véritable », profonde. Ni concubinage, ni mariage. Didier ne veut pas de couple authentique, parce qu'il a peur qu'un jour, l'amour puisse prendre fin. Il ne connaît que des rapports affectueusement érotiques, avec obligation de ne pas tomber amoureux, afin de pouvoir se dire adieu avec une insouciance et une légèreté totales.

Il arrive aussi que cette peur de la solitude, apparente en surface, cache, en profondeur, une peur panique du lien. C'est le cas avec Carole, 36 ans. Elle a très mal vécu, tout d'abord dans son enfance, puis dans son adolescence, deux déménagements forcés. À 5 ans, elle est partie vivre un long moment à la campagne avec ses grands-parents parce que ses parents travaillaient tous les deux à plein temps et ne pouvaient pas s'occuper d'elle. Puis, alors qu'elle avait 12 ans, l'usine dans laquelle travaillait son père a fermé et la famille a dû s'installer dans une autre ville. Depuis, Carole a mis une « cuirasse » par-dessus son besoin d'indépendance affective. Ainsi, quand une histoire d'amour devient trop intime, trop intense, elle commence à s'éloigner et finit par rompre la relation. Mais elle n'a rien d'une « mangeuse d'hommes » : elle va mal, chaque séparation est pour elle une souffrance puisque, au fond, elle ne supporte pas la solitude qu'elle provoque elle-même. Il lui faudrait donc apprendre à mieux dominer son instinct destructeur, peut-être à l'aide d'une psychothérapie.

Pourquoi, donc, certains n'arrivent-ils pas à se séparer « comme il faut » ? Pour le comprendre, il faut remonter à la situation du petit enfant qui grandit. Au début, celui-ci dépend totalement de l'affection et des soins de ses parents ; peu à peu, pourtant, il apprend à se séparer, tout d'abord du sein, puis des bras ; ensuite, il commence à dormir seul, à marcher sur ses jambes ; à la crèche et à l'école maternelle, il se fait de petits amis, dont il se détache ensuite ou qui le « quittent ». C'est dans l'enfance que l'on apprend les premières stratégies de séparation, c'est-à-dire à s'éloigner des autres sans perdre sa confiance en soi. Mais les personnes habituées à dépendre de leurs parents continuent de penser que le « bien » est en l'autre, ce qui fait que la séparation devient pour elles un deuil de tous les sentiments positifs (qui demeurent « en l'autre »). Elles savent qu'elles vont tomber dans la dépression parce que le cordon ombilical qui leur garantissait le bonheur affectif s'est coupé. En réalité, elles devraient surtout rompre le cordon ombilical ancré dans leur esprit, sous peine de rester, toute leur vie, paralysées par la peur.

Je me souviens de Catherine, qui m'avait consulté après sa séparation. Elle m'avait raconté que, depuis cinq ans (elle en avait 35), son mari ne la touchait plus. Comme elle était absolument terrorisée à l'idée d'être quittée, elle avait fait comme si de rien n'était, sans protester ni discuter. Sans le savoir, cette trentenaire revivait la dépression de sa mère qui, quand elle était petite, avait perdu une autre fille d'une méningite et avait été brisée de douleur. Pensant être à l'origine de la souffrance maternelle et craignant de perdre pied comme sa mère avait alors perdu pied, Catherine s'était mariée sans passion, sans énergie, et avait eu la malchance de tomber sur un mari avec qui elle avait reproduit le scénario maternel...

Outre les « malades de l'abandon », déçus par le comportement de leur partenaire, d'autres, présentant différents troubles du caractère, vivent aussi la séparation de façon négative. C'est le cas, par exemple, des narcissiques, qui ne supportent pas de ne pas décider eux-mêmes. Les hommes, surtout, vivent la séparation comme un affront, comme une entreprise dirigée « contre » eux, notamment parce que leur image sociale, à laquelle ils tiennent tant, est entamée. Et lorsque leur blessure narcissique « saigne », il arrive qu'ils commettent de mauvaises actions qui ne leur inspirent aucun remords : ils estiment avoir seulement redressé un tort. En conséquence, beaucoup de femmes me demandent comment faire pour identifier rapidement un homme narcissique (et, si possible, s'en éloigner). Voici quelques indices.

– *Le narcissique n'a pas d'amis, seulement des faire-valoir*. En général, il est bien habillé, a de bonnes manières, porte une montre à la mode et fume le cigare pour afficher son statut. Ennemi de l'euphémisme, il pratique très volontiers l'exagération.

– *À table, le narcissique ennuie parce qu'il ne parle que de lui et de ce qu'il connaît*, sans témoigner la moindre curiosité pour ce qui l'entoure, y compris l'univers féminin. Ses phrases commencent en général par : « Je pense que... »

– *Le narcissique a, en général, besoin non pas d'une femme narcissique, comme lui, mais d'une compagne un peu masochiste*. Je me rappelle les récriminations de la femme d'un industriel qui, chaque soir, racontait en détail les intrigues, les affaires et les conflits professionnels dont il sortait régulièrement vainqueur, mais qui le stressaient – stress dont il se déchargeait ensuite sur sa femme. Quant à elle, elle s'ennuyait, mais étant étrangère et d'humble origine, elle pensait que c'était le prix à payer...

Aucun bonheur n'est-il donc possible, en couple, avec un narcissique ? Peut-être seulement si le couple est constitué par deux narcissiques unis vers un objectif – ou un ennemi – commun. Mais dès que l'ennemi faiblit, les deux partenaires connaissent des difficultés : une agressivité réciproque se déclenche, parce que le narcissique doit être le seul ou, du moins, le premier. En outre, s'il est présomptueux, le narcissique n'a, en revanche, pas une grande estime de soi. Il ressemble un peu à une noix, avec une coquille dure autour d'un noyau fragile, le cerneau. Lorsqu'un narcissique décide de suivre une thérapie (ce qui est extrêmement rare, mais tout le monde peut traverser des moments de dépression), le psychologue a donc pour mission principale de s'efforcer de transformer la noix en un abricot qui a une enveloppe tendre, mais un noyau dur.

Et les femmes, comment gèrent-elles la rupture aujourd'hui ? Certaines la vivent comme un anéantissement : elles développent un syndrome à la Anna Karénine, laquelle, ayant entendu dire que le comte Vronsky n'était plus amoureux d'elle, se demande avant de suicider : « Pourquoi ne pas éteindre la bougie, puisqu'il n'y a plus rien à regarder ? » Mais beaucoup d'autres, heureusement, réagissent de façon plus active. Brigitte, par exemple, a 44 ans ; elle est divorcée et a une histoire avec Philippe, 65 ans, qui est veuf. Très vite, les choses se gâtent entre eux. Elle si coquette (elle est coiffeuse), commence à se négliger, elle ne se maquille plus, a souvent mal au dos, à la tête. De son côté, Philippe se sent seul, il est angoissé et pense que Brigitte gâche sa vieillesse. Alors, lors d'une dispute, il lui dit de partir. À ces mots, Brigitte réagit avec violence, casse des assiettes et refuse de lui rendre les clés de sa maison.

Lors d'une brève consultation du couple, il apparaît au

fond que Philippe est simplement déçu de ne plus retrouver la femme belle et gentille qu'il avait rencontrée et que Brigitte, elle, ne digère pas l'affront d'avoir été « jetée dehors ». Dans son enfance, elle a eu un père despotique et autoritaire, qui battait sa mère. Depuis, elle s'est juré qu'elle serait indépendante (et elle l'est, en effet, professionnellement : son activité tourne bien) ; surtout, elle a décidé que, dans la vie, il valait mieux commander pour ne pas se trouver en position de soumission et de faiblesse. Quand elle a fait la connaissance de Philippe, elle a vu en lui un homme plus âgé, un point d'ancrage sûr et sans problème, mais dans la vie quotidienne qu'ils mènent ensemble, elle s'ennuie et cette insatisfaction est d'ailleurs à l'origine de ses fréquents maux de tête et de dos. L'histoire de Brigitte et de Philippe est maintenant finie, mais je sais que cette femme n'aura pas de mal à vivre cette séparation avec énergie. L'important est que cette énergie ne se transforme pas en agressivité et qu'avec le prochain homme, elle s'efforce de bien comprendre quelles sont ses priorités affectives.

Peut-être, pour aider les couples qui se quittent, serait-il bon d'introduire des rituels sociaux qui rendraient la rupture moins triste. C'est d'ailleurs le cas dans certaines cultures éloignées : elles ont des rites particuliers liés aux adieux [5]. Chez les Touaregs du Sahara, par exemple, quand un couple veut divorcer, on fait une fête à laquelle participe tout le village. Trois mois plus tard, une fois que la possibilité que la femme soit enceinte est exclue, on organise une nouvelle fête à laquelle viennent de nouveaux prétendants. Ainsi, la douleur de la séparation est-elle socialisée et non vécue comme un échec individuel.

LA SOLITUDE :
SAVOIR APPRIVOISER LE SILENCE

Tous les séparés ne se remettent pas en couple et certains font même de la solitude un choix. Ainsi, Vincent, 45 ans, trois fois divorcé, pour qui mieux vaut une liberté triomphante qu'un couple ennuyeux. C'est pourtant lui qui a un caractère égocentrique et explosif : il ne supporte aucune obligation, ni conjugale ni sociale. D'ailleurs, quand il est invité à des réceptions par son père, un notable de province, il s'habille en pirate ou en ouvrier, parce que son identité consiste à être toujours « contre ».

Contre le système bourgeois, en particulier. Pourtant, il n'a toujours pas résolu son problème avec l'autorité paternelle. Depuis quelques années, il ne travaille plus. Il a gagné un peu d'argent en vendant des objets d'art produits par les Inuits du Groenland, mais depuis, rien. Il vit en marge, heureux si l'on parle de lui et de son originalité. Sa première femme, d'origine bourgeoise, était belle ; c'est elle qui l'a quitté, au bout de trois ans, quand elle a trouvé meilleur parti. Les deux autres, des beautés exotiques, Vincent les avaient épousées très vite, durant des voyages. Avec elles, il a vécu des passions renversantes, mais qui n'ont pas résisté à la routine du quotidien.

Un jour, pourtant, Vincent m'a confié : « Je n'aime pas ma vie de vieux garçon. Je suis heureux quand je suis marié, mais loin de ma femme. » Et son problème réside, de fait, dans son approche de la solitude : Vincent voudrait être seul, mais pas dans son cœur ni dans sa tête, juste quand il s'agit de gérer son temps. Il voudrait savoir que quelqu'un l'attend à la maison et être libre d'explorer le monde. Pour le moment, il continue de vagabonder au bord de cette société qu'il critique mais dont il a besoin pour ne pas sombrer dans la dépression. Depuis quelques années, il a un chien, la seule créature qui réussisse à supporter ses sautes d'humeur. Il a aussi des amitiés « de cœur » qui durent une saison et des femmes pour décharger son « poison » par des pénétrations et des éjaculations rapides.

Chez d'autres, on trouve le désir exactement contraire : avoir près de soi un partenaire avec qui partager la vie quotidienne tout en restant libre « dans la tête », dans ses décisions et ses pensées. Une liberté intellectuelle qui est sans nul doute utile à la vie à deux et évite la monotonie, mais qui fait parfois du couple une simple tanière, et non un lieu où se renouveler et renouveler la relation.

De nos jours, soyons honnêtes, la promesse de rester ensemble pour toujours a perdu de son attrait, car, du fait d'une plus longue espérance de vie, le « pour toujours » désigne une période bien plus longue qu'il y a quelques générations. Et le risque est élevé pour celui qui s'engage à rester monogame, que la monogamie ne tourne à la monotonie... C'est précisément pour cette raison que me contacte Hervé, 41 ans, qui se définit comme un « célibataire par choix ». En réalité, ce n'est pas vraiment un choix, parce que la vie de couple lui fait horreur. Il me dit que ses amis mariés qui ont des enfants lui semblent « endormis », avachis dans leur mariage et il trouve qu'ils mènent une vie plate et dépourvue d'émotions.

Je pense qu'Hervé réagit de manière excessive à certaines situations d'intimité. Il lui faudrait analyser en profondeur ce que signifie pour lui un « coup de foudre », une « passion » ou le fait de « tomber amoureux ». Hervé balance en permanence entre le désespoir et l'enthousiasme : il ne supporte plus sa petite amie dès que la passion risque de se transformer en un sentiment plus calme et plus uniforme. Et il est donc encore moins disposé à passer à la phase suivante, celle de l'amour.

Pour éviter à tout prix l'ennui, il est presque contraint, au quotidien, d'être hyperactif : une seule journée d'oisiveté suffit à l'amener au bord de la dépression. Il me raconte que ses liaisons prennent systématiquement fin lorsque sa petite amie adopte un rythme sexuel plus lent et n'est plus disposée à faire l'amour dans les lieux les plus insensés et les plus transgressifs... Ce qui fait que ses histoires durent tout au plus neuf semaines et demie !

En pratique, cet homme passe sa vie à tomber amoureux et à se séparer avant que la relation ne devienne un rapport de couple. Je lui explique que, à mon sens, le couple est une entité dynamique, mais pas « activiste » à tout prix, et qu'avec un engagement minimum, il peut devenir un « laboratoire » d'émotions... En effet, le couple n'est pas une assurance-vie ni un refuge et, parfois, il suffit de changer les rôles, s'ils sont devenus trop rigides, pour que les deux éprouvent de nouvelles sensations. Pensez-y : chez les couples malades d'ennui, combien dorment toujours du même côté, s'assoient toujours sur la même chaise à table et mangent peut-être même toujours le même plat...

Tout comme il existe des intimités profondes et des intimités étouffantes, il existe aussi des passions créatives et des passions presque obligatoirement destructrices. La passion créative implique le sujet sans l'emporter et lui permet de libérer une quantité d'énergie qui secoue la quotidienneté dans le rapport d'amour. En revanche, quand la passion est recherchée à tout prix, c'est la dépendance continue de stimulations excitantes extérieures qui donne la sensation d'exister vraiment. Beaucoup de ceux qui ont constamment besoin de stimulations sont en réalité des déprimés qui cherchent comme antidote un état d'euphorie permanente (comme le coup de foudre et l'amour fou).

Malheureusement, le seul mot de solitude provoque des angoisses et, en dépit d'une idée reçue, elle n'est pas une exclusivité des personnes âgées. Elle est également très courante parmi les jeunes. En fait, le principal problème que pose la solitude est le manque de communication, ce que j'appelle le « silence social ». La solitude est le résultat d'une société « névrotique », organisée autour de la vitesse, de l'aspiration à un statut social et qui laisse très peu de place pour le contact et la communication avec autrui. La recherche d'autres types de contacts humains, comme les contacts virtuels (l'énorme succès des *chats*), ne fait que souligner les difficultés qui entravent les relations interpersonnelles. Notre façon de vivre et notre société ne sont cependant pas les seuls responsables de cette situation d'isolement. Le passé est le tremplin de lancement de l'avenir, et c'est dans notre vécu que nous pouvons trouver les explications de certains comportements problématiques.

Je me souviens d'un jeune homme presque quadragénaire, Julien. Il m'a raconté comment le manque d'affection, de caresses, de baisers de la part de ses parents lui avait donné une sensation de solitude, au point qu'il avait projeté ce sentiment d'incommunicabilité dans tous ses types de rencontres avec des amis, des maîtresses ou des collègues… Un noyau familial ou un couple au sein duquel on ne communique pas, on ne se regarde pas, on ne se touche pas, déclenche des mécanismes très particuliers. À défaut d'expériences positives associées à la rencontre de l'autre, le comportement mis en œuvre est le seul comportement connu : l'isolement, ce qui entraîne la répétition des schémas acquis dans l'enfance.

Et c'est là, sans nul doute, une « mauvaise » solitude. Or il existe un autre type de solitude, une solitude positive, choisie et tendue vers la recherche d'un nouvel équilibre. Dans ce cas, être seul est un moyen de parvenir à un objectif voulu : « se retrouver ». Ce que font depuis toujours les religieux catholiques, les moines bouddhistes, mais aussi les artistes qui s'enferment dans un lieu isolé pour puiser l'inspiration et écrire, composer ou peindre.

Oui, mais dans notre société actuelle, où la « bonne »

solitude et le silence sont sous-évalués, comment faire ?
Combien de gens ont peur de rester seuls, combien de
gens ont peur du silence et cherchent le bruit à tout prix.
Même dans le train, vous avez remarqué ? Beaucoup sont
incapables d'écrire, de lire ou de penser, même pendant
deux heures. Ils parlent sans arrêt à leur portable, discutent bruyamment et écoutent de la musique en pertur-
bant le silence des autres. Je suis d'avis que le silence
devrait être revalorisé. Dans certaines thérapies sexuelles
ou de couple, je conseille même d'aller en forêt, de fermer
les yeux et d'essayer de s'abandonner à ses autres sens,
le plus souvent « étouffés » par la vue. En effet, la redécouverte d'une sensorialité complète permet de percevoir la
réalité à travers les cinq sens, ce qui peut également
améliorer la communication conjugale. De ce point de vue,
l'histoire de Virginie Vermeersch qui, en Belgique, a
inventé les « cabanes antiangoisse », me paraît particulièrement intéressante. Il y a une dizaine d'années, elle a
décidé de réaliser un de ses rêves de toujours, la construction d'une petite cabane en bois au fond de son jardin.
À l'époque, elle travaillait comme photographe pour le
cinéma et avait besoin d'isolement et de silence. Sa
thérapie antistress a commencé par la fabrication de cette
cabane, en planches de mélèze ; et quand elle a été finie,
Virginie s'y est sentie très bien. Ce projet a plu à quelques-uns de ses amis qui ont commencé, par le biais du
bouche à oreille, à lui commander des « cabanes silen-
cieuses » où entrer et refermer la porte – pour quelques
heures – sur les bruits du monde et les mille problèmes
de la vie quotidienne. Le succès a été tel qu'aujourd'hui,
Virginie Vermeersch a créé une entreprise, Kabane, qui
construit pour ses clients des abris en bois où se recueillir,
écrire, rêver. Une pièce « silencieuse » toute à soi.

LES NOUVELLES CÉLIBATAIRES

Il est donc possible d'éprouver un sentiment positif de solitude, y compris au féminin. Certes, se séparer quand on est une femme et qu'on a des enfants a un coût : que les choses se passent bien ou mal, on se retrouve, en effet, souvent avec moins de ressources financières, mais, d'un point de vue pratique, on s'en tire aussi mieux qu'un homme, parce qu'on n'est pas perdu devant une machine à laver ou un réfrigérateur vide...

Les femmes seules d'aujourd'hui ne sont plus des « vieilles filles », mais des célibataires qui tiennent en main les fils de leur existence. Ainsi, une amie actrice m'a dit qu'aucun homme ne lui ferait jamais vivre les émotions que lui apporte la scène ; c'est comme si elle était mariée à son public, et cela remplit sa vie. Comme c'est une très bonne comédienne, elle sublime ainsi son désir « phallique » d'avoir les autres « à ses pieds ». Plus largement, les personnes qui se réalisent pleinement dans leur travail (surtout s'il est artistique et créatif) risquent moins de souffrir de solitude.

Cela dit, les moments d'abattement ne manquent pas non plus dans ce genre de situation. Michèle, par exemple, 34 ans, qui est employée à la Poste et travaille avec trois autres femmes divorcées comme elle, voudrait retrouver quelqu'un, mais qui ? Elle dit qu'elle n'est invitée que par des hommes mariés. Et sa famille ? Sa mère, divorcée, vit avec sa propre mère qui est veuve et sa sœur aînée vient elle aussi de se séparer de son compagnon. On dirait un harem sans sultan ou un poulailler – excusez la comparaison – sans coq.

Sandra, 36 ans, vit seule depuis trois ans après un mariage qui en a duré dix. À la suite de sa séparation, elle a employé toute son énergie, pendant plusieurs mois, à aménager son nouvel appartement et à trouver un travail à temps plein. L'année suivante a été, comme elle le dit, l'année de la redécouverte du sexe : « Je me suis fait sept hommes. » Et depuis ? Depuis, elle regarde autour d'elle et ne voit qu'un désert. « Les hommes déjà pris veulent juste tirer un coup ; ceux qui sont libres refusent de s'engager ; et les plus âgés... ont seulement envie de chair fraîche », se plaint-elle. Cynisme et pessimisme ? Pas tant que ça, hélas. En outre, le jugement de la société sur les femmes séparées est encore trop souvent ambivalent ou peu encourageant. Je trouve ainsi que les Américains font preuve d'une grande suspicion à l'égard de ces nouvelles célibataires (surtout si elles sont divorcées), qui se retrouvent peu à peu isolées. Elles sont vues comme des briseuses de ménage potentielles et, en tout cas, comme des rivales.

À l'évidence, les femmes séparées qui s'en sortent le mieux sont celles qui ont compris que les ruptures sentimentales s'arrangeaient aussi avec un peu de « colle » sociale, pour éviter la chute de l'estime de soi et l'isolement affectif (avec son inévitable cortège de manifestations psychosomatiques déplaisantes, anxiété ou insomnie). Je ne dis pas qu'il faille reprendre nécessairement le modèle de *Sex and the City*, la série télévisée américaine qui raconte l'histoire de quatre célibataires ambitieuses et désinhibées à New York, mais c'est un modèle qui plaît, au moins aux trentenaires, parce qu'il met en scène leurs désirs, leurs doutes et leurs exigences.

Quoi qu'il en soit, être une nouvelle célibataire a sans nul doute des côtés positifs, surtout quand, après avoir fait le deuil de la perte de l'être aimé, on accepte sereinement la situation et on se remet en selle. Cette phase presque aventureuse durant laquelle une femme commence à vivre une sexualité dissociée des sentiments fait souvent office de cure de beauté. Peut-être parce que si elle ne se laisse pas prendre au piège du pessimisme et de la dépression, la nouvelle célibataire mise sur elle-même : nouvelle coupe de cheveux, lingerie sexy, garde-robe plus osée, et devient particulièrement séduisante et disponible. Peut-être aussi parce qu'elle trouve un nouvel équilibre intérieur et expérimente des comportements amoureux inédits, en laissant le sexe et les sentiments suivre des voies différentes.

Mais soyons clairs, la renaissance n'est pas toujours possible. Notamment parce que les femmes, contrairement aux hommes, ne se relancent pas facilement. Si les plus de 30 ans ont une profusion d'hommes libres à leur disposition, elles deviennent aussi, après avoir vécu certaines déceptions sentimentales ou atteint une nouvelle maturité intérieure, plus exigeantes et ne se contentent plus du Peter Pan de passage. Financièrement indépendantes, elles n'ont pas besoin de se remarier ; elles ne fuient pas les relations, mais les évitent parce qu'elles manquent, à leur avis, de stimulations. Ainsi, Mylène, 30 ans, m'écrit : « D'après mes dix années d'expérience, l'homme latin est toujours le meilleur ; dommage qu'il soit toujours occupé à faire carrière et à changer de voiture et de portable ! » Serait-ce donc la faute aux hommes ? La psychologue Donata Francescato évoque une sorte de vengeance masculine, comme si l'on voulait faire comprendre aux femmes que, tant qu'elles joueront « aux hommes » et se montreront riches et indépendantes, nul ne les aimera jamais. Pour ma part, je ne suis pas si négatif. Et je préfère, encore une fois, souligner qu'être célibataire, c'est renforcer son individualité, et non être seul.

Évidemment, le grand problème, pour toutes celles qui sortent d'un mariage ou d'une période de concubinage, reste : comment se remettre en piste ? Il suffit parfois d'une pointe d'humour, comme le montre l'écrivain anglais India Knight avec son amusant *Ma vie sur un plateau* [6]. Stella, la protagoniste de son roman, est une mère séparée qui se trouve « du mauvais côté des 30 ans ». Elle ne cherche pas un prince charmant, mais à se « repositionner » dans la société. Comment se faire de nouvelles connaissances, de nouveaux amis ? Comment se présenter ? Et, surtout, comment s'habiller ? Sexy, avec un profond décolleté ? À moins que ce ne soit pas le bon choix... Et comment séduire, aujourd'hui ? Comment se remettre en selle quand des années ont passé depuis le dernier rendez-vous galant ?

Pour finir, Stella se rend compte qu'au fond, ce qu'elle cherche, c'est un bon amant ; un type qui fasse bien l'amour, un point c'est tout. Et le prince charmant, intelligent et sensible ? On verra plus tard. Ainsi, si Bridget Jones est devenue un mythe pour les célibataires, Stella la séparée, qui a largement dépassé les 30 ans et a une petite fille, peut devenir l'idole des mères seules. Car, au fond, c'est vraiment une héroïne de notre époque : elle a su divorcer avec énergie et faire place à son désir (y compris sexuel). En trouvant, avec humour mais sans illusions néfastes, un nouveau bonheur. J'en souhaite autant, de tout cœur, aux nombreuses nouvelles célibataires d'aujourd'hui.

CHAPITRE VIII

Les autres formes de couple

De nos jours, le couple n'a plus de soutien social. Il n'y a plus de modèle obligé, de voie que l'homme et la femme doivent suivre pour « mériter » de se marier. En l'absence de rôles sociaux définis, il faut s'en remettre à des choix subjectifs, qui constituent une forme de liberté indispensable dans notre monde moderne, mais qui mettent les individus en difficulté, parce qu'il est difficile de créer un couple durable. Cependant si l'amour fait vivre, sans lui, on en est réduit à survivre. C'est pourquoi chacun cherche le meilleur type d'intimité... D'ailleurs, le mariage traditionnel semble avoir de plus en plus de rivaux. Ainsi, 20 % des mariages ne sont célébrés que civilement, à la mairie, mais pas à l'église. Le mariage n'est plus nécessairement un sacrement, ni même un lien réglementé par le code civil, mais le choix individuel de deux personnes qui décident de s'unir.

Dans ce « self-service » du couple, le modèle européen se distingue du modèle américain : en effet, aux

États-Unis, on se marie et on divorce plusieurs fois au cours d'une vie parce que *chaque* lien *doit* être institutionnalisé. John nous en donne un exemple classique. Il est américain, mais vit à Lyon. À 64 ans, il a déjà quatre mariages derrière lui, et chaque fois, il veut recommencer à zéro, faire les choses comme il faut. Lors de notre dernière rencontre, il m'a dit : « Je suis un incorrigible romantique, et je vais bientôt me marier à nouveau. Ce sera la cinquième fois. De toute façon, à mon âge, je n'en suis plus à une pension alimentaire de plus ou de moins. » John n'est pas seulement américain, mais aussi clairement vieux jeu, tout au moins du point de vue sentimental. Dans ce chapitre, je veux au contraire accorder de l'espace au « self-service » de la vie à deux en décrivant quelques modalités de vie en couple non traditionnelles.

LE CONCUBINAGE :
PAS DE BAGUE AU DOIGT

Les sociologues notent l'augmentation continuelle du peuple des « sans bague au doigt ». Même s'il arrive que ces couples *veuillent* mais *ne puissent pas* se marier parce que l'un des partenaires (ou les deux) attend que son divorce soit prononcé, il s'agit là d'un phénomène en plein essor. Au point que, conformément à la recommandation de l'Union européenne, des projets de loi sont à l'étude afin de réglementer ces unions, ou tout au moins d'offrir quelques protections à leurs membres. En effet, pour le moment, ils n'ont le droit ni d'hériter, ni de toucher la pension si l'autre meurt, et ils ne peuvent pas non plus prétendre à une prestation de compensation en cas d'abandon. C'est pourquoi beaucoup de couples résolvent ces problèmes en concluant des « contrats entre vifs » dans le cabinet d'un notaire.

Il y a aussi des gens qui choisissent véritablement de

ne pas se marier. Comme Josie, 31 ans, qui est opposée au mariage et affirme que cette institution crée des habitudes et tue l'amour. « Si l'on ne se marie pas, dit-elle, peut-être fait-on plus d'efforts pour se conquérir ou se séduire jour après jour. » Est-ce bien vrai ? Ce n'est pas sûr, les concubins se séparent bien, mais certains le croient. Comme Luc, 47 ans, et Jeanne, 44 ans, qui déclarent : « Nous avons toujours eu l'impression que le mariage est une sorte de prison dans laquelle deux personnes décident délibérément de s'enfermer, par peur de la solitude et de la trahison. Nous, nous respectons trop notre amour. Nous ne voulons pas être prisonniers l'un de l'autre. Et nous vivons ensemble depuis trente ans sans être mariés. »

En tout état de cause, il faut faire la distinction entre ces « cohabitations volontaires » et celles qui préparent le mariage. En effet, de nos jours, beaucoup de jeunes optent pour une cohabitation « à l'essai » avant de se marier. Et les chiffres relatifs à l'âge auquel on se marie semblent le confirmer : les femmes se marient en général vers 28 ans et les hommes vers 30. Sans doute ces gens vivent-ils ensemble pendant quelques mois ou quelques années et se marient-ils lorsqu'un projet d'enfant approche et se fait urgent.

LES ARCHIPELS AFFECTIFS

L'archipel affectif masculin ? On le connaît. Jusqu'ici, c'était un modèle fort avantageux pour les hommes : de l'amour et – de temps à autre – du sexe à la demande. Comment cela fonctionnait-il ? L'épouse (c'est-à-dire l'île principale) était la garante de l'amour familial, mais il y avait aussi des atolls, des îlots et des récifs ; les hommes avaient le « droit » de faire l'amour ailleurs, avec une maîtresse fixe et clandestine, ou dans le cadre d'aventures rapides lors de leurs voyages d'affaires et de flirts occasionnels avec leur secrétaire. Mais les femmes aussi ont beaucoup changé ces trente dernières années. Elles ont dissocié le sexe du cœur, grâce à la pilule et aux préservatifs, et ne craignent donc plus les suites négatives (le « déshonneur », mais aussi les grossesses non désirées) qui les faisaient parfois hésiter.

Aujourd'hui, donc, il existe deux archipels affectifs : celui des hommes (la femme-île avec les atolls qui l'entourent) et celui des femmes dans lequel on trouve en général une île (le mari) et un autre îlot (sans parler des récifs...). Beaucoup de femmes m'écrivent pour me raconter leur « archipel » : elles ont un mari qu'elles aiment et estiment, une famille qui compte beaucoup, mais aussi d'autres hommes auxquels elles ne veulent pas renoncer, une amitié affectueuse, un amant avec lequel elles ont redécouvert le frisson du sexe... Quand ils découvrent l'existence de cet archipel, les maris pensent toujours qu'avec son amant, leur femme cherche une sexualité plus renversante, et dans beaucoup de cas, c'est vrai. Quelquefois, cependant, l'« autre » est simplement un confident, une oreille prête à écouter.

Tel est le cas pour Laura, qui a 35 ans et vit avec son compagnon. Comme elle souffrait de fréquentes crises de colite, elle est allée voir un gastroentérologue qui, après l'avoir examinée, lui a expliqué qu'elle ne présentait pas de troubles organiques, mais seulement une forte dépression. Au lieu de prendre les médicaments prescrits par son neurologue, Laura a préféré prendre un amant, un homme plus âgé qui lui donne l'impression d'être désirée, importante et qui, surtout, l'écoute, contrairement à son compagnon. Elle s'est donc choisi un « amant antidépresseur ».

Beaucoup de gens, d'ailleurs, se créent un archipel affectif quand ils ne sont pas satisfaits de leur vie ou de leur conjoint. Ainsi Corinne, qui est mariée depuis vingt ans (elle en a maintenant 45), me raconte que le mariage ne lui a apporté ni la sérénité ni le bonheur. Maintenant, donc, elle regarde autour d'elle. Elle a rencontré un homme marié avec qui elle parle beaucoup... Entre eux, il n'y a ni relations sexuelles ni même intimité affectueuse. Comment est-ce possible ? Lui déclare pourtant la désirer. Alors, quel est le problème ? Peut-être se sent-il coupable, étant marié, ce qui fait qu'il évite la sexualité et, de la sorte, ne trahit pas vraiment sa femme ? J'ai conseillé à Corinne de tenter sa chance, si possible avec tendresse, et d'essayer de comprendre ses réactions. Je crois que de toute façon, il ne s'agit pour elle que d'une situation transitoire : elle est très insatisfaite de sa vie conjugale et ne cherche sans doute qu'un « coup de pouce » pour se séparer. Il existe donc des archipels choisis et d'autres qui marquent seulement une phase de transition.

LES AMOURS À DISTANCE

Avant toute chose, faisons bien la distinction : il y a des amours à distance dues au fait que l'un des partenaires est étranger et vit dans un autre pays ; et d'autres dues au fait que les partenaires, tous les deux du même pays, habitent dans des villes différentes et éloignées. Les amours à distance ont toujours existé, mais jamais elles n'ont été aussi faciles qu'aujourd'hui, avec les vols à bas coût et, surtout, les possibilités de contact qui nous sont offertes : les *e-mails*, les SMS, et même les MMS, pour voir sur son portable le visage de l'être aimé, permettent de se sentir proches, même à mille kilomètres de distance.

Quand on parle de relations à distance, on pense en général à une histoire d'amour passagère qui prendra rapidement fin, mais les choses ne se passent pas toujours ainsi. Il peut même être surprenant (surtout si l'autre est étranger) de découvrir que sa culture s'ajuste à la perfection à une autre, à une autre façon de vivre et d'aimer. En outre, l'ennui et la peur du quotidien favorisent sans nul doute ce type de lien.

Une relation à distance peut être de deux types : soit elle accélère les rythmes du couple, soit elle les bloque dans les limbes idylliques de la passion. Ceux qui vivent un amour à distance accéléré brûlent toutes les étapes : l'absence du partenaire au quotidien, le stress de ne se voir que de temps en temps, la jalousie et la solitude incitent à prendre des décisions rapides. Mais si les rythmes sentimentaux ne correspondent pas, l'histoire prend malheureusement fin. En revanche, ceux qui restent enfermés dans la passion trouvent probablement là une échappatoire au problème de l'amour donné et de l'amour reçu et de toutes les responsabilités qu'implique un sérieux investissement émotionnel ; en effet, un rapport à distance garde toujours le flou de l'amour idéal et irréalisable.

Il arrive que l'on vive des relations de ce genre pour sublimer le manque d'affection de ses parents ; on reproduit le passé dans le présent en justifiant son absence ou son échec sentimental par le seul éloignement. Et l'immaturité affective risque alors de se figer, liaison après liaison. D'autres fois, en revanche, la relation à distance survient tout à fait par hasard, comme un rayon de lumière dans la vie de quelqu'un qui a déjà vécu un mariage. Ainsi, une femme divorcée m'écrit : « J'ai 43 ans, deux filles merveilleuses, et jusqu'à l'année dernière, mon mariage était, somme toute, satisfaisant. Puis, par lassitude, par goût de la transgression ou parce qu'il cherchait des confirmations, mon mari m'a trompée, après quatorze ans de mariage (et six de vie commune auparavant !). Bref, après toute une vie ensemble. J'ai tout essayé pour sauver notre union, en lui donnant une autre chance, mais il n'a rien voulu savoir et est devenu de plus en plus enragé avec moi, jusqu'au jour où nous nous sommes définitivement séparés.

« Quand j'ai décidé de me marier, je me suis dit que ce

serait pour la vie, et j'ai toujours fait passer la famille avant le reste, même le travail. Et maintenant, je dois repartir toute seule. J'ai remis en cause tous les choix que j'avais faits, compris qu'un petit plat en moins et une sortie de plus avec mon mari auraient été bénéfiques à notre union. Et je me sens prête à me relancer avec une énergie nouvelle et sans regrets.

« Cet été, pour la première fois, je suis partie en vacances seule avec mes filles, invitée par des amis de ma famille. C'est ainsi que j'ai connu un quadragénaire vivant une situation absolument analogue à la mienne. Avec lui, qui vit à mille kilomètres de chez moi, une belle relation d'amitié est née et a peu à peu évolué en tendre amour. Il est apparu que nous désirions les mêmes choses, que nous partagions des émotions que nous n'avions jamais connues auparavant. Je voudrais vivre cette relation à distance, avec toutes les difficultés qu'elle fera surgir, en évitant qu'elle ne cause des désagréments à nos enfants, à qui nous souhaitons garantir la sérénité nécessaire à leur vie, sans rien leur imposer, sachant que dans l'immédiat, nous n'envisageons pas de vivre ensemble. Comment faire ? Et quel pourrait être le meilleur moment pour leur faire comprendre l'existence de ce nouveau lien ? »

J'espère avant toute chose que cette lettre pourra encourager de nombreuses divorcées, des mères qui se retrouvent seules avec leurs enfants et se demandent si elles pourront aimer encore... Pour le moment, cette femme séparée et de nouveau amoureuse se retrouve aux prises avec, d'une part, un amour à distance et, d'autre part, une famille. Comment gérer le début de cette histoire ? Et quand en parler aux enfants, les siens et ceux de son nouveau compagnon ?

Il n'est guère aisé de donner des conseils. Dans une première phase, les deux amoureux à distance désireront certainement rester entre eux ; pour cela, il faudra qu'ils réussissent à ajuster les week-ends que les enfants passent avec leurs ex-conjoints (ou, à la limite, qu'ils fassent appel à leurs parents, ou à une sœur). Après, seulement, il sera possible d'organiser un week-end, d'abord avec ses enfants à lui, puis tous ensemble (en espérant que filles et garçons aient plus ou moins le même âge et s'entendent bien). Le problème, avec les familles recomposées, est que certaines constituent un enrichissement pour les enfants, mais que d'autres deviennent un nid de serpents… Je leur recommanderai donc de ne pas trop se presser. Et en tout état de cause, avant de prendre une décision, il leur faudra comprendre s'il s'agit d'un véritable amour ou seulement d'un moyen d'échapper à la solitude affective.

Au début, au moins, la distance est sans nul doute un aphrodisiaque. Le plaisir de se revoir, de se toucher, de s'embrasser… L'émerveillement de week-ends passés entre les draps ou à des tables romantiques, sans les tracas du quotidien… C'est le temps qui amène la nostalgie et le besoin d'avoir toujours l'autre à ses côtés. À moins que le couple ne trouve, justement, son équilibre dans cette vie séparée. Cela peut arriver, surtout si – à cause, peut-être, du caractère difficile d'un des partenaires – la distance est un besoin affectif.

Diane, qui est âgée de 50 ans, a épousé un Argentin qui a cinq ans de plus qu'elle et des biens à Buenos Aires (en particulier des restaurants). De ce fait, il vit là-bas. Elle n'a jamais voulu s'y installer, parce qu'elle gère une entreprise familiale à laquelle elle tient beaucoup. Cela ne les empêche pas d'être ensemble depuis plus de vingt ans et d'avoir deux enfants. En fait, le mari de Diane préfère ce modèle de couple, qui ne cache absolument pas une maîtresse : il a besoin d'espace, de se sentir libre, de pouvoir se consacrer à ses restaurants à toute heure du jour et de la nuit. Il souffre, entre autres, de claustrophobie, et peut-être aussi de « claustrophobie affective », puisque la vie de famille l'oppresse. Diane s'efforce de prendre régulièrement de longues vacances pour se rendre en Argentine et a accepté la situation, d'autant plus qu'elle est elle-même très investie dans son travail, qu'elle trouve très gratifiant. Et les enfants ? Ayant grandi au sein de ce ménage excentrique, ils ont eux aussi rapidement choisi de s'éloigner pour aller faire leurs études à Londres. Il est vrai, par ailleurs, qu'ils appartiennent à une génération « mobile » et nomade, pour laquelle les distances ne sont plus un problème.

Les kilomètres sont également un élément important du mariage de Thomas, 45 ans. Du fait de son caractère revêche, il n'a pas un seul ami, seulement un homme à tout faire : un Vietnamien grassement payé qui est aussi son chauffeur et, surtout, son confident (ou tout au moins une « oreille qui écoute »). Thomas a pourtant une épouse, une femme des Seychelles qui, avec l'argent qu'il gagne, entretient toute la famille à Mahé, où elle passe la majeure partie de son temps, heureuse de ne pas cohabiter avec un mari difficile.

Isabelle, qui a 42 ans, me consulte, elle, parce que son mari est toujours en voyage au loin. J'ai tout de suite compris : c'est une femme qui « somatise » beaucoup et souffre – semble-t-il – d'allergie au sperme de son mari (un médecin le lui a confirmé). La solution ? Le préservatif, qu'elle dit cependant trouver peu pratique et anti-érotique. Isabelle affirme ne pas se sentir coupable et que son mariage n'est pas fondé sur le sexe. C'est vrai, mais son mari se sert de cette chasteté forcée comme prétexte à des escapades qui sont de véritables vies parallèles dans d'autres pays. Il n'a cependant jamais demandé la séparation. Il entretient Isabelle et les enfants, et dit ne pas vouloir renoncer à son mariage, vers lequel il revient entre un voyage et le suivant.

Certains couples, d'ailleurs, ne supportent pas la proximité. Je me rappelle une Bretonne mariée à un marin ; tout allait bien, jusqu'au jour où il a été mis en préretraite. C'est là que leur mariage a commencé à aller mal. Il restait dans la cuisine comme sur le pont de son bateau et elle, qui considérait la maison comme son territoire, se sentait envahie et menacée. Ils ne sont venus me consulter qu'une fois, pour ce problème de couple qui était en réalité un problème de pouvoir, puis je ne les ai plus revus pendant longtemps. Dix ans plus tard, alors que je me trouvais dans leur région pour une conférence, la femme s'est approchée de moi et m'a raconté ce qui s'était passé : ils s'étaient séparés, puis lui était mort d'un infarctus, et depuis, elle allait lui rendre visite au cimetière, pleine des mêmes bons sentiments qu'autrefois, quand il était au loin sur son navire... Elle avait ainsi retrouvé l'intimité à distance.

En fait, chaque couple doit trouver sa juste distance, et ce conseil quasi « géographique » se révèle parfois plus utile qu'une psychothérapie conjugale.

LES AMOURS ASYMÉTRIQUES PAR L'ÂGE

Cendrillon n'est plus là ; en effet, dans notre société, le « saut » de classe sociale n'est plus très fréquent ; on ne voit plus guère de belle jeune fille sans le sou épousant un prince... En revanche, le « saut » de génération est de plus en plus courant : il n'est pas rare qu'elle et lui aient vingt ans de différence. Cela se produit en partie parce que le lien de couple est considéré comme une entité « à terme » et que le « modèle Mathusalem » se renforce : celui de l'homme puissant, ou tout au moins riche, vivant avec une femme plus jeune. Autrefois, ce modèle était lié à des besoins sociaux bien précis. On choisissait une femme plus jeune, et en bonne santé, pour qu'elle fasse de nombreux enfants dont la société avait besoin pour les travaux des champs et comme « chair à canon » (rappelons que la mortalité infantile était extrêmement élevée). Aujourd'hui, en revanche, le mécanisme qui pousse à choisir une partenaire plus jeune est totalement différent. Il suffit de jeter un coup d'œil aux magazines *people* : pensons à Johnny et Lætitia, ou encore à Luciano Pavarotti et sa secrétaire Mantovani. Ou encore, à Hollywood, à Michael Douglas, qui a épousé Catherine Zeta-Jones, à Harrison Ford, qui a quitté son épouse de longue date pour la trentenaire Calista Flockhart, et ainsi de suite…

Les cinquantenaires célèbres (mais aussi les plus de 60 ans) se sentent rajeunir à côté de femmes de 20 ou 30 ans ; et leurs partenaires apprécient la notoriété et aiment apparaître dans les journaux. Si ce phénomène ne nous étonne plus, l'inverse est plus nouveau, quand c'est elle qui est plus âgée que lui. Et à partir du moment où le couple d'aujourd'hui ne se donne pas pour objectif d'avoir des enfants, d'autres mécanismes psychologiques entrent en jeu. Dans ce cas aussi, Hollywood dicte sa loi, et après son divorce de Bruce Willis, Demi Moore, splendide quadragénaire, s'est fiancée à Ashton Kutcher, qui a quinze ans de moins qu'elle. Et cette tendance est souvent « copiée » par les femmes plus ordinaires… Mais quelquefois, la famille n'est pas d'accord.

C'est ce qui est arrivé à Danièle, 52 ans, qui a épousé Christophe, 38 ans, il y a huit années. Ils vivent à la campagne, ont des goûts très semblables et forment un couple très uni. Mais au cours de leurs trois premières années de mariage, les parents de Christophe ont refusé Danièle, affirmant qu'elle exploitait l'immaturité de leur fils et l'accusant de l'« asservir ». Christophe était bien immature, mais à cause de sa famille, justement. Et c'est pour cela qu'il a épousé une femme très maternelle. En outre, il cultivait le fantasme sexuel d'une femme mûre qui lui « enseignerait » les secrets de l'érotisme. De son côté, Danièle avait peur de la solitude mais ne cherchait pas nécessairement un homme plus jeune.

Agnès, elle, a 35 ans, et Grégory neuf de moins. Ils sont ensemble depuis trois ans. Ils se sont connus en discothèque et Agnès lui a menti sur son âge, qu'elle ne lui a révélé qu'au cours des mois suivants. Ils me semblent former un couple « complémentaire » : elle est inventive et créatrice, mais peu stable, alors que lui est méticuleux, à la limite de la maniaquerie. C'est lui qui gère leurs finances, tandis qu'elle décide de leurs vacances. Agnès a peur que son compagnon ne lui trouve des rides, mais c'est là une préoccupation féminine typique que l'on retrouve aussi chez les femmes ayant des compagnons de leur âge. Ils ont une fille de 7 mois, qui n'était pas vraiment prévue mais a été bien accueillie par tous les deux. Il semble que leurs familles d'origine n'aient rien trouvé à redire à cette relation, même si ses amis à lui font quelques remarques de temps à autre...

Le problème ? Agnès comme Danièle sont un peu jalouses des femmes plus jeunes, mais cette rivalité est normale. Leurs partenaires aussi sont jaloux, mais ils souffrent d'une jalousie plus profonde : accrochés à leurs femmes-mères, ils craignent de perdre leur ancre stabilisatrice. Au fond, ils vivent les mêmes joies et les mêmes déceptions que les couples traditionnels, y compris celles qu'impliquent les résistances sociales aux choix insolites.

LES AMOURS ÉTRANGÈRES

L'amour au temps de la globalisation correspond à cette société de plus en plus multiethnique, dans laquelle les occasions de voyage, de vacances et donc de coups de foudre exotiques augmentent. De même que le nombre d'hommes et de femmes d'autres pays qui viennent vivre et travailler ici et y tombent amoureux : des hommes musulmans et africains, des femmes de l'Est postsoviétique (russes, ukrainiennes, roumaines)... Mais attention, ce melting-pot d'origines et de sentiments n'est pas simple, et souvent, l'amour – que nous tenons naïvement pour un concept universel – apparaît en fait équivoque, vu qu'une Chinoise ou un Égyptien ont une vision du couple bien différente de la nôtre.

C'est ce que confirme le récent essai d'une sociologue engagée depuis des années dans des travaux avec les communautés d'immigrés. Ses recherches, poétiquement intitulées *L'Amore altrove* (« L'Amour ailleurs ») [1], se fondent justement sur des témoignages en direct de ces nouveaux citoyens. Comme celui du Sénégalais Madou, qui déclare : « J'ai du mal à comprendre votre conception de l'amour, en Occident. Je crois que pour un Africain, il est difficile de comprendre, quand vous dites "je t'aime", de quoi vous parlez. » Et comme l'explique également un Iranien : « Si l'on a faim, on ne peut pas parler d'amour. »

Pourtant, l'extérophilie, c'est-à-dire l'amour de tout ce qui est « autre », différent, exotique, est un phénomène que l'on ne peut plus arrêter. Les amours étrangères ne cessent donc d'augmenter, ainsi que les nouvelles modalités de vie en couple, « laboratoires » uniques et souvent problématiques.

Pourquoi choisir l'amour étranger ? Les plus jeunes rêvent d'aventures exotiques. D'après un récent sondage sur un échantillon de jeunes filles de 20 ans (788 sondées de 16 à 25 ans), l'homme latin est ennuyeux, infantile, et aussi un peu trop efféminé, ce qui les pousse à regarder davantage autour d'elles. Et au moins une jeune fille sur trois espère connaître un amour étranger : avec un Africain musclé, ou un bel hidalgo, parfois pour une seule nuit. À un âge un peu plus avancé, l'amour étranger peut représenter une fuite du couple occidental. En effet, certains hommes trouvent que leurs compagnes en demandent trop et cherchent ailleurs des compagnes qui, ils l'espèrent, seront plus soumises.

C'est ce qui s'est passé pour Maxime, un journaliste d'une cinquantaine d'années qui, après avoir fait le bilan de sa vie privée et professionnelle, a quitté son poste de rédacteur pour devenir un reporter spécialiste des voyages. Il parcourt le monde, gagnant peu en argent mais beaucoup en estime de soi, et fait surtout des reportages sur les plus belles cascades, qu'il voudrait rassembler en un livre. Au Venezuela, ou plus exactement devant la plus haute cascade du monde, le Salto Angel, il rencontre Lola, une Vénézuélienne qui ne supporte plus les machos autoritaires qui décident de tout. Ils se mettent ensemble, elle parce qu'il est doux et l'emmènera au loin, et lui parce qu'il a enfin rencontré une femme qui l'admire et l'estime. J'ai fait leur connaissance à Iguazu, site des fameuses cascades situées à la limite du Brésil et de l'Argentine ; ils étaient ensemble depuis deux ans et étaient contents de leur couple « mixte », si romantique, éternellement fugueur. Ils se sont rencontrés en marge de notre société, mais ont su se faire une niche de bonheur.

Les couples mixtes ne se forment pas toujours de manière accidentelle et romantique. J'ai eu l'occasion d'aller à Kiev, dans le cadre de recherches sur les agences matrimoniales, et j'y ai vu des femmes qui viennent s'y inscrire : de jolies jeunes femmes qui rêvent seulement de partir et de changer de vie. Qu'ont-elles à offrir sur le marché matrimonial ? Beaucoup d'entre elles ont à peine plus de 20 ans, sont étudiantes ou même diplômées ; en général, elles sont belles, ou tout au moins attirantes, aiment la famille et les enfants. Ces recherches ont été menées durant six mois, et pendant ce laps de temps, plusieurs d'entre elles ont épousé des Américains qui, las de faire la cour à des femmes qui « avaient tout des hommes », ont retrouvé un modèle de féminité classique. Et ces mariages, tout au moins au cours des trois années nécessaires à ces nouvelles immigrantes pour obtenir un permis de travail aux États-Unis, fonctionnent bien.

Qu'en conclure ? Que ces mariages, que je qualifie de « biculturels », sont risqués, surtout si les deux partenaires ne connaissent pas les règles et les usages de la culture de l'autre. Je pense en particulier aux unions entre des femmes occidentales et des musulmans. Mais dans l'ensemble, j'ai plutôt l'impression que ces couples « biculturels » ont su prévenir certains changements sociaux. Notre société a aboli d'anciennes règles en accordant trop d'espace à l'individualisme, alors qu'au sein de ces mariages, on « pactise » beaucoup plus et, compte tenu de la nécessité de prendre en considération d'autres variables, d'autres pressions sociales et culturelles, on apprend à être moins égocentrique.

LES AMOURS GAYS

La coexistence entre partenaires du même sexe est elle aussi un nouveau mode de vie en couple. À vrai dire, les homosexuels, qui sont en général plus jaloux et plus volages, sont bien souvent des célibataires ayant un archipel affectif ; mais les couples stables aussi sont nombreux, surtout dans les pays où ils jouissent d'une reconnaissance légale (PACS). Je me souviens d'avoir participé, au cours de mes années d'enseignement à Montréal, au Canada, à des travaux sur l'amour homosexuel dont les conclusions avaient établi trois catégories de couple.

Le premier groupe constitue le modèle de couple homosexuel « historique », celui que l'on retrouve au théâtre ou au cinéma : je pense à *La Cage aux folles*, avec Ugo Tognazzi et Michel Serrault (et à son remake américain avec Gene Hackman et Robin Williams), ou à *Priscilla, folle du désert*, avec Terence Stamp dans le rôle d'une *drag queen* à rouge à lèvres transportant un masque primitif de l'*outback* australien[2]. Dans ce type d'union, plutôt traditionnelle, les rôles sont assez rigides : l'un des partenaires est plus « féminin », y compris dans sa façon de s'habiller ; il s'occupe de la maison, aime faire la cuisine, et a repris les anciens artifices de séduction négligés par les femmes...

Le deuxième groupe comprend les hommes qui vivent l'homosexualité d'une manière que je qualifierai de quasiment « réactionnaire », ou « militaire ». Parfois bisexuels, parfois seulement homosexuels, ils veulent contrôler un homme-objet, l'avoir à leurs ordres. Je me rappelle un chef d'orchestre auquel un jeune homme, ex-séminariste, vouait une véritable adoration. Il l'accompagnait partout ; en tournée, il lui servait de garçon, de secrétaire particulier, d'esclave... De son côté, « son » chef d'orchestre, « son » maître, le faisait souffrir et le rendait jaloux.

Le troisième groupe, celui qui me semble le plus nombreux aujourd'hui, est constitué de beaux garçons virils intéressés avant tout par leurs muscles. Ils dépensent des fortunes en parfums et soins esthétiques (ce sont eux qui ont lancé la mode du thorax épilé) et aiment tout ce qui est beau : les vêtements, le design, les voyages, l'aménagement intérieur. Pour ces couples, la nourriture compte souvent beaucoup : ils cuisinent avec plaisir, choisissent du bon vin et, surtout, vont au restaurant. Ils dépensent largement, cultivent de grandes passions esthétiques. Ils semblent dire aux hétérosexuels qu'ils sont trop « gris » et qu'il faut vivre – notamment quand on est jeune – avec plus de légèreté.

Et les femmes homosexuelles ? Leur cas me paraît plus problématique, parce qu'elles forment des couples « défensifs » (à l'égard de la vie, de la famille, de leurs collègues), qui ne vont pas de l'avant. Certaines – que j'appelle les « ni viande ni poisson » – n'ont pas trouvé leur identité psychosexuelle et restent dans les limbes de la préadolescence, devenant alors les victimes d'autres femmes qui, elles, ont clairement opté pour l'homosexualité.

Et puis, il y a des femmes qui « virent » à l'improviste, en général après 40 ans et quelque échec sentimental, parfois un mariage raté ; elles trouvent alors les hommes agressifs, ennuyeux ou malhonnêtes.

LES « FIVETTES »

La rupture du lien entre le sexe et la procréation a engendré le sexe sans conception (grâce à la pilule) et la conception sans sexe (grâce aux nouvelles formes de fécondation artificielle). Il s'est ainsi créé de nouvelles familles que nous pourrions appeler les « familles fivettes », dont les enfants ont vu le jour grâce aux techniques modernes de fécondation *in vitro*. J'en décrirai deux cas extrêmes que j'ai personnellement connus.

Léa et Robert sont mariés depuis dix ans. Il y a trois ans, elle a appris qu'elle avait une tumeur à un ovaire ; elle a été opérée et a suivi des traitements. Elle est maintenant en bonne santé et aimerait avoir un enfant, mais comment faire, puisque sa fertilité est compromise ? Léa et Robert se sont rendus dans une clinique américaine où le sperme de Robert a été uni à l'ovocyte donné par une autre femme ; puis l'embryon a été implanté dans l'« utérus de location » d'une Californienne. Les trois femmes se sont rencontrées... Robert a donc un enfant de trois femmes différentes.

Christine et Marina, toutes deux divorcées, sont lesbiennes. Christine a déjà deux enfants. C'est elle qui a demandé à « fournir » l'ovocyte qui devait être fécondé par le sperme d'un donneur anonyme, tandis que Marina devait porter le bébé. Elles ont déclaré au psychiatre qu'elles n'étaient absolument pas folles : elles voulaient un enfant « biologiquement à elles », comme n'importe quel couple. Le psychiatre s'est laissé convaincre, a donné son accord pour la fécondation artificielle, et maintenant, leur bébé est né.

Comme je le disais, ce sont là des cas extrêmes et qui ne peuvent, pour des raisons juridiques, se produire chez nous. Mais dans certains pays, ces nouvelles « familles fivettes » sont de plus en plus nombreuses, et bien souvent, les parents sont homosexuels. Je pense à Jodie Foster, qui vit avec sa compagne et a eu deux enfants par insémination artificielle. Ou à Melissa Etheridge, une rockstar américaine qui, lors d'une interview, a décrit la famille qu'elle forme avec les deux enfants qu'elle a eus de son ancienne compagne, Julie Cypher (qui avait quitté son mari pour Melissa), et sa nouvelle compagne, la comédienne de télévision Tammy Lee Michaels [3]. Et j'oubliais, il y a aussi un père, le chanteur David Crosby, star du country rock, qui a donné son sperme et rencontre de temps en temps les enfants. Des problèmes ? Selon Melissa, non : les enfants, dit-elle, fréquentent une école très progressiste de Californie du Sud dans laquelle leurs camarades sont tous d'origine et de milieu différents ; certains ont une seule mère, d'autres deux, ou encore deux pères, ou deux familles séparées. Curieusement, le journaliste qui l'a interrogée, J. T. Leroy, a lui aussi créé une famille d'un nouveau type : il s'agit d'un tout jeune écrivain transgressif américain, probablement homosexuel, sans nul doute bourré de problèmes et qui, dans le passé, a souffert d'angoisses et s'est adonné à la drogue. Dans ses livres, très « hard », il a raconté son enfance avec une mère prostituée (qui le prostituait également). Maintenant, dit-il, il a lui aussi une famille non traditionnelle : il vit avec une amie, Tammy, et avec Thor, le fils que celle-ci a eu de son ancien compagnon.

Toutes ces nouvelles familles posent des problèmes éthiques, juridiques et psychologiques auxquels nous n'avions pas pensé. La loi se doit de tenir compte de ces variables, et pas seulement de la demande légitime d'avoir des enfants, si la science le permet.

CHAPITRE IX

Le sexe au sein du couple qui dure

Le couple est une zone à risque en matière de désir sexuel. Monotonie, conflits, infidélité, stress résultant des problèmes quotidiens, manque de tendresse, peur de l'intimité, naissances d'enfants... : la liste des obstacles potentiels est si longue que l'on pourrait presque s'étonner qu'il existe des couples pour lesquels sexualité rime avec plaisir !

Pour comprendre comment fonctionne le désir dans un couple et, donc, aussi celui des individus qui le composent, il faut remonter en arrière, à l'enfance. C'est là que naît le désir. En effet, dès sa naissance, le nouveau-né a des besoins à combler, qu'il s'agisse de téter, de sommeil ou d'affection et, pour le contenter, il faut répondre à ses exigences, une à une, en imposant un minimum d'ordre et de discipline. Quand l'enfant grandit, ses exigences deviennent plus complexes, et sa curiosité le pousse à explorer plus avant le monde et lui-même. C'est alors qu'avec l'aide de ses parents, il apprend que certains désirs peuvent être satisfaits alors que d'autres doivent être différés et que d'autres encore resteront inassouvis.

Ainsi, ce sont les modèles familiaux qui jettent les fondements du désir de vivre et du désir érotique. Ainsi, il y a des familles rigides, que je qualifierai de « talibanes », pour lesquelles l'ennemi n'est même pas le sexe, mais le désir lui-même. Dans d'autres, les parents s'efforcent de bloquer le désir du corps, alors qu'ils laissent libre cours à celui que procurent les activités intellectuelles.

La gestion du désir n'est d'ailleurs pas le seul problème du couple au fil des ans. Il y a aussi l'ennui, car un nombre croissant de personnes pense qu'une relation sentimentale est surtout une source de tracas. La peur d'aimer se double de bien d'autres peurs et, avant tout, de celle d'être trop généreux dans les émotions partagées et de se retrouver ensuite seul et « vide », ou encore de devoir mendier de l'affection sans retour. Et puis, il y a l'angoisse de l'intimité : dans l'amour, il faut dévoiler des parties secrètes de son corps et de son caractère que nous cachons lorsque nous sommes habillés et en position debout... Enfin, il y a la peur de choisir : nombreux sont ceux qui, confus et perdus dans le « supermarché » qu'est devenu le sexe, hésitent parce que se décider signifierait renoncer à d'autres occasions.

Alors, comment ne pas perdre le désir, surtout au sein d'un couple établi, d'un couple stable dont les partenaires se retrouvent chaque soir dans le même lit ? L'aphrodisiaque le plus puissant se trouve entre nos deux oreilles et pour qu'il soit efficace, il faut que le centre des peurs, qui se trouve, lui aussi, dans notre cerveau, près des centres sexuels, ne prenne pas le dessus. La peur n'est utile dans aucune circonstance de la vie (contrairement à la prudence), et surtout pas dans les relations sexuelles et le couple.

QUAND LA PASSION EST UN OCÉAN DÉCHAÎNÉ

Comment évaluons-nous vraiment la passion ? Est-elle positive ou négative ? Et quelle est son importance dans la construction d'un couple qui dure ?

Certains voient la passion comme une composante révolutionnaire capable de mobiliser les énergies en amour comme en politique. Un auteur de fictions télévisées me disait ainsi récemment que seule la passion donne un sens à la vie, alors que l'intimité, qui manque de rythme, n'a pas sa place à la télévision. C'est pourquoi, selon lui, seuls les disputes, les histoires d'amour et les coups de théâtre peuvent faire naître de l'intérêt pour une île déserte ou un loft... Ce sont des moyens privilégiés pour attirer les spectateurs. Peut-être est-ce vrai en ce qui concerne l'audimat, mais dans la vraie vie de tous les jours ?

Évidemment, la passion a des aspects positifs ; par exemple elle pousse à la prise de risque qui est l'amphétamine naturelle de la vie. Plus la passion est grandiose et plus elle fait rêver, parce qu'elle nous incite à dépasser nos limites et nous révèle à nous-mêmes. D'ailleurs, notre société nous pousse à vivre des passions positives dans le sport, la compétition et la conquête de nouveaux territoires (les expéditions aux pôles, les traversées de l'océan ou du désert). Elle nous veut audacieux « à l'extérieur » mais aussi « au-dedans », à l'intérieur du couple, et nous pousse à vivre de façon plus aventureuse et plus téméraire, y compris dans le domaine du sexe et des émotions. Pourtant, est-il vraiment possible de maintenir un haut niveau de passion au sein du couple ? Est-il possible qu'une relation soit, pour ainsi dire, toujours « à haute tension » ? Je l'ai dit dans un de mes autres livres [1], le couple romantique est en train de disparaître au profit du couple sensoriel, qui a besoin – pour ne pas s'ennuyer – de sensations fortes. Mais attention au piège : ces couples finissent souvent par se séparer brutalement, parce qu'ils n'ont pas de projets dans le temps, seulement un besoin de vivre intensément.

Alors quelle est la solution ? Selon moi, le secret consiste à aimer son partenaire et à transférer la passion dans d'autres domaines de sa vie : l'art, la politique, le cinéma, la musique, le sport, la nature... Dans autre chose, mais pas dans quelqu'un d'autre, bien entendu ; sans quoi, le couple est mis en danger. Oui, donc, à la passion, mais à l'extérieur, et non à l'intérieur, et en s'efforçant de choisir des passions compatibles avec le lien conjugal.

Quand on parle de passion, on utilise toujours quelque métaphore empruntée à la nature : une passion nous emporte comme une vague, nous brûle comme le feu, nous frappe comme un éclair... C'est peut-être pour cette raison que j'ai été particulièrement intéressé par l'histoire de cette femme qui a vécu au contact de la nature : la navigatrice France Guillain.

À 23 ans, France tombe amoureuse. Elle accepte tous les désirs de son partenaire et, alors que leur fille n'a pas encore 20 jours, ils partent faire le tour du monde [2]. Mais quand la routine commence à s'installer dans leur vie en mer, la passion vire au cauchemar. Parce que, raconte la navigatrice, l'homme dont elle était amoureuse n'avait pas l'intention de lever le petit doigt, il n'assumait aucune responsabilité, ne changeait en rien. Il se contentait de lui faire l'amour. Et quand quelque chose ne lui plaisait pas, il la frappait. Au bout de dix ans, France est partie, mais sans regrets. Comme elle le dit, « en amour comme en mer, le calme plat rassure, mais on n'avance pas. Quand l'océan est déchaîné, on craint pour sa vie, mais ses forces en sont décuplées ». Espérons que France, qui est une navigatrice expérimentée, a pu trouver de temps à autre le bon vent pour faire avancer son bateau, entre le calme plat et la tempête. Telles sont les eaux dans lesquelles le couple peut avancer. Il vaut mieux faire, en effet, le deuil de l'amour absolu, renoncer à l'idée de vivre dans un océan toujours démonté, et notre corps sait nous suivre dans cette voie : ce n'est pas un hasard si, quand le coup de foudre se transforme en projet de vie, la biochimie de la passion change elle aussi (le cortisol diminue).

Mais quand la passion reste en dehors du couple, quand le sexe (érotique, transgressif) ou le cœur (le sentiment amoureux) demeure « à l'extérieur », que se passe-t-il donc ? Voici trois histoires qui l'illustrent d'une façon ou d'une autre.

Marc a 48 ans et adore sa femme Joëlle, une femme séduisante et séductrice, qui lui est extrêmement utile au travail (ils tiennent un restaurant ensemble) parce qu'elle « envoûte » les clients. Élégante, raffinée, elle lui est très fidèle et ne l'a jamais trompé. De son côté, Marc éprouve pour sa femme un amour « pur », mais il est attiré par des femmes qui sont exactement son contraire : celles qui ne s'habillent pas, mais se déshabillent, qui exhibent leur nombril même si elles n'ont plus 20 ans, qui ont les seins refaits et un maquillage outrancier. Des femmes qui affichent leur disponibilité avec une certaine vulgarité et qui dissocient le sexe du cœur. Marc les recherche et les courtise ; avec elles, il s'accorde des aventures exclusivement sexuelles, ardentes et transgressives. Et Joëlle ? Elle a des doutes, mais tolère. Jusqu'à quand ?

Sans vouloir être moralisateur, je me demande pourquoi Marc s'investit avec tant de passion dans des aventures sans importance, alors qu'il pourrait – avec davantage de succès – canaliser toute cette énergie vitale dans d'autres domaines. Préparer des plats plus originaux, plus savoureux, expérimenter de nouvelles épices, tout cela ne serait-il pas plus excitant que la énième aventure consommée à la va-vite dans un hôtel, avec une femme dont il ne se rappelle même plus le nom le lendemain ?

Lætitia, elle, n'a pas mis le sexe en dehors de son couple, mais les sentiments. C'est une belle femme, et elle le sait. Elle a beaucoup aimé, jusqu'à ses 36 ans, puis elle a décidé que le moment était venu de se ranger et a épousé un industriel cinquantenaire qui la courtisait sans grand espoir. Elle désirait une famille et, après quelques mois, elle s'est trouvée enceinte. Pourtant, maintenant, elle vient me demander conseil. Un ancien petit ami a refait surface, et elle se sent fortement attirée par lui, alors même qu'elle est mariée et qu'elle attend un enfant.

J'ai essayé de lui faire comprendre la différence entre la passion et l'obsession : la passion est un sentiment qui implique la personne sans l'emporter, alors que l'obsession est une dépendance à l'autre. Nous avons vu, ensemble, que sa passion résidait dans son nouveau lien familial, alors que son ancien amant représentait l'obsession d'être toujours désirée. Comme quand, à 18 ans, en marchant sur la plage, elle faisait tourner la tête à tous les hommes. Lorsque Lætitia a compris que ses battements de cœur pour son ex était une façon de se sentir de nouveau adolescente, éternellement jeune et sexy, elle a cessé de répondre à ses coups de téléphone.

Claudia, qui approche de la quarantaine et est mariée, ne m'écrit pas pour me raconter une crise conjugale, mais parce qu'elle a des problèmes avec son amant. La première fois qu'ils se sont rencontrés pour faire l'amour, il n'a pas réussi à avoir une érection ; sans doute s'agit-il d'un homme timide, qui manque d'agressivité virile. Mais au lieu de lui laisser la responsabilité de cet échec, Claudia, qui ne s'estime guère, s'est dit qu'elle n'était pas assez désirable et sexy. Les choses se sont ensuite améliorées, au moins pendant quelques mois. Jusqu'au jour où Claudia a exprimé un de ses désirs secrets : celui d'être prise avec force. Ce fantasme érotique, assez courant, s'est révélé impossible à réaliser avec cet homme, tant il était incompatible avec sa personnalité. Ils ont essayé, mais dès que – à la demande de Claudia – il lui a donné une gifle, il s'est bloqué, confus et hébété.

Je me demande s'il ne serait pas mieux que Claudia réalise ses fantasmes avec son mari, avec lequel elle semble entretenir une bonne relation, même si celle-ci paraît s'étioler. D'autant qu'elle ne veut absolument pas mettre son mariage en danger, elle veut seulement davantage de passion dans sa vie. Peut-être ne doit-elle pas la chercher en dehors de son lien conjugal, là encore, sans vouloir faire de morale. Je crois juste comprendre que l'objectif le plus important pour cette femme est son mariage. Et, dans bien des cas, il est plus facile de quitter son amant que son mari...

« COUVRE-TOI, MA CHÉRIE » : DÉFENDRE LE DÉSIR

Les jeunes filles potiches des émissions de télévision et les pom-pom girls sont-elles vraiment sexy ? Apparemment non. Il semble même, d'après un récent sondage, qu'en tête des fantasmes érotiques des hommes, viennent les présentatrices du journal télévisé et non les professionnelles de l'érotisme sur le petit écran. Au début, une telle conclusion m'a laissé perplexe, mais j'ai bien dû l'accepter par la suite. Notamment parce que sur mon site (www.willypasini.it) j'ai reçu plusieurs courriels d'hommes, pour la plupart quadragénaires, qui me disaient que l'exhibition de la nudité produisait chez eux une baisse du désir et, en tout cas, n'était pas si excitante que cela.

Pourquoi la journaliste du JT l'est-elle donc plus ? Sans doute à cause du contraste entre l'austérité de son bureau, ses feuilles posées devant elle, son stylo, ses gestes décidés, et sa féminité sous-jacente. C'est cela qui alimente les fantasmes érotiques masculins, bien plus qu'une cuisse exhibée tous les jours pendant douze heures d'affilée. Le désir se nourrit de clins d'œil et d'allusion plus que d'ostentation, car, de cette façon, le niveau d'intérêt et de curiosité s'élève.

L'étymologie du terme « désir » (qui vient du latin *de*, sans, et *sidera*, les astres) renvoie d'ailleurs à la légende d'un aruspice qui, les nuits où le ciel était couvert de nuages (et donc « sans astres »), ne pouvait plus exercer son art divinatoire. Il attendait donc avec ardeur le moment où les nuages s'écarteraient et où les étoiles brilleraient de nouveau, lui permettant de continuer à « lire » ses prophéties dans le ciel. Ce même mécanisme est à la base du désir en général, et pas seulement du désir érotique.

Dans notre société occidentale, où la satisfaction est toujours possible et presque toujours immédiate, le désir n'a plus de rythmes et d'espaces ; surtout, il perd de sa fonction. Nous avons faim ? Il y a le fast-food en bas ; mieux encore, il suffit d'ouvrir un sachet de surgelés, et en trois minutes, nous avons un plat de tagliatelles à la carbonara. Envie de sexe ? Et voilà des femmes à demi-nues : il suffit de zapper avec sa télécommande ou de cliquer sur les sites porno d'Internet. Nous vivons dans l'illusion de pouvoir obtenir aussi tout le reste de cette façon, vite et sans effort. Mais, alors, où est passé le désir comme incitation à conquérir ?

La situation est d'autant plus compliquée que le désir masculin est en crise. Cet été, sur la plage, des jeunes filles quasiment nues me disaient que les hommes ne les regardaient pas, qu'ils préféraient jouer au baby-foot avec leurs amis ou aller faire un tour en bateau ; du coup, elles se déshabillaient encore plus. Il est vrai que l'homme, éternel narcissique, a besoin de conquérir sa proie, comme le faisaient nos ancêtres. Si c'est la proie qui veut le conquérir, avant qu'il ne se soit décidé, il raye la chasse sentimentale de ses priorités. Suffira-t-il que les femmes se couvrent, à la plage et à la maison, pour qu'il y revienne ? Suffira-t-il qu'elles arborent un décolleté moins profond ?

Ce qui est certain, et je le dis en tant qu'homme, c'est que le règne du nu n'aide pas à entretenir le désir, ni à l'extérieur ni à l'intérieur du couple.

« CHÉRI, CETTE FOIS-CI, C'EST TOI QUI CHANGES »

On a toujours pensé que le désir sexuel était l'apanage des hommes, et c'étaient surtout eux qui se plaignaient du manque d'enthousiasme de leurs compagnes. Aujourd'hui, j'ai l'impression d'assister à un renversement de tendance. La femme veut une sexualité nouvelle, qui prenne des formes différentes, alors que l'homme semble avoir envie de se réfugier dans la rassurante routine conjugale.

François, par exemple, dit qu'il a beaucoup de problèmes dans son travail et que, quand il rentre chez lui, il n'a pas envie d'expérimenter de nouvelles formes d'érotisme. Pour lui, sa maison est un refuge où il peut se laisser aller, enlever ses chaussures, regarder le journal télévisé et, s'il n'y a vraiment rien à regarder à la télévision, faire l'amour. Après treize ans de mariage, il est encore attiré physiquement par sa femme, mais à condition que leurs rapports aient lieu quand il en a envie et selon une routine immuable.

Pour leurs amis, François et Roselyne sont un couple heureux, avec deux enfants et une belle maison. Mais Roselyne n'est pas satisfaite, et, après en avoir parlé avec des amies, elle a décidé de s'adresser à moi : elle voudrait qu'au lit, il y ait un peu de variété. Je crois qu'elle a simplement besoin de davantage d'attentions. Bref, elle désire être séduite de nouveau par son mari.

Qui plus est, Roselyne a compris qu'avec les années, sa sexualité avait changé et que son corps avait de nouveaux besoins. Mais elle n'a pas le courage d'en parler à François et n'ose pas apporter de modifications à leur routine. Il est jaloux, et elle craint d'être accusée – si elle introduisait quelque nouveauté ou risquait quelque demande – d'avoir couché avec un autre. Le problème est donc du côté de François, et pas seulement parce que c'est un « pantou-flard du sexe ». Cet homme a une sexualité égoïste et répé-titive ; il demande à sa partenaire d'être toujours la même, comme s'il avait besoin de se réfugier dans une stabilité rassurante, laquelle n'est cependant garantie que dans le cadre d'une relation mère-enfant. Et cette attitude est un obstacle à la pleine expression de l'amour physique.

L'histoire de François et Roselyne nous rappelle qu'au sein du couple à longue durée, le désir doit sans cesse évoluer entre Charybde et Scylla, entre le couple ouvert, qui ne tient pas justement parce qu'il est ouvert, et le couple fermé, qui ne tient pas non plus parce qu'il engendre l'ennui. Donc, soit on apprend à contrôler sa jalousie possessive, soit on met en œuvre une séduction intraconjugale, comme le voudrait Roselyne, à l'inverse de François.

Mais il n'y a pas que des maris paresseux et pantou-flards ; il y a aussi des femmes qui ont appris à être mères, épouses, mais pas amantes... de leurs propres maris. Dans d'autres cultures que la nôtre, en revanche, l'art de la « séduction conjugale » se transmet de génération en géné-ration ; comme en Inde, où les femmes préservent les secrets d'une féminité sensuelle.

Sophie, 45 ans, a vécu dans une famille très sévère, qui lui a imposé beaucoup de limites, mais l'a peu stimulée quant à son avenir. Nombreux sont les parents qui « oublient » d'encourager leurs enfants, de leur ouvrir des horizons, de leur proposer le modèle d'une vie qui mérite d'être vécue. Ils se contentent de les protéger. Après une adolescence plutôt grise, Sophie a court-circuité le rôle de femme, passant directement à celui de mère : elle s'est retrouvée enceinte durant sa lune de miel. Elle s'est alors consacrée aux biberons et aux bouillies, plutôt qu'aux repas en tête à tête et à la lingerie sexy. Un premier enfant, puis un second... Tout de suite après, ses parents sont tombés malades, et elle a dû s'en occuper. Et maintenant, à 45 ans, elle se demande si elle a eu une vie. Elle envie les femmes de son âge qui parlent de voyages, d'aller voir une exposition le dimanche ou de sortir pour tester un nouveau restaurant. Elle, elle a toujours donné la priorité au devoir sur le plaisir, respectant le scénario familial qui avait été « conçu » pour elle. Et sa question implicite est simple : est-il trop tard pour changer ? Est-il trop tard pour trouver ce plaisir qui lui a été refusé ?

Selon moi, il est encore possible de changer. Dans deux directions : en se créant un espace indépendant de sa famille (elle peut par exemple s'inscrire à un cours de yoga, ou de jardinage, chercher de nouvelles amies, s'ouvrir à de nouveaux intérêts), mais aussi en parlant avec son mari, en engageant avec lui une saine et franche discussion en vue de redéfinir leurs rôles au sein de leur couple. Et en retrouvant, si c'est possible, le plaisir d'être une femme, d'être courtisée et aimée comme telle, plaisir qu'elle n'a jamais connu.

Raphaëlle, 39 ans, a, elle, découvert depuis peu que son mari, Frédéric, la trompait, et se demande pourquoi. Elle affirme qu'elle a toujours été une compagne parfaite : elle s'occupe de la maison, repasse et nettoie sans aucune aide extérieure, organise les repas de travail pour son mari, va chercher les enfants à l'école et les accompagne à leurs leçons de natation et d'anglais ; c'est aussi elle qui maintient le contact avec les parents et les amis, etc. Pour le reste, elle aime son mari mais dit qu'elle n'éprouve simplement plus aucun désir. Et malheureusement, au lieu de parler pour tirer les choses au clair, Frédéric a cherché ailleurs le « sexe nié ».

L'ego de l'homme est beaucoup plus fragile que celui de la femme. Beaucoup ont besoin de s'entendre répéter qu'on les apprécie, en tant que pères et que maris. Si

Raphaëlle se sentait incomprise, Frédéric, lui, se sentait négligé, et leur conflit de couple a longtemps couvé sous la cendre. Puis il a explosé, et ce mari a cherché une « solution » en dehors de leur couple, en ayant une aventure.

Que faire ? Frédéric devrait mettre un terme à ses élans « centrifuges » et Raphaëlle, de son côté, nourrir l'estime de soi de son époux. Elle dit l'aimer. Qu'elle laisse alors ce sentiment s'exprimer librement, se diffuser dans leur relation. Enfin, Raphaëlle affirme avoir toujours fait son devoir ; mais ce qu'elle considérait comme prioritaire (le ménage, l'entretien de la maison) n'était peut-être pas aussi important pour lui. Et si, à la place d'une domestique modèle, son mari avait préféré une maîtresse ? Parfois, il vaut mieux une maison un peu moins bien rangée, et une compagne plus décontractée et plus souriante. Au lieu de repasser et de se plaindre, Raphaëlle aurait pu lui demander tout de suite de collaborer... Espérons, en tout cas, que cette crise permettra aux deux époux de parler avec plus de sincérité des sentiments qui les unissent.

LES FEMMES QUI FUIENT LE DÉSIR

Il arrive que l'évolution du désir soit liée à la résurgence du passé. C'est ce qui arrive à Julie, 35 ans. Cadre dans une entreprise, elle est mariée depuis douze ans et a un fils. Elle vient consulter parce qu'elle voudrait avoir un deuxième enfant. Le problème est qu'elle n'a pratiquement jamais envie de faire l'amour. Elle se dérobe, trouve toujours un prétexte et n'accepte qu'une fois par mois son « devoir conjugal ». Or avec un tel pourcentage de rapports sexuels, les chances de tomber enceinte sont plutôt faibles...

Julie n'a jamais été aussi « apathique » en amour. À 23 ans, quand elle s'est mariée, elle avait du désir, mais il a peu à peu chuté au fur et à mesure que des souvenirs du passé remontaient à la surface. Ses parents, qui n'étaient pas particulièrement affectueux ou chaleureux avec leur fille, ont divorcé quand elle avait 10 ans. Elle est restée avec sa mère, qui s'est ensuite remariée avec un photographe qui aimait spécialement faire des « nus artistiques » ; il a même photographié Julie, autour de ses 16 ans, avec l'autorisation de sa mère. Chez elle, il y avait peu de limites, ajoute-t-elle.

Quoi qu'il en soit, le problème de Julie est que sa sexualité infantile a été empoisonnée et qu'elle influence maintenant son désir d'adulte. Que lui arrive-t-il, en effet, maintenant qu'elle est une femme ? Si son mari la caresse et prend l'initiative, son corps s'anime et atteint facilement l'orgasme, mais elle ne fait jamais le premier pas : son désir est comme inhibé. Comme si « avoir du désir » était quelque chose d'anormal. Comme si Julie avait dans sa relation conjugale la même réaction qu'avec son beau-père : il n'est pas naturel d'éprouver du désir.

Sandra, elle, n'a pas peur du désir, mais du plaisir. Un jour, ayant éprouvé une excitation plus forte que d'habitude avec son mari, elle a cru qu'elle allait s'évanouir, et depuis, elle contrôle excessivement sa sexualité. Elle voudrait connaître quelques « trucs » pour améliorer sa vie érotique. Quoique je doute que ce soit le type d'intervention qui lui convienne, je lui conseille un livre sur l'orgasme féminin. Sandra revient en disant que rien n'a changé et me demande à nouveau de l'aide pour stimuler son imagination. Je lui conseille alors quelques cassettes vidéo qui enseignent l'art des massages érotiques et des séances d'hypnose afin de réduire la vigilance qui bloque actuellement sa réaction sexuelle.

Sandra revient une troisième fois en se déclarant très intéressée par l'exploration du corps comme voie d'accès à la sexualité, notamment parce qu'elle a du mal à contrôler son poids (elle a atteint quatre-vingts kilos). Elle a tenté sans succès de suivre différents régimes, en fréquentant notamment des groupes Weight Watchers. Il semble que son surpoids lui serve de cuirasse contre des stimulations excessives. Ses kilos en trop la protègent tant du risque d'être trop désirable que d'une éventuelle déflagration interne.

Sandra ressemble à un volcan recouvert d'une épaisse couche de lave. Quand je lui demande pourquoi le plaisir l'effraie autant, elle répond : « J'ai peur que, si je me laisse aller, mon corps n'explose. » Elle revient une dernière fois pour choisir la thérapie adéquate et ses problèmes psychologiques sous-jacents émergent alors. Elle manque d'estime de soi et a du mal à accepter d'éprouver du plaisir. Deux croyances semblent particulièrement liées à sa difficulté à s'abandonner :

1. *Le plaisir est coupable.* Sandra a toujours eu un sens aigu du devoir et a grandi convaincue que la souffrance renforçait le caractère et que le plaisir n'était qu'un bonus, une fois qu'on s'était donné à fond. En tant que médecin, au contact quotidien de malades du cancer ou du sida, je ne suis évidemment pas du tout d'accord : les aspects dévastateurs de la maladie et de la souffrance me font dire que la douleur n'est pas créative, mais déstructurante. À l'inverse, dans sa dimension physiologique, le plaisir est essentiel. Il suffit d'observer comment un enfant se calme quand sa mère le prend dans ses bras, ou quand il tète… Et pensons aux petits plaisirs de la vie : combien de fois le bien-être apporté par une tablette de chocolat ou un achat sans nécessité nous a-t-il permis de surmonter un moment difficile ?

2. *Le plaisir fait perdre le contrôle de soi.* S'abandonner au plaisir implique de savoir lâcher prise sans se perdre pour autant. Ce n'est pas pour rien que certains ont besoin du rythme de la musique afro-cubaine ou de l'effet désinhibiteur de l'alcool pour se laisser aller. Mais pour des personnes comme Sandra, la recherche du plaisir

se heurte à la difficulté de s'abandonner, qui implique le risque de « voler en éclats ». Ce n'est pas un hasard si l'orgasme est aussi appelé « petite mort » ; il faut être assez sûr de soi pour comprendre qu'après la mort vient la « résurrection ».

Enfin, Sandra souffre d'un manque d'estime de soi qui la pousse à se trouver indigne d'être séduisante. C'est pourquoi elle met en œuvre son mécanisme de sabotage : grossir. Au fil des séances de thérapie, sa demande initiale d'atteindre l'orgasme s'est donc transformée en un projet psychologique visant à éviter les mécanismes de sabotage qui non seulement nuisent à son bonheur sexuel, mais influencent aussi son bien-être corporel et son image d'elle-même.

CHAPITRE X

Les couples érotiquement sinistrés

Qui sont les sinistrés du sexe ? Je pense aux femmes victimes du dysfonctionnement sexuel de leur partenaire (éjaculation précoce ou problèmes d'érection) ou de ses habitudes (libido nulle ou excessive, préférence pour des comportements hors norme, etc.). Mais je pense aussi aux hommes dont les femmes sont la cause de leur impuissance.

CÔTÉ FEMME, CÔTÉ HOMME

Parmi les femmes qui ne font pas que du bien à leurs compagnons, on peut distinguer trois types : les épouses-mères, les castratrices et les indiscrètes.

1. Les *épouses-mères* sont des femmes très préoccupées par la santé de leur mari qui ne cherchent absolument pas à être plus attirantes à la maison et à mettre au point une séduction intraconjugale.

2. Les *castratrices* sont extrêmement critiques à l'égard du comportement de leur mari : elles trouvent à redire à son travail, à ce qu'il fait ou ne fait pas à la maison (il ne met jamais la table, ne s'occupe pas des enfants...), et ne lui épargnent même pas les remarques d'ordre sexuel, allant jusqu'à faire des comparaisons avec leurs ex plus vigoureux ou plus imaginatifs.

3. Et puis, il y a les *indiscrètes*, qui racontent tout à leurs parents et à leurs amies. C'est le cas, par exemple, d'Éléonore, qui a 40 ans. Son mari Antoine, qui en a 47, a connu, récemment, des problèmes d'érection et s'est fait prescrire un médicament. Éléonore raconte à sa meilleure amie que son mari prend ce produit le vendredi, de telle sorte qu'ils puissent s'accorder un week-end de sexe, considérant que ce « tuteur d'érection » couvre un laps de temps de trente-six heures. En effet, Antoine, qui est un homme timide et stressé, a demandé de l'aide à son médecin traitant qui, au lieu de lui prescrire, comme on le fait fréquemment, un anxiolytique, lui a donné un médicament destiné à favoriser sa « lévitation ». Mais le fait qu'une autre personne soit au courant en annulait l'effet psychologique bénéfique (mais pas l'effet physiologique).

Cela nous enseigne qu'en matière sexuelle, la pudeur doit toujours être préservée, non pas tant au sein du couple qu'en direction de l'extérieur. C'est en particulier pour cette raison que contrairement aux singes, nous ne faisons pas l'amour en public. La porte de la chambre conjugale devrait toujours comporter le signe « ne pas déranger ».

Il est également important de bien souligner la différence entre le *sexe hygiénique* et le *sexe érotique*. En effet, après dix, vingt ou trente ans, de nombreux couples font encore l'amour assez souvent et de façon satisfaisante. Certains le font pour dormir (je ne plaisante pas, c'est un excellent somnifère !), pour oublier les mauvais moments au travail, parce que c'est bien pour l'arthrose, parce qu'il est bon d'avoir une vie sexuelle régulière... Le problème est que beaucoup d'entre eux ont oublié le sexe érotique et ne font plus l'amour que par hygiène, comme on va faire de la gym ou du jogging. Et en général, ces gens viennent consulter parce qu'ils ont des « fantasmes centrifuges » de fugue ou d'éloignement de leur couple.

Prenons le cas de Laure, qui a 38 ans. Du point de vue sexuel, avec son compagnon, tout va bien... Sauf que depuis un mois, elle est tentée de le tromper. En effet, un collègue lui a confié qu'un ami à lui avait émis plusieurs compliments à son sujet, à l'occasion d'un repas, et lui avait demandé s'il pouvait avoir son numéro de portable. Il s'agit d'un homme marié, qui ne l'a même pas beaucoup frappée physiquement, mais la seule pensée de coucher avec lui l'excite. Or c'est là un frisson qu'elle n'éprouve plus depuis un bon moment avec son partenaire... Laure continue d'y penser et se demande que faire. Je pense que ce n'est pas le sexe qui l'excite, mais le jeu de la séduction, et peut-être l'idée de transgression. En effet, l'Éros se nourrit de ces fantasmes, même si la morale limite la sexualité à son cadre légitime (c'est-à-dire au partenaire officiel). D'ailleurs, toutes les enquêtes sur ce sujet confondent sexe hygiénique le sexe érotique. Pour ma part, je dirai malheureusement qu'après dix ans de vie commune, un maximum de 20 % des couples ont des rapports érotiques, quoiqu'ils continuent d'avoir des rapports réguliers.

Mais il y a aussi des couples qui sont mis à mal par une différence de désir. Autrefois, c'était l'homme qui se plaignait de sa femme et de ses « maux de tête » du soir ; aujourd'hui, le nombre des femmes insatisfaites ne cesse d'augmenter.

Ainsi, Véronique, 35 ans, raconte : « Cela fait deux ans que je vis avec un homme dont je suis très amoureuse. Au début, nous faisions l'amour à un rythme plus ou moins normal, mais j'ai toujours eu l'impression qu'il manquait un peu de motivation. Cela a duré ainsi pendant six mois. Puis, tout à coup, nous avons vécu deux mois de passion incroyable, d'une grande intensité érotique. Mais maintenant, cela fait six mois que nous faisons l'amour tous les quinze ou vingt jours, et je ne le trouve pas très enthousiaste.

« Pourquoi cela ? Selon lui, c'est parce que avant de me rencontrer, il a vécu une longue période (trois ans, après son divorce) de sexe occasionnel, des aventures qui duraient une ou deux nuits, des parties de jambes en l'air sans lendemain. Il prétend traverser une phase existentielle au cours de laquelle le sexe n'occupe pas une grande place ; c'est comme s'il le refusait. Il me dit que cela n'a rien à voir avec moi et qu'il me trouve très attirante. Je ne pense pas qu'il ait quelqu'un d'autre parce que, à vrai dire, il est constamment en train de me rechercher. Il est très doux et extrêmement affectueux, dort toutes les nuits les bras autour de moi, mais il n'a pas envie de faire l'amour. J'ai très mal réagi. Je me suis sentie refusée, à la fois en tant que compagne et que femme, peu désirée, peu séduisante, et je le lui ai dit. Il s'est montré très offensé, disant que je fais une montagne d'un rien, qu'il ne faut pas exagérer et que cela se réglera avec le temps. Je l'aime et je sens que c'est l'homme qu'il me faut. Mais en même temps, à mon âge, dois-je renoncer à la sexualité ? »

Il est intéressant de voir que les femmes jeunes ont intériorisé le droit de désirer, autrefois réservé aux hommes. Et elles ne veulent pas renoncer à ce droit – au plaisir, à l'intimité, au sentiment d'être aimées. Peut-on leur donner tort ? Je dirai que non. À 30 ou 40 ans, il est un peu difficile d'accepter une semi-chasteté forcée. Mais quoique je pense que leurs compagnons pourraient faire quelques efforts, je pense que c'est aussi à elles de les aider : de les aider à comprendre comment leur sexualité s'est enrayée, comme l'affirme le mari de Véronique, ou s'il s'agit d'une façon de la vivre autrement.

Le sexe peut cependant aussi fragiliser le couple quand un des partenaires réclame des variations sexuelles, des « expérimentations » que l'autre juge inacceptables ou en tout cas trop transgressives. C'est ce qui arrive à Marie-Annick, qui vit en province, a 42 ans et une vie de famille qu'elle a toujours trouvée heureuse. Un soir, quasiment par jeu, son mari et elle ont regardé, avec un couple d'amis, un film porno qui comportait des scènes de sexe anal. Les deux hommes ont été enthousiasmés par cette idée, mais alors que l'autre couple a, paraît-il, fait l'essai – et apprécié la chose –, Marie-Annick s'y refuse absolument. Son mari insiste et plusieurs fois, dit-elle, il a même essayé de la prendre « par surprise ». Elle m'écrit donc pour me demander conseil.

La réponse n'est pas facile. Il n'existe guère de statistiques sur la sexualité anale et sa fréquence. Je peux citer les recherches du professeur Robert Porto, président de la Fédération européenne de sexologie, d'après lesquelles elle serait pratiquée par 30 % des couples. Abstraction faite des pourcentages, je crois de toute façon qu'un certain « psycho-mode d'emploi » est nécessaire dans ce domaine.

Au cours des siècles, les rapports anaux ont aussi été pratiqués comme méthode contraceptive ; de nos jours, ils sont devenus une « variante » du sexe quotidien, de même que les rapports oraux. L'important est que les deux partenaires soient d'accord et qu'ils ne représentent pas, pour la femme, une contrainte ou une obligation. L'homme éprouve des sensations différentes de celles que lui procure la pénétration vaginale, et c'est cela qui l'attire ; en outre, certains ont le sentiment d'exercer ainsi une domination sur la femme... Enfin, pour aborder le sexe anal, il faut avant tout savoir s'y prendre et avoir une bonne intimité avec son partenaire. En effet, il faut prendre quelques précautions pour que le rapport ne soit pas douloureux et apporte aussi du plaisir à la femme. Au fond, donc, les réserves que Marie-Annick émet au sujet du sexe anal, elle les aurait émises, il y a vingt ans, à propos des rapports oraux.

Il peut aussi arriver que l'intimité érotique soit perturbée par des mots, par le récit – non sollicité – d'expériences passées. Voici ce que nous en dit Michel, 31 ans : « Quand Sarah et moi avons commencé à sortir ensemble, je savais bien entendu qu'elle n'était pas vierge. Les problèmes ont commencé lorsqu'elle s'est mise à me raconter, avec beaucoup de naturel, ses expériences sexuelles antérieures, me transformant en confesseur malgré moi... Jusqu'au jour où la classique goutte d'eau a fait déborder le vase. Nous nous embrassions, alors que nous étions en vacances, et j'ai sorti un préservatif. À ce moment-là, elle a fait une remarque pour le moins mal venue ; elle m'a regardé dans les yeux et m'a dit : "C'est super, que tu le mettes tout seul, parce que c'est toujours moi qui ai dû le faire." Eh bien, ça m'a coupé toute envie. Par la suite, nous en avons parlé, et elle s'est excusée de cette sortie peu opportune... qui n'a cependant pas été la seule. Toujours en vacances, Sarah m'a demandé, un jour : "Qu'est-ce que tu aimerais essayer, au lit ?" Un peu embarrassé, je lui ai fait comprendre que j'aurais bien testé le sexe anal. Et qu'a-t-elle répondu ? "Ah non, ça non ! Je l'ai déjà fait avec mon ex et ça ne m'a pas plu du tout", et je vous passe les raisons plus précises de ce refus. J'en suis resté pantois. Comment pouvait-elle me raconter avec tant de naturel et force détails ses rapports anaux avec un autre ? Elle pouvait dire non autrement, sans entrer dans les détails et faire des comparaisons... À partir de là, tout a changé. Je sens qu'entre nous, la magie s'est évanouie. Au lieu de me sentir unique, j'ai eu l'impression de n'être que le dernier. »

En résumé, Michel n'a sans doute pas une grande estime de soi, mais Sarah n'a pas une once de diplomatie ! Malheureusement, ces récits ont perturbé un homme qui avait déjà de grosses incertitudes à propos de sa virilité et, surtout, de la dimension de son sexe. En effet, Michel m'a confié que dans son adolescence, une fille lui avait dit que son pénis ressemblait à un « feutre ». Le doute relatif aux dimensions de son pénis l'a longtemps torturé et il est bien certain qu'une petite amie très portée sur les comparaisons, comme Sarah, ne l'aide pas. Elle ébranle son désir, déjà fragile.

LE SYSTÈME D

Comment affronter les crises du désir, éviter l'ennui et la routine ? Souvent, les couples s'efforcent de trouver eux-mêmes des solutions en recourant au « système D ». Examinons donc ensemble les différentes possibilités « domestiques » en essayant de comprendre quand ce qui semble être une solution tourne, au contraire, à la catastrophe potentielle pour le couple.

L'imaginaire (érotique) au pouvoir

L'imaginaire sexuel fait partie, comme les rêves, de chacun de nous. Certains prétendent qu'ils ne rêvent jamais et n'ont pas de fantasmes. Pourtant, s'il est vrai qu'il existe des personnalités alexithymiques, qui n'éprouvent ni émotions ni sentiments, des examens physiologiques en laboratoire montrent que nous rêvons tous et avons tous un imaginaire.

Chez l'homme, les fantasmes les plus fréquents sont de faire l'amour avec une femme qui se refuse, timide, hésitante, peut-être même inexpérimentée ; et les fantasmes de polygamie, notamment de faire l'amour avec deux femmes ensemble. Le fantasme féminin le plus fréquent, lui, est d'être choisie parmi tant d'autres (par exemple, au sein d'un harem), ou d'être forcée à faire l'amour. Les fantasmes physiques sont eux aussi différents : l'homme regarde les jambes et les seins, la femme l'allure globale, et éventuellement les mains et les fesses[1].

En amour, il existe trois types de fantasmes : les fantasmes *conjoncturels* liés à la séduction, les fantasmes *structurels* qui s'inscrivent dans notre histoire et auxquels hommes et femmes recourent pour s'exciter et, enfin, les fantasmes *préjudiciables* au sexe. Je me souviens du cas d'une jeune fille qui, après avoir fait l'amour, n'arrivait plus à remuer une jambe, qui restait comme paralysée. Nous l'avons soumise à un examen neurologique, pour voir si un nerf avait été écrasé durant ses ébats avec son petit ami, sans résultat. En revanche, au cours de l'entretien psychologique, elle nous a raconté que quand elle faisait l'amour, elle voyait le visage de sa mère en train de la critiquer.

En dehors des cas extrêmes de ce genre, de nombreux fantasmes physiques sont liés à ce que le psychanalyste Donald Meltzer[2] appelle la « confusion des orifices ». Ainsi, un de mes patients avait été convaincu par ses camarades, lorsqu'il était adolescent, que le vagin comportait des dents, ce qui induisait une confusion entre deux cavités, la vulve et la bouche. Cette image du vagin denté est d'ailleurs une vieille phobie masculine...

Les fantasmes érotiques nous mettent sur la piste de vieux problèmes qu'il est possible de soigner en psychothérapie. Je me rappelle le cas de François. Alors qu'il était marié depuis peu, un soir, il va au cinéma, avec sa femme, voir un film qui raconte une histoire homosexuelle et qui fait resurgir dans sa mémoire un événement qui s'était produit lorsqu'il avait 9 ans : il avait été violé par un serveur sur le lieu de ses vacances avec ses parents. Il l'avait oublié, mais ces images revenaient maintenant dans ses fantasmes et troublaient son intimité conjugale. Une psychothérapie lui a permis d'analyser ce traumatisme infantile et de « rentrer » sereinement dans sa vie de couple. Il a pu recommencer à faire l'amour avec sa femme sans plus être oppressé par les ombres du passé.

En général, celui qui a une vie sexuelle satisfaisante a des fantasmes très différents de ce qu'il vit dans la réalité, les images de ce genre ne se présentant qu'au cours de la phase initiale de la relation. N'ayez donc aucune crainte de vos fantasmes, si vous en tenez bien les rênes... En revanche, chez un véritable pervers, il n'y a pas de solution de continuité entre le fantasme et le comportement ; il en est comme esclave jusqu'à ce qu'il le réalise. La limite ? Parfois le psychiatre, en général la loi.

Les pervers et leurs victimes

Cette fois, je voudrais évoquer un cas qui n'est pas issu de ma pratique clinique, mais... des faits divers politiques. C'est l'histoire de Jack Ryan, banquier de Chicago en course pour le Sénat qui a dû retirer sa candidature à cause des révélations faites par son ex-femme au sujet de leur vie sexuelle [3]. En effet, il avait essayé plusieurs fois de transformer en réalité un de ses fantasmes : chaque fois qu'il partait en voyage avec sa femme, à Paris ou à New York, il l'emmenait dans un sex-club où il était possible de faire l'amour en public, sous les yeux de tous. Là, il tentait de la convaincre d'avoir des rapports sexuels avec un inconnu tandis qu'il les regardait. Sa femme a-t-elle accepté ou non ? Nous ne le savons pas, mais nous savons, en revanche, qu'elle a divorcé en faisant verser au dossier les demandes érotiques de son mari. Le sexe n'a d'ailleurs pas tué que leur couple, mais également la carrière et les ambitions de Ryan : c'est que dans de tels cas, les Américains, sévères et pudiques, ne pardonnent pas. S'agit-il là d'un cas typique de perversion ? Oui, même si désormais, dans le milieu psychiatrique et médical, on préfère parler de « paraphilie » en raison de la connotation morale du mot « perversion ».

La perversion, donc... Comment naît-elle ? Nous savons surtout que le pervers met l'accent sur la satisfaction de ses pulsions et non sur l'objet d'amour. Tous les êtres humains traversent, dans leur enfance, une phase transitoire dite, selon Freud, de « sexualité polymorphe ». Le petit, trop immature pour connaître la sexualité génitale, utilise tous ses orifices corporels pour se donner du plaisir, sans se préoccuper de la morale. Mûrir, c'est donc dépasser ce stade.

Mais prenons le cas d'un enfant mis de force dans des situations de voyeurisme de la sexualité adulte : il risque de rester « fixé » à cette phase et de devenir, adulte, un voyeur obligé de se soumettre à sa perversion pour atteindre le plaisir. Avec sa femme, il « devra » mettre en scène une histoire dans laquelle il ne sera pas protagoniste, mais spectateur de l'expérience de tiers. Il pourra, par exemple, la pousser dans les bras d'une autre, sachant que pour lui, la pénétration sexuelle est sans importance. Seuls ses yeux sont « pénétrants ».

Ces personnes sont contraintes par leur perversion à agir toujours de la même façon ; il est difficile de les soigner, notamment parce qu'elles ne se sentent pas malades, mais qu'elles voudraient plutôt que ce soit la société qui change. Ce n'est donc pas le voyeur qui demandera un rendez-vous chez un psychiatre, pour « guérir », ce sera plutôt sa femme, inquiète et troublée par le jeu érotique de son mari, mais néanmoins désireuse de ne pas le quitter : elle le fera par affection, parce qu'il y a des enfants ou par peur de la solitude.

Aux yeux du psychologue, d'ailleurs, les pervers ne sont pas les seules personnes intéressantes. Leurs victimes, parfois subtilement et inconsciemment complices, font aussi l'objet de leur attention. Comme la femme d'un alcoolique violent qui échoue à l'hôpital après avoir été battue mais qui, lorsqu'il lui demande pardon en pleurant, le reprend à la maison et dans son lit.

Ce n'est pas par hasard si jusqu'ici, je n'ai parlé que d'hommes pervers. En effet, presque toutes les paraphilies sont masculines, à l'exception de l'exhibitionnisme, qui est commun aux deux sexes, et du masochisme, qui est plus féminin. Même si les femmes souffrent en réalité d'un « masochisme psychologique » : c'est l'esprit de sacrifice, la pulsion à souffrir pour l'autre, du fait notamment de raisons sociales, qui les a transformées, pendant des siècles, en victimes.

Par ailleurs, au début, il n'est pas toujours facile de reconnaître un pervers. Beaucoup d'entre eux sont d'irrésistibles séducteurs. C'est seulement quand leur proie a « capitulé » qu'ils commencent à la dominer psychologiquement en lui demandant de l'argent ou des prestations sexuelles insolites. À ce stade, certaines femmes restent liées à leur bourreau par masochisme sentimental (lequel est en général enraciné dans leur enfance) ; d'autres, avec l'aide d'un psychiatre ou d'un événement extérieur, trouvent la force de partir. Elles disent par la suite que cela a été un mauvais moment de leur existence, mais que la vie continue.

POURQUOI NE PAS REGARDER UN FILM PORNO
OU, MIEUX, LE TOURNER ?

Des films porno domestiques... Eh oui, il y a des couples qui non seulement en regardent, mais en tournent aussi, avec une caméra vidéo. C'est une façon d'introduire dans leur rapport un peu de transgression, et cela amène parfois à des résultats étonnants : certaines femmes deviennent de véritables stars porno domestiques et vont jusqu'à envoyer leurs films à des télévisions privées peu collet monté. En fait, c'est un phénomène social, plus que sexuel. Mais quelles en sont les raisons ?

– *Nous vivons dans une société exhibitionniste, où il*

est plus important de voir et de faire voir que d'être. Le
besoin d'apparaître, surtout à la télévision, est une façon
d'exister. J'en ai d'ailleurs fait l'expérience directe : je me
souviens qu'un soir, alors que j'entrais dans un restaurant après avoir participé à l'enregistrement d'une émission télévisée, une famille déjà installée à une table s'est
levée. C'est un comportement bizarre, mais pas tant que
ça, parce que les hommes et les femmes qui apparaissent
sur le petit écran sont quasiment devenus des dieux. Et
pour en faire autant, certains seraient prêts à n'importe
quoi : à s'enfermer dans le Loft, à souffrir de faim sur
une île déserte et, le cas échéant, à se transformer en star
porno.

– *Il est plus facile de se déshabiller que de mettre ses
sentiments à nu*. Ainsi, je me souviens de la femme d'un
médecin : elle était toujours la première à enlever ses vêtements et à s'étendre *topless* au bord de la piscine lors des
pauses durant des congrès, et pourtant, elle avait beaucoup de mal à exprimer ses émotions. C'est pourquoi je
soutiens qu'aujourd'hui, une éducation sentimentale, plus
que sexuelle, est nécessaire aux jeunes.

– *Pour les générations précédentes, le sexe était privé et
l'enfant public*. Avoir plusieurs enfants était une valeur
sociale, une famille nombreuse était félicitée par les insti-
tutions et l'État. Peu à peu, l'enfant s'est « privatisé » : c'est
un choix du couple, alors que le sexe est devenu un fait
public, dont on parle. Et maintenant, il se pratique devant
tout le monde, ou tout au moins devant la caméra, comme
en témoigne le phénomène de la star porno à domicile.

– *Le sexe est isolé du cœur*. Vous vous rappelez
l'époque où en plus d'échanger des déclarations
enflammées et des messages poétiques, les amoureux
dessinaient des cœurs sur les arbres ou sur les murs des
maisons ? Le couple était alors surtout romantique.
Aujourd'hui, c'est le contraire : le sexe est dissocié du
cœur. Souvent, les couples ne cherchent pas le

romantisme, mais des sensations excitantes. Et c'est donc sans grande pudeur qu'ils se font photographier ou filmer dans des situations intimes.

– *L'envie de célébrité.* Autrefois, l'homme exhibait son pouvoir, par exemple financier, et les femmes leur statut social (à travers leurs bijoux, leur maison, leurs enfants...) ; aujourd'hui, c'est l'ère des potiches de télévision, qui se montrent au lieu de parler. Et beaucoup de gens en viennent à penser que l'exhibition sexuelle est un moyen d'entrer dans ce cercle, de devenir célèbre.

Les forçats de l'échangisme

L'échangisme, quelquefois facilité par Internet, peut être un moyen de rester ensemble en surmontant l'ennui de la sexualité conjugale. Il s'agit d'un comportement relativement courant et qui est toléré, voire encouragé, par une société qui met l'accent sur le frisson à tout prix[4].

Il peut cependant arriver que les motivations en soient plus subtiles. Pour certains couples, parfois de longue date, c'est une « preuve par neuf ». Pour d'autres, en crise, c'est la dernière chance, la dernière carte à jouer avant la séparation. Mais soyons clairs : l'échangisme n'est pas toujours destructeur. Certains partenaires ont une grande complicité de base et la renforcent à travers cette nouvelle pratique, qui devient pour eux un nouveau facteur de cohésion. Mais en général, il met en évidence deux objectifs souvent incompatibles : le besoin de racines (c'est-à-dire de rester ensemble) et celui de transgression (et donc de rechercher de nouveaux partenaires).

« Tu sais garder un secret ? »

De plus en plus souvent, c'est l'homme qui a des problèmes sexuels, mais la femme qui vient consulter. C'est ce qui est arrivé à Alice, 32 ans, cadre très satisfaite de sa situation professionnelle et sociale. Elle est mariée, a une belle maison, un cercle d'amis intéressants. Mais, sexuellement, ça ne va pas.

Son mari, Pierre, a des problèmes d'érection. Cet homme romantique est riche, robuste, et a une belle voix profonde, mais en privé, c'est toujours un enfant. Il préfère la masturbation au coït, et la pratique de manière infantile, sans se toucher le pénis, allongé sur le ventre sur son lit ou sur un coussin. Lorsqu'il était adolescent, il était timide et obèse ; il a vécu sa première expérience avec une amie de sa mère, mais son érection était insuffisante. Par la suite, il a beaucoup fantasmé sur quelques voisines qu'il ne connaissait même pas. En réalité, il ne s'est pas formé une identité d'homme adulte, sauf au travail, où il passe pour un homme honnête et précis.

Pierre s'est marié à 33 ans (il en a maintenant 38), mais il est encore très lié à sa famille d'origine. Il s'occupe beaucoup de sa sœur, qui est mère célibataire, et de sa mère déprimée. Et son mariage ? Il adore Alice, lui fait beaucoup de cadeaux, mais au lit, c'est un désastre. Son érection lui permet une pénétration rapide, mais il faiblit ensuite parce qu'il n'a aucun fantasme de pénétration. Il n'a jamais éjaculé dans un vagin, et depuis un an, ils n'ont plus de rapports. Pourtant, ils veulent rester ensemble. Alice est satisfaite de son mariage, de l'aisance dans laquelle ils vivent ; elle se sent rassuré par Pierre. Et lui, en grand romantique, aime sa femme même s'il ne la touche pas.

Ces deux personnes vont bien ensemble, mais pour parfaire leur image sociale, il leur faudrait un enfant. Et Alice a pensé à une solution personnalisée : tomber enceinte de son amant et faire reconnaître l'enfant par Pierre. Elle m'en a parlé lors d'une consultation et m'a demandé mon avis. Elle veut également savoir si Pierre pourrait changer, peut-être grâce à une psychothérapie.

Je crois pas que son mari puisse évoluer rapidement.

Il lui faudrait une longue psychanalyse, à condition, qui plus est, qu'il soit d'accord. Alice veut savoir si les nouveaux médicaments favorisant l'érection pourraient l'aider, mais je crains que non, vu son manque de fantasmes de pénétration. On pourrait penser à une autre solution, à savoir l'insémination artificielle, pour qu'ils aient cet enfant qu'ils désirent tant tous les deux. C'est bien éloigné de l'idéal romantique de Pierre, mais ce serait une manière de garder leur secret, puisqu'ils veulent rester ensemble et sont soucieux de leur image sociale.

TRAÎTRES ET TRAHIS

Le mot « trahison » peut paraître irritant et provoquer du ressentiment, de l'angoisse ou de la souffrance. Dire que dans certaines cultures, il est normal d'être polygame – surtout, je le reconnais... pour les hommes.

La trahison, au sens éthique du terme, est un acte qui déçoit par rapport aux espérances que l'on a et qui est ressenti comme une atteinte et un manque de respect. Et en amour ? S'il ne s'agit que d'une escapade, la trahison peut être pardonnée ; bien des couples viennent me voir pour retrouver leur équilibre après une aventure conjugale déstabilisante. Je ne parle pas là des « trahisons en série » pour lesquelles de nombreux couples ont déjà trouvé un compromis. Je veux parler des « fugues aventureuses » qui se produisent jusque dans les relations les plus fortes.

La trahison a plusieurs facettes. Elle peut être particulièrement nocive et délétère pour celui qui cache de vieilles blessures cicatrisées mais jamais vraiment guéries. Mais quelquefois, elle est le point de départ d'un voyage à la recherche de soi-même et d'une nouvelle force vitale. D'ailleurs, le premier travail de reconstruction doit toujours être dirigé vers soi.

Chaque été, je suis frappé par un rite des journaux

féminins, mais aussi des hebdomadaires : dès que la
température s'élève, on recommence à parler d'hommes et
de femmes trompés, comme si l'adultère était étroite-
ment lié aux vacances. D'une certaine façon, c'est le cas.
Pour beaucoup, l'été est synonyme de liberté, d'évasion de
la routine boulot-dodo ; il représente la possibilité de nous
réinventer, aux yeux d'une personne jamais vue auparavant et qui, surtout, ne connaît pas nos « vêtements
d'hiver », notre image sociale. Et le problème est que beaucoup de gens croient se rendre au paradis, et se retrouvent
en enfer, parce que leur partenaire, de trahi potentiel, s'est
tout à coup mué en traître... Mais il peut aussi arriver
que nos sens, à eux seuls, nous poussent à la trahison.
Le plaisir d'être dévêtu, de vivre sans horaires, de dormir
quand on en a envie, de manger ce que l'on veut, d'avoir le
temps de goûter des mets locaux, de humer des parfums,
d'admirer des couleurs... C'est une fête des sens et de la
sensualité. Mais pourquoi est-il difficile de vivre tout cela
au sein du couple ? Peut-être parce que l'on aime, mais
que l'on n'est plus amoureux.

À une petite exception près, car il y a des amoureux
pervers qui ne peuvent s'empêcher de tromper leur partenaire. J'ai connu un homme, un médecin tout à fait
sérieux et estimé qui, entre son mariage à l'église le matin
et sa nuit de noces, a été découvert dans un motel avec
une autre femme. Pervers ? Peut-être a-t-il agi de la sorte
parce que la responsabilité du mariage l'écrasait... Mais
il est tristement vrai, et il suffit d'interroger des anima-
teurs de villages de vacances aux quatre coins du monde
pour en avoir la confirmation, que certains jeunes mariés
s'accordent – lui, elle, ou parfois tous les deux – leur
première escapade sous les palmiers.

Et si au lieu de parler de trahison, nous parlions de
fidélité ? Certains couples tiennent par « fidélité passive »,
par habitude, par commodité, par peur de la séparation
(ils ne veulent pas renoncer à leur bien-être financier, ou

à leurs enfants)... Le mariage devient alors comme un vêtement usé : il ne donne plus le même plaisir qu'au moment de son achat, mais demeure utile et pratique. Mais cela n'a rien à voir avec ce que j'appelle la « fidélité active ».

D'ailleurs, les trahisons aussi peuvent avoir des motivations multiples. Elles peuvent être le territoire d'un jeu de pouvoir entre les partenaires, naître d'une envie de transgresser, ou encore s'inscrire dans une certaine liberté d'action qui fait partie des règles du couple : il y a des hommes (et des femmes) qui tolèrent un flirt, alors que d'autres ne supportent même pas que leur partenaire regarde quelqu'un d'autre. En outre, il existe des règles jamais explicitées, comme dans le cas de l'épouse qui, une fois par an, laissait son mari faire un voyage sous les tropiques. Officiellement, il allait y faire de la plongée sous-marine ; et tant pis s'il y avait aussi une aventure.

Enfin, il arrive que la trahison survienne... traîtreusement. Ce sont alors un parfum, un regard ou un geste qui viennent bouleverser la vie. Une femme m'a raconté, par exemple : « Quand, en dansant, il m'a effleuré l'épaule, je n'ai pas pu lui dire non. »

Hommes et femmes trahissent-ils de manière différente et pour des motifs différents ? Il y a un certain temps, je n'aurais pas hésité à répondre oui. Mais maintenant, la distinction n'est plus aussi claire, parce que les femmes évoluent, comme nous le verrons au prochain chapitre. Chacun conserve cependant ses spécificités : je dirai que la femme change d'homme, mais pas de façon de faire l'amour, alors que si l'homme change de femme, c'est aussi pour changer de façon de faire l'amour.

Ma division des infidélités en trois catégories peut peut-être permettre de mieux le comprendre [5] :

1. *L'infidélité contre.* Elle se produit par vengeance. Il faut que le partenaire voie, ou tout au moins découvre,

d'où le choix de quelqu'un de connu, comme un ami, un voisin, un collègue, parfois même un parent...

2. *L'infidélité sans.* C'est le modèle de Sartre et Simone de Beauvoir : il y a une relation essentielle (la seule qui compte vraiment) et d'autres, contingentes. C'est le type le plus fréquent.

3. *L'infidélité pour.* Elle permet d'apporter du renouveau à son couple, de rendre l'autre jaloux, de lui faire comprendre une insatisfaction latente, une crise souterraine... Au fond, c'est un geste d'amour, une trahison « thérapeutique ».

Il faut aussi dire que bien des infidèles se trahissent eux-mêmes, et que la fidélité ne tombe pas du ciel : elle se conquiert jour après jour. C'est précisément là ce que j'appelle la « fidélité active ». Je voudrais conclure avec l'histoire d'infidélité que m'a racontée une femme, Blanche, âgée de 42 ans. Mariée depuis quatorze ans, elle a deux enfants et qualifie son mariage de malheureux.

« Mon mari est infantile et égoïste. Pour lui, je fais partie des meubles. C'est moi qui pense à tout, à ce qu'il faut faire dans la maison, aux besoins des enfants, et même aux siens. Bref, toutes les tâches quotidiennes, petites et grandes, reposent sur mes épaules. Mon travail m'apporte beaucoup de satisfactions, et mes enfants aussi. La seule fausse note, c'est lui ou, peut-être, "lui et moi". Mais curieusement, tout va encore très bien sur le plan sexuel. Les colères et les larmes, tout semble disparaître quand nous faisons l'amour. Et nous le faisons souvent.

« Dans la vie de tous les jours, c'est le macho classique : il va à son travail, un point c'est tout. Il ne sait même pas ce que signifie aller à la banque, faire la queue à la poste, voir un médecin, rencontrer un des professeurs de ses enfants ou aller s'acheter un pull. C'est moi qui fais tout, vraiment tout. Pourtant, autant il est égoïste dans la vie de tous les jours, autant il est doux, altruiste et passionné dans l'intimité. Quand nous faisons l'amour, je ne suis plus une domestique ou une baby-sitter, comme je le lui dis quand nous nous disputons, mais une femme, une vraie femme. Dommage qu'une fois que nous sortons de la chambre, les habitudes reprennent. Et toujours la même insatisfaction. Jusqu'à ce que nous fassions de nouveau l'amour...

« Notre mariage est-il un échec ? Le problème, c'est que je n'arrive pas non plus à en parler avec lui. Quand j'ai essayé de le faire, il est sorti de ses gonds, disant que si j'étais malheureuse, ce devait être la faute d'un autre. Parce qu'il est terriblement jaloux et possessif. Il me menace souvent, chaque fois que nous abordons le thème de l'infidélité. Il dit que s'il découvrait qu'il y a un autre homme dans ma vie, il me ferait éclater la tête. Je l'ai trahi, d'ailleurs, tout au moins en mon for intérieur, et je sais très bien pourquoi. Ce n'est pas le sexe qui m'intéresse. Ce que je voudrais, ça oui, c'est être de nouveau amoureuse. Me sentir femme non seulement au lit, mais aussi à n'importe quelle heure, n'importe quel jour.

« L'année dernière, j'ai accepté une invitation à dîner d'un homme que je connais depuis plus de vingt ans : un homme absolument insoupçonnable, sur le plan de la séduction. Il est gentil, mais du genre un peu ours. Et il est très bien éduqué, comme une sorte de gentleman d'autrefois. J'y ai réfléchi toute une journée, puis j'ai accepté. La soirée a été fantastique, relaxante et amusante. Nous avons parlé de tout, pendant des heures. Par la suite, il a commencé à m'envoyer des SMS auxquels je répondais de façon laconique ; quelquefois, je ne répondais même pas. J'étais tiraillée entre la peur de me créer des problèmes et l'envie de le revoir.

« Nous avons commencé à nous fréquenter et c'était agréable parce qu'il nous suffisait de nous regarder dans les yeux. En résumé : nous n'avons jamais fait l'amour, tout au moins pas complètement. Tout comme moi, il donnait la priorité aux émotions, au grand engagement émotionnel qui nous unissait. Il aimait les baisers, les étreintes, les effleurements. Puis, presque sans prévenir, le silence. De sa part. Juste précédé d'un SMS pour me dire qu'il avait des problèmes à son travail, qu'il n'avait ni le temps ni la "marge de manœuvre" et qu'il devait renoncer à moi... Pendant trois mois, je me suis sentie mal. Puis, il a refait surface, toujours par SMS. Il m'a supplié de le comprendre, m'a dit que notre histoire était trop importante... Il avait l'air amoureux. Nous nous mettons d'accord pour nous revoir, et il disparaît de nouveau. Trois autres mois passent, et il recommence à m'envoyer des messages. Sauf que cette fois, je l'arrête. Je lui dis clairement que je ne veux plus ni le voir ni l'entendre. Une liaison extraconjugale comporte déjà des risques en tous genres, alors si c'est pour être malheureux... quel sens a-t-elle ?

« Pourtant, je me sens mal, parce que je pense tout le temps à lui. En famille, je suis toujours la même, ou tout au moins je m'efforce de l'être (mon mari n'a jamais rien soupçonné). Mais intérieurement, c'est l'enfer. Pour le moment, mon portable est muet, et je ne sais pas combien de temps ça durera. Au fond, j'ai confiance en lui : ce n'est pas un homme à maîtresses. Il est timide, gauche, très émotif. Il n'a trompé sa femme qu'une seule fois, avant moi, en tout cas à ce qu'il dit. Qu'est-ce qui n'a pas marché entre nous ? A-t-il eu peur, et il n'a pas le courage de l'avouer ? Pourtant, dès le début, nous nous étions dit que nous ne mettrions jamais nos familles en danger, surtout pour nos enfants. »

Blanche, déçue par un mariage qui ne fonctionne qu'au lit, a cherché un homme avec qui elle pourrait se sentir femme en permanence, et pas seulement entre les draps. Une sexualité conjugale heureuse et passionnée ne lui suffisait pas ; elle voulait la passion tous les jours et à tout moment. Mais je crains qu'elle n'ait rencontré un homme qui a justement peur de la passion, au point qu'ils n'ont jamais fait l'amour. Je me demande s'il ne serait pas plus simple de partir d'une sexualité conjugale heureuse pour remettre son mariage sur les rails...

Il s'agit là d'une infidélité maladroite et certainement pas thérapeutique, puisque maintenant, Blanche se sent encore plus déçue et mécontente. Et son couple qui, ironiquement, reposait surtout sur le sexe, est justement secoué par une trahison qui n'est jamais allée jusqu'à l'acte sexuel. Et c'est bien là que réside la véritable nouveauté : autrefois, une femme comme Blanche se serait estimée satisfaite. Satisfaite de son rôle (s'occuper de la maison et des enfants) et contente d'avoir un mari qui avait envie d'elle au lit et avec qui elle faisait l'amour avec plaisir. Or Blanche veut davantage, ce qui montre bien que les femmes ont changé. Comme nous allons le voir au prochain chapitre.

CHAPITRE XI

Les femmes ont changé

Autrefois, c'était l'homme qui détenait le monopole du désir. Et maintenant ? Nous savons qu'il n'en est plus ainsi. Les femmes ont conquis le droit de désirer et le disent clairement si le « rythme » imposé ou proposé par leur compagnon ne leur convient pas.

Ainsi Simone, 35 ans, a un désir sexuel qu'elle juge « normal », à savoir de deux ou trois fois par semaine. Elle est entrée en conflit avec son mari qui, tel un drogué du sexe, voulait faire l'amour tous les jours. Comme ils tenaient un bar ensemble, il lui disait, de temps à autre : « Allez, viens un petit peu derrière... » Au début, Simone trouvait cette faim insatiable plutôt amusante, puis elle a commencé à trouver l'obsession érotique de son mari agaçante. Et c'est à cause de cette inconciliable diffé-rence entre leurs deux désirs qu'ils ont divorcé. Il est parti, Simone lui a racheté sa part de l'entreprise, et elle a continué à travailler dans le bar. Par la suite, elle s'est remariée avec un homme qui est devenu son associé. Son nouveau mari ayant des tas d'idées concernant le bar, ils l'ont réaménagé, ils ont commencé à servir des apéritifs fantaisie... Mais de nouveau, le problème est revenu : le sexe. Son second compagnon était juste le contraire du premier : il investissait toute son énergie dans le travail et n'avait envie de faire l'amour que le week-end. De préférence, le samedi soir, vu que le dimanche, le bar était fermé. Et il se plaignait quand Simone lui faisait comprendre, le mercredi ou le jeudi, qu'elle avait envie de faire l'amour...

Simone est-elle frigide ou nymphomane ? Ni l'un ni l'autre ; le rythme naturel de son désir est simplement de deux à trois fois par semaine. Et il faut qu'il s'accorde avec celui de l'homme avec qui elle vit. Notamment parce que la sexualité, comme le souligne David Schnarch[1], est un phénomène relationnel et que c'est dans l'intimité des relations d'amour partagées que se trouve la véritable passion.

Comme Simone, beaucoup de femmes aujourd'hui se plaignent du faible désir de leur compagnon, reproche qui, autrefois, était exclusivement masculin. C'est un phénomène emblématique du couple d'aujourd'hui. Mais s'il y a des femmes qui finissent par chercher ailleurs, il y en a aussi beaucoup d'autres qui se sentent – à tort – refusées, diminuées, et qui endossent la responsabilité des problèmes. Ainsi, une Brésilienne m'écrit une longue lettre : « J'ai 40 ans, j'ai quitté mon pays depuis quinze ans et je puis m'estimer satisfaite de ma vie. J'ai un travail qui me plaît, je vis dans la très belle ville de Nice, et j'ai une fille de 10 ans qui est un trésor. Nous nous en sommes toujours très bien sorties, même s'il nous manquait quelque chose : un homme à mes côtés, une personne qui serve de père à ma fille, avec qui j'aurais pu affronter les bons et les mauvais moments de chaque journée. J'ai bien pensé un jour l'avoir trouvé. Il a mon âge et je l'ai connu par hasard, dans une boîte où je vais de temps en temps écouter de la musique brésilienne et danser. Il m'a tout de suite plu : il est affectueux, gentil, il a un regard caressant. Tout s'est passé très vite, et au bout de six mois, il a quitté sa ville, a trouvé un nouveau travail à Nice et est venu s'installer ici avec nous. Ma fille l'adore, et avec elle, il est d'une gentillesse qui me touche profondément. Tout va pour le mieux, alors ?

« Non, parce que sur le plan sexuel, ça ne va pas bien. Ça n'a pas l'air de l'intéresser. Au début, nos rapports étaient passionnés parce que nous nous voyions peu, puis il a déménagé et a semblé préoccupé par d'autres choses : son travail, une nouvelle ville et un nouveau foyer, sa relation avec ma fille... Il m'a paru naturel de lui laisser le temps de s'acclimater. Mais maintenant ? Cela fait un an que nous vivons ensemble. Il est plus attentif, plus affectueux et plus gentil que jamais, mais il a envie de moi au mieux tous les dix jours. Et sincèrement, à mon âge, et même à notre âge, réduire ma vie sexuelle à trois fois par mois me semble ridicule.

« Pourquoi renoncer à une aussi belle partie de la vie, au plaisir de se retrouver dans un lit, d'autant plus que nous nous aimons vraiment ? Je lui en ai parlé, mais il n'a pas l'air de comprendre mon malaise. Il a eu envie de moi, disons, pendant quelques jours, puis tout est redevenu comme avant : le calme plat. Et moi, qui me suis toujours sentie belle et sûre de ma beauté, tout à coup, je me regarde dans le miroir et je me trouve éteinte, peu sexy, bref, bien peu femme. »

Il est encore plus déconcertant de voir son compagnon changer tout à coup et passer d'un libidogramme plat, ou tout au moins d'un faible désir, à un intérêt carrément excessif pour le sexe. En Grande-Bretagne, les journaux ont relaté le cas d'un quinquagénaire qui prenait un médicament pour favoriser son érection. Grâce à ce soutien chimique, il est devenu de plus en plus exigeant au lit. Et après vingt années de mariage, avec des enfants déjà étudiants, sa femme, elle aussi quinquagénaire, a dressé le bilan de leur vie... et demandé le divorce[2] !

LES NOUVELLES AMAZONES

Combien de femmes combatives, décidées, sûres d'elles vois-je autour de moi... Beaucoup font preuve de combativité lorsqu'elles abandonnent leur mari parce qu'il ne correspond plus à leur idéal. C'est le cas de Carole, mariée depuis trois ans et mère d'un petit garçon, qui a demandé la séparation parce que son mari, un passionné d'alpinisme, aimait davantage l'escalade que sa femme. Ou plutôt : dans son imaginaire, il voyait Carole comme une « grotte » dont il pouvait prendre possession et dans laquelle il pouvait chercher refuge avant de partir à la conquête d'un nouveau sommet. Pendant quelque temps, Carole s'est prêtée à ce jeu, puis elle a dit « stop ». Elle n'a pas peur du divorce ; ce n'est pas seulement une femme combative, mais aussi une avocate de renom qui a de fortes pulsions d'autoaffirmation. Le rôle d'épouse traditionnelle, ou de « grotte », ne l'intéressait pas.

Autre signe du changement des femmes, à côté de leur capacité à sortir d'un mariage manqué : la conquête. Ainsi, Antoinette, 37 ans, antiquaire, dit ne jamais avoir eu de problèmes pour attirer les hommes qui l'intéressent. « S'il ne suit pas, résume-t-elle, je le comprends tout de suite et je ne perds pas de temps. » Je me pose néanmoins une petite question : et si l'homme du moment s'en allait justement parce qu'il n'a pas le temps de la séduire ? Marina, elle, qui a 40 ans et est médecin, met un point d'honneur à conquérir un homme et à ne pas être conquise. La raison de cette attitude est liée à sa famille d'origine : sa mère était soumise, passive, et cédait toujours à son père. Chaque fois que Marina séduit un homme et le sent en son pouvoir, c'est comme si elle vengeait sa mère.

Est-ce la façon d'aimer des femmes-consommatrices qui passent d'une conquête à une autre comme d'un achat à un autre ? Ou bien assistons-nous à la mutation historique de la rencontre homme-femme – aujourd'hui, on dirait femme-homme ? Toujours est-il qu'il est excellent pour l'estime de soi de ces nouvelles amazones de prendre l'initiative, alors que les femmes traditionnelles désiraient être désirées. Je pense néanmoins qu'influencer le destin par des décisions volontaristes n'est pas toujours le meilleur choix dans le domaine sentimental. Certes, il y a des hommes timides, qui cherchent une femme susceptible de désirer pour eux ; mais, par la suite, il faut organiser la vie à deux, et le timide ne se mue pas facilement en cow-boy entreprenant. Peut-être est-ce pour cela que beaucoup de femmes combatives réussissent mieux à leur travail qu'en amour.

Certaines de ces amazones ne sont que « déguisées » en femmes. Tel est le cas de Marianne, une femme très soignée et tout à fait charmante qui a été promue, à 55 ans, à une haute fonction de la magistrature. Elle est désormais résignée à rester célibataire. Elle est surprise de n'avoir jamais réussi à « garder » un homme près d'elle, en dépit de tous ses efforts pour avoir l'air d'être une maîtresse de maison parfaite, toujours prête sexuellement, au point de se transformer, parfois, en une sorte de geisha.

Marianne a dû se donner beaucoup de mal pour réaliser certains objectifs professionnels. Et au début, elle a subi l'opposition de son père à son choix d'une profession sans nul doute réservée à un petit cercle d'hommes. En outre, il me semble y avoir une contradiction entre l'image d'une femme que je qualifierai d'« hyperféminine » et celle de la professionnelle irréprochable et volontaire. J'ai l'impression que Marianne cache, derrière le masque d'une femme tout en courbes et en sourires, sa partie masculine et agressive, qui lui a permis de devenir magistrate.

En réalité, Marianne se sent coupable d'être montée aussi haut sur le plan professionnel et de ne pas avoir écouté les conseils de son père. Inconsciemment, elle a quasiment l'impression d'avoir « volé » quelque chose que la société attribue aux hommes, à savoir : le pouvoir (en termes symboliques, le phallus). Et maintenant, elle cherche fébrilement à « restituer » ce bien mal acquis en ne montrant à tous que sa féminité, de façon à ne pas être « découverte ».

« JE VEUX TOUT : UN MARI ET UN AMANT ! »

« Quel dommage qu'on ne puisse pas avoir un amant sans tromper son mari ! » J'emprunte ces mots au grand Feydeau ; ils me semblent encore actuels. En effet, certains ont besoin de nouveauté (à table, ils aiment goûter sans cesse des mets différents, même s'ils ont leurs préférés) ; d'autres ont constamment besoin d'amour, comme d'une drogue. Autrefois, seuls les hommes s'accordaient des infidélités ; mais maintenant, les femmes trahissent de plus en plus. Et elles le reconnaissent sans difficultés.

En outre, comme l'affirme Delma Heyn [3], les héroïnes modernes de l'adultère tendent à vouloir tout à la fois : un amant et un mari. Les Anna Karénine écrasées par la culpabilité n'existent plus beaucoup. L'amant est devenu un besoin « de grande consommation ». Les sondages se multiplient et les journaux s'intéressent de plus en plus à ce sujet. Même un magazine sérieux comme *Newsweek*, qui a été jusqu'à consacrer son dossier de couverture aux « nouvelles infidèles [4] ». D'après l'enquête qu'il a réalisée, aux États-Unis, la trahison féminine est tout aussi fréquente que celle des hommes et impliquerait au moins 40 % des femmes. Les raisons de ce changement ? Le simple fait que, de nos jours, les femmes travaillent : elles se font une « place dans le monde », sortent chaque jour de chez elles et gagnent leur vie. Leur indépendance financière et leur réalisation personnelle leur apportent sécurité et liberté, mais les mettent aussi en contact avec de nombreux hommes : collègues, supérieurs, collaborateurs, clients rencontrés en voyage d'affaires... Et si, dans les années 1950, une épouse insatisfaite était cloîtrée dans le royaume-prison de sa maison, désormais, les tentations sont nombreuses.

Une autre étude intéressante est celle qui a été menée en Angleterre afin de comprendre si la pulsion à l'infidélité a une origine génétique. L'échantillon considéré comprenait cinq mille jumelles, comparées à un groupe de contrôle de cinq mille femmes sans aucune relation de parenté. Aucun lien génétique n'a été découvert, mais le même pourcentage que dans l'enquête américaine s'est dégagé : 40 % des femmes interrogées ont été infidèles au moins une fois dans leur vie[5]. Et pourquoi trahissent-elles ? Si pour les hommes, l'infidélité correspond souvent à une envie de transgression et d'évasion de la routine, les femmes, elles, suivent une suggestion, un rêve d'amour, ou bien cherchent simplement ailleurs de l'attention et de l'intimité, loin de maris distraits. En fait, l'âge critique se situe entre 35 et 45 ans, lorsque l'on fait les premiers bilans. C'est parfois l'âge des déceptions et d'une inédite et brûlante langueur. Et cela expliquerait, selon moi, le phénomène en expansion des amants « virtuels » : de nombreuses femmes, mariées ou en concubinage, « tombent » sur un séducteur par *e-mail* ; un homme connu sur un *chat*, qu'elles ne rencontreront peut-être jamais, ou un homme pris et éloigné avec qui il n'y a pas d'avenir, mais qui sait écrire de si beaux messages... C'est le rêve d'amour qui redonne de la couleur à des vies devenues ternes.

Encore une fois, nous voyons à quel point Internet est puissant, comment il réussit à mêler les destins et les désirs. En 2000, il a été créé un site au nom sans

équivoque : « trahisons ». Eh bien, en quatre ans, il est
devenu un lieu extrêmement fréquenté des internautes
féminines, qui peuvent s'y confier et y partager leurs expériences. Mais si, au début, elles s'y connectaient pour
raconter leurs tristes histoires de femmes trompées,
aujourd'hui, elles y relatent leurs tourments d'infidèles. Ce
qui témoigne également du changement qui s'est produit
chez les femmes.

L'infidélité est-elle donc écrite dans notre destin ? Des
psychologues, des biochimistes et divers autres scientifiques se sont longuement interrogés sur ce point. Et
parmi eux, l'anthropologue américaine Helen Fisher[6], qui
est parvenue à la conclusion que l'être humain est polygame. Seules 16 % des 853 cultures qu'elle a étudiées,
parmi lesquelles celles de l'Occident, recommandent,
imposent ou suggèrent la monogamie. Mais la nouveauté
réside dans l'infidélité féminine explicite et non plus
cachée. On peut presque dire que si les bisaïeules des infidèles d'aujourd'hui avaient un amant parce qu'elles
voulaient améliorer leur potentiel de reproduction,
aujourd'hui, on demande tout autre chose à un amant, et
sûrement pas un enfant. On en attend des stimulations
sexuelles nouvelles, une confirmation de son pouvoir de
séduction, à moins que l'on n'ait des demandes clairement affectives, de l'ordre de l'écoute et de l'intimité. Et
n'oublions pas que les nouvelles infidèles sont plus libres
du point de vue juridique. En effet, les barrières sociales
du scandale et du déshonneur sont tombées, mais également les barrières juridiques. De nos jours, il est possible
de divorcer et dans certains pays, l'adultère n'est plus une
« faute » entraînant automatiquement une séparation aux
torts de l'infidèle.

Qui sont, donc, les nouvelles infidèles ? Prenons
Nicole, par exemple. Elle a 36 ans et quand elle a épousé
Romain, elle s'est dit : les aventures, c'est fini. Mais c'est
un esprit tout à la fois inquiet et curieux en matière

d'hommes et d'émotions. Architecte d'intérieur, spécialiste des voiliers et des yachts, elle connaît professionnellement des hommes importants de la sphère sportive et industrielle, et quand elle éprouve un bon feeling, elle ne se soustrait pas aux rencontres. Il s'agit de flirts passagers, et Romain semble ne s'être aperçu de rien.

De son côté, Charlotte, une sociologue de 50 ans, a une relation stable avec un homme qui lui plaît et la tourmente. Elle s'est confiée à son mari et ils ont décidé d'expérimenter un mariage ouvert qui dure maintenant depuis plusieurs années, d'autant plus que lui, qui enseigne en université, a une liaison qu'il n'a jamais avouée avec une étudiante.

Enfin Claudine, 35 ans, journaliste. Avec son amant, elle a une relation « à horaires fixes », jusqu'à 19 heures. Ensuite, il rentre chez lui, où il mange avec sa femme, avec qui il passe la nuit. Son épouse sait qu'il en a une autre, mais est paralysée par la peur de perdre son mari. Et conformément à la tradition, elle ferme les yeux sur ce qui n'est pas une relation sexuelle, mais une vraie relation affective parallèle.

Un autre élément nouveau, dans la trahison féminine, est que les femmes choisissent parfois un amant nettement plus jeune qu'elles. Ainsi Liliane, 35 ans, a une liaison avec le maire de sa ville, un homme connu et marié. Autrefois, elle aurait été la classique maîtresse-geisha, toujours disponible durant la semaine dans leur nid d'amour, et toujours seule les jours fériés et le week-end. Mais Liliane lui a imposé une infidélité « officielle » : tous les mercredis soirs, elle rencontre son mécanicien auto, un garçon qu'elle a connu au garage où elle porte sa voiture à réviser. Le maire ne s'est pas rebellé ; pour lui, le jeune mécanicien est le « taurillon », et pour le moment, il le supporte. C'est d'ailleurs Liliane qui dicte les règles de leur rapport. Il fait partie de ces hommes qui sont des loups à leur bureau et des agneaux à la maison.

Marion aussi, qui a 37 ans, un mari et deux filles, a choisi un amant plus jeune. Son mari, qui est davantage un père qu'un compagnon, lui apporte de la stabilité, mais elle l'a trompé pendant un an avec le maître nageur qui donnait des leçons de natation à ses filles, un jeune de 25 ans musclé et sympathique. Mais voilà que cette liaison a pris fin, parce qu'il l'a quittée pour une jeune femme de son âge. Marion a sombré dans la dépression. Elle a tenté de trahir à l'instar de beaucoup d'hommes, en séparant l'amour de l'attirance physique, mais cette dichotomie ne lui a pas apporté le bonheur.

Il est parfois difficile de garder un amant – et même parfois un mari. Françoise me confie qu'elle se sent triste et seule. Âgée de 42 ans et mariée, elle voudrait savoir pourquoi son amant d'il y a cinq ans est revenu, mettant le chaos dans sa vie affective pour ensuite repartir. Je ne pense pas que ce soit son fait à elle, mais plutôt celui de sa personnalité à lui. Il y a encore beaucoup d'adorables mauvais garçons de ce genre qui ne jouent pas tant avec le sexe de leur maîtresse qu'avec son cœur.

Dans un premier temps, Françoise avait réussi à se détacher de lui et à maintenir une certaine sérénité matrimoniale. En effet, son mari avait découvert son infidélité, mais ils en avaient discuté, et entre les larmes et les étreintes, il lui avait pardonné. En réalité, sa relation avec son amant n'était pas rompue, mais seulement mise de côté : quand il est revenu en disant qu'il avait changé et qu'il l'aimait encore, elle l'a accueilli à bras ouverts. Leur nouveau parcours ensemble a duré un an, puis il a de nouveau décidé de prendre une autre route. À ce stade, Françoise est tombée dans le piège de la peur et du désespoir, s'est mise à lui demander toujours plus et n'a réussi qu'à l'éloigner. Malheureusement, le mari a alors découvert une lettre de Françoise à son amant. Et après cette deuxième infidélité, il n'est pas sûr qu'il puisse à nouveau pardonner.

Je crois que, au-delà de ce moment particulier qui, je l'espère, ne laissera pas plus qu'une cicatrice, Françoise doit se demander pourquoi elle a toujours besoin d'avoir deux hommes, un mari et un amant, un homme stable et un autre inquiet et vagabond. Je pense que le secret de cette dichotomie réside dans son passé. Une thérapie pourra l'aider à le découvrir et à travailler dessus.

LA SÉDUCTION INTRACONJUGALE

Selon un de mes amis, les femmes se divisent en deux catégories : les sprinteuses et les marathoniennes. Les sprinteuses partent tout de suite avec une impulsion féline, elles vous font perdre la tête mais s'essoufflent ensuite très vite. Elles ne réussissent pas à « nourrir » la relation d'attentions et de surprises. Les marathoniennes, elles, sont stables, constantes, mais n'ont pas ces élans ou ces initiatives surprenantes qui, dans la vie quotidienne, éveillent la curiosité de l'homme.

En tout état de cause, quels que soient le « rythme » et le pas choisis, un élément extrêmement important pour le couple durable est, j'en suis bien convaincu, la séduction intraconjugale. Combien de femmes, de nos jours, se plaignent-elles d'avoir un mari pantouflard et distrait ? Beaucoup, comme nous l'avons vu, et nombre d'entre elles finissent par rêver devant un *e-mail* ou un **SMS**. Pourquoi n'ont-elles pas essayé d'introduire un peu de magie dans leur couple, en mettant en œuvre une séduction intraconjugale ? D'autres cultures, comme en Inde ou dans les pays arabes, ont su conserver au fil des siècles le pouvoir de séduction des épouses, leur droit-devoir d'être belles, aimées, courtisées. Mais aussi de *se faire* belles. Bien entendu, je ne suis pas en train de dire qu'elles doivent mettre un sari ou s'enfermer dans un harem ; il suffirait de retrouver un peu de la sagesse antique et de la

« coquetterie » de nos grands-mères, en les « réadaptant » à la vie contemporaine. Et j'espère donc que les femmes d'aujourd'hui sauront également changer en cela, ou plutôt qu'elles sauront intégrer la séduction intraconjugale à leur processus de changement.

Tout devient encore plus difficile quand les choses sont compliquées par des malentendus ethniques et culturels. C'est ce qu'a vécu une jeune Colombienne de 30 ans, Maria. Son mari, Jean, est un Charentais de 35 ans. Ils se sont connus et mariés à Bogota, où il s'est rendu pour son travail il y a huit ans. Mais maintenant, leur mariage bat de l'aile et depuis un an, ils ne font plus l'amour. Jean se plaint de Maria, disant qu'elle ne prend jamais l'initiative au lit ; et en conséquence, il tend à éviter les rapports sexuels et, maintenant, également leurs séances de psychothérapie de couple.

Je rencontre Maria pour un entretien individuel et elle me raconte un triste passé sentimental. Quand elle avait 12 ans, le petit frère du second mari de sa mère l'entourait d'attentions ambiguës. Le jour, il était gentil et protecteur (il allait la chercher à l'école, lui faisait des cadeaux, l'emmenait au cinéma) et la nuit, il entrait en cachette dans sa chambre, profitant du fait que la porte n'était pas fermée à clé. Et quand la jeune fille avait essayé d'en bloquer l'entrée, il avait réussi à la forcer. Il entrait souvent alors qu'elle était déjà endormie, soulevait les couvertures et la regardait. Au pire, il lui caressait les seins. Et elle, elle était paralysée par la terreur d'être violée. Cela avait duré ainsi pendant trois mois, jusqu'au jour où Maria en avait parlé à sa mère, qui avait interdit au garçon de remettre les pieds dans leur maison.

À 18 ans, Maria a connu son premier petit ami. Elle était vierge, et son approche de la sexualité a été plutôt brutale. La première fois, il l'a obligée à faire l'amour, puis il l'a contrainte à dire qu'elle était une putain et à se comporter comme telle, lui demandant, avant chaque rapport, de lui faire un strip-tease. À 22 ans, Maria a rencontré Jean, qu'elle a épousé et suivi en Europe. Au cours de ces huit années de mariage, ils n'ont jamais vraiment communiqué, et j'ai l'impression que la consultation est leur dernière chance avant le divorce. En analysant leur vie sexuelle, je comprends que Maria a presque peur des attentions de son mari, surtout lorsqu'elle est au lit, dans un demi-sommeil. Cette situation lui rappelle les abus subis à 12 ans. Le poids du passé l'écrase. C'est pourquoi elle opte pour la stratégie que je lui propose : prendre l'initiative avec son mari, chose qui n'est pas pour déplaire à Jean. Elle n'a jamais osé être plus séductrice parce qu'elle avait été conditionnée par son petit ami colombien, qui lui répétait que les femmes trop sexy, qui font comprendre qu'elles sont intéressées par le sexe, sont peu sérieuses.

Durant nos entretiens, Maria a réfléchi au fait qu'elle vit désormais dans une autre culture et que dans l'intimité, les femmes actuelles peuvent prendre l'initiative, tout comme les hommes. Cela l'a fortement rassurée. Et surtout, son nouveau rôle sexuel actif l'éloigne du plus grand danger pour elle : supporter les avances de son mari lorsqu'elle est à demi endormie. J'ai revu Maria et Jean un mois plus tard, et entre-temps, ils avaient recommencé à faire l'amour. Elle n'avait plus peur, parce que enfin, elle contrôlait la sexualité. Et lui était extrêmement satisfait que sa femme soit devenue plus entreprenante.

Pour améliorer la sexualité et la vie de couple, il faut savoir analyser le passé, faire réémerger des peurs et des traumatismes ; et bien souvent, de simples conseils pratiques font progresser la relation sexuelle.

ET SI L'AMANT EST UNE FEMME ?

Que se passe-t-il quand une femme mariée a comme « amant » une femme ? J'ai souvent rencontré des histoires de ce type au cours de mon activité professionnelle. Comme celle de Lauriane, 40 ans, psychologue, une femme tout à fait jolie et séduisante. Depuis des années, cette femme mariée a un secret : non pas un amant – elle a toujours refusé les avances des nombreux hommes que sa beauté attirait – mais une relation avec une autre femme avec qui elle va au cinéma, au théâtre, parfois même en vacances, sans que son mari ne se doute de rien. En effet, il ne s'agit pas tant d'une liaison sexuelle que d'une relation de tendresse.

L'attirance entre individus du même sexe est un passage obligé de l'adolescence, pendant laquelle l'amitié est entremêlée de passions et d'émotions. C'est là une phase absolument normale. Avoir une amie « de cœur », surtout à 14 ou 15 ans, signifie cultiver un lien très fort. C'est un véritable rodage sentimental qui implique l'intimité, la confiance, la complicité, la jalousie, etc. Mais cette première forme d'amour est rapidement remplacée par l'attirance pour des personnes de l'autre sexe.

Cependant, quand l'amour entre femmes reparaît à l'âge adulte sans être pour autant un choix homosexuel, je crois pouvoir distinguer quelques traits récurrents. En général, il s'agit de liens fondés sur une attirance de personnalités, et parfois sur des objectifs et des intérêts communs. Mais cet accord est des plus délicats. Pour qu'il dure, il faut le protéger des effets destructeurs des dynamiques inconscientes qui se produisent inévitablement. Et les difficultés qui se présentent dans les rapports entre femmes sont en général liées à un sentiment de rivalité ou à une identification excessive.

La tendance à l'identification deviendra d'autant plus

forte que l'environnement tendra à considérer les deux amies comme « inséparables ». En effet, seules deux personnes distinctes peuvent entrer en relation. Si elles sont identiques, il ne peut y avoir de rapport entre elles. Elles en viennent à former une unité dépourvue d'énergie.

L'histoire de Léa, une journaliste de 30 ans qui a un amant sur chaque continent, est encore différente. Lors d'un dîner, elle m'a attiré à l'écart pour me demander si toutes les femmes ont un clitoris. En effet, elle avait accepté les avances d'une amie, mais au moment crucial, m'a-t-elle raconté, elle ne l'avait pas trouvé... L'homosexualité de Léa n'a été que temporaire et dictée par l'envie de tenter aussi cette expérience. Elle est restée hétérosexuelle, développant une prédilection pour les accessoires de luxe, et notamment les vibromasseurs. Son magasin préféré est à Paris, où elle trouve des vibromasseurs – des objets chics et vaguement design – dans une boutique de mode.

De son côté, Hélène, qui a 47 ans, n'a pas l'attitude ludique de Léa. Selon elle, ses histoires d'amour avec les hommes se sont toujours mal terminées. En effet, elle a été quittée par son mari, puis par son nouveau compagnon. Depuis deux ans, elle a une liaison avec Rachel, une femme plus jeune qu'elle et extrêmement problématique qui suit une psychothérapie en raison de la relation tumultueuse qu'elle a entretenue avec un père violent. J'ai néanmoins l'impression qu'Hélène n'a pas véritablement changé d'orientation sexuelle. Elle a surtout besoin d'avoir quelqu'un à la maison, une personne qui lui apporte de la chaleur humaine. Elle était angoissée par le vide de son appartement après sa deuxième séparation.

Hélène a vécu au sein d'une famille perturbée. Sa mère lui reprochait d'être complaisante avec son père qui, lorsqu'il buvait, avait la main un peu baladeuse. En fait, Hélène était moins perturbée par le comportement ambigu de son père que par la froideur émotionnelle de sa mère, qui lui disait souvent, par exemple : « Si je reste avec ton père, c'est seulement par ta faute. » Hélène s'est mariée rapidement pour quitter cette maison, et comme cela se produit fréquemment dans de tels cas, elle n'a pas choisi l'homme qu'il lui fallait. Et sa relation avec Rachel est faite d'attentions réciproques. Rachel vient elle aussi d'une famille sinistrée ; elle est triste et a besoin de tendresse. La sexualité ne me semble donc pas être le moteur de cette relation. Ce sont deux femmes déprimées qui se sentent mieux ensemble que seules.

Hélène n'a pas de désirs positifs ou, du moins, les bloque. Alors qu'elle aimait cuisiner et aller danser, elle ne fait plus ni l'un ni l'autre. Elle a pris quinze kilos, voit très peu d'amis, et a commencé à souffrir d'insomnie. Elle ne s'aime pas et n'aime pas la vie. Et les antidépresseurs qu'elle prend ne l'aident pas à changer.

Je pense que ce qui a manqué à Hélène, c'est la chaleur humaine de sa mère, qui était froide et jalouse. Et ce manque mine sa confiance en elle-même depuis son enfance. N'ayant pas d'énergies vitales, elle les a recherchées chez les autres, d'abord des hommes, puis chez une femme susceptible de lui offrir la tendresse qu'elle a toujours demandée à sa mère. On parle souvent des adolescentes et de leurs rapports compliqués avec leur père. Mais si la relation avec la mère n'est pas bonne, et qu'il n'y a pas de grand-mère en mesure de remplacer cette figure maternelle défaillante, ces jeunes filles grandissent avec une cicatrice au cœur.

QUAND C'EST ELLE QUI GAGNE PLUS

Les filles d'aujourd'hui étudient plus que les garçons, ont de meilleures notes à l'école, sont diplômées plus tôt et en plus grand nombre. Mais quand elles se présentent sur le marché du travail, la situation change du tout au tout.

Les femmes ont encore du mal à s'affirmer. À travail égal, elles gagnent moins qu'un collègue masculin et sont encore bloquées par le « plafond de verre » qui les empêche de faire carrière et d'arriver au sommet de leur profession. Quoique les batailles féministes datent d'il y a trente ans, la situation est restée la même. La possibilité d'une égalité effective entre les deux sexes reste difficile à accepter. Et l'on reste donc perplexe devant une femme qui choisit un homme gagnant moins qu'elle.

Dans de tels cas, le couple est appelé à affronter une véritable crise, et pas seulement à cause des remarques des autres. C'est l'homme qui éprouve, inévitablement, une certaine ambivalence sentimentale à l'égard de sa compagne. Il arrive qu'il exprime des sentiments de mise en concurrence, mais souvent, il se réfugie dans des attitudes « dépressives » qui sont en fait une agressivité mal dissimulée vis-à-vis de sa partenaire, jugée plus « chanceuse ».

Des comportements différents à l'égard de l'argent peuvent causer des problèmes au sein de n'importe quelle union. Et s'ils ne sont pas verbalisés, ils peuvent même aboutir à sa désagrégation. Mais il est clair que ces problèmes sont plus accentués dans les couples où c'est la femme qui fait bouillir la marmite. Chaque couple devrait débattre des modalités de gestion de l'argent commun, de même qu'il discute de tous les aspects de la vie conjugale, dès le début de la relation. Il est vrai que certaines discussions sont difficiles parce qu'elles paraissent peu « nobles », et elles deviennent encore plus embarrassantes quand l'homme doit admettre son infériorité financière.

De tout temps, les pressions culturelles ont établi une corrélation entre le pouvoir et la virilité. S'il n'assure pas l'entretien de la famille, l'homme se sent donc privé de sa spécificité masculine et il considère sa situation comme une forme de dépendance de sa femme, qui est déjà maîtresse de la sphère reproductive. Dans des conditions reconnues comme « peu courantes », la construction d'un couple harmonieux exige un effort des deux partenaires dans la redéfinition de leur sphère privée et de leur sphère sociale, et leur capacité « de couple » à protéger leur droit à la recherche du bonheur des pressions de l'environnement et du poids des idées reçues.

Il existe aussi un autre obstacle sur le chemin de ces couples. En effet, Thomson et Walker [7] ont découvert que quand la femme gagne plus que le mari, le partage des tâches domestiques n'est pas non plus égalitaire. Dans certains couples qui sont venus nous voir au centre familial de Genève, nous avons même constaté que les schémas traditionnels se reproduisent. L'homme sent bien qu'une évolution a eu lieu, mais il continue à se comporter comme son père et son grand-père. Il s'assoit à table en attendant que le dîner soit prêt et ne se lève même pas pour débarrasser, même si sa femme est rentrée plus tard que lui de son travail. Quant à elle, elle en vient à se sentir obligée de justifier son salaire et à s'en excuser, disant par exemple qu'il touche « forcément » moins, puisqu'il est fonctionnaire.

Les couples au sein desquels la disparité financière contribue à l'équilibre de la relation sont bien plus authentiques. Prenons, par exemple, celui d'Adrien, 38 ans, sculpteur, et de Tina, 35 ans, avocate. Il ne vend pas beaucoup d'œuvres, mais est content de pouvoir se consacrer à son art, parce qu'il estime que l'être humain n'est pas fait pour travailler, surtout aux rythmes frénétiques d'aujourd'hui. Tina, elle, a une personnalité active et est très agressive dans son travail, même si elle éprouve une certaine nostalgie romantique qu'Adrien nourrit. Leur inégalité n'est donc que « salariale ». Pour lui, il importe peu qu'elle gagne plus ; cela n'entame pas sa virilité.

Leur seule différence réside dans la signification qu'ils attribuent à l'argent. Elle est une fourmi, qui encaisse et accumule, alors que lui est une cigale : il a un rapport ludique à l'argent et aimerait qu'il serve à rendre leur vie plus divertissante. C'est d'ailleurs un point dont ils débattent. En tout état de cause, je suis sûr que comme bien d'autres couples, ils sauront utiliser la complémentarité de leurs caractères pour renforcer leur lien au lieu de se critiquer à cause de leurs divergences.

Margot, elle, a 30 ans et vit avec José, qui en a 28. Il est musicien et, le soir, travaille comme barman pour gagner sa vie. Le problème est qu'elle vit son absence comme une sorte d'abandon et se plaint d'être toujours seule le soir et de se sentir très mal. Ce n'est qu'après une brève thérapie cognitive, durant laquelle elle a lu mon ouvrage sur l'estime de soi[8], que Margot a comparé son compagnon à l'homme idéal dont elle a toujours rêvé. Et depuis, elle parvient à être « légère » avec lui ; elle investit sa colère, transformée en énergie, dans son travail. Elle est plus satisfaite professionnellement, et gagne davantage. Et dans le même temps, comme ils ont discuté, José a quasiment abandonné son travail de barman afin d'être plus souvent avec elle le soir.

LES FEMMES QUI NE CHANGENT PAS

Tout au long de ce chapitre, nous avons parlé de femmes qui ont changé, en général positivement, mais on ne peut oublier les autres, celles qui ne veulent et ne peuvent pas changer, que ce soit sur le plan sociologique ou psychologique, après avoir fait des choix sentimentaux peu heureux. Ainsi Camille, 52 ans, est propriétaire d'un restaurant, mais n'a pas l'intention d'investir toute son énergie dans le travail. Elle veut un homme à elle. En réalité, elle veut avoir du pouvoir sur un homme parce que son père, qui est violent et autoritaire, les battait, sa mère et elle, quand il trouvait qu'elles n'obéissaient pas. Elle a rencontré Georges, un sexagénaire qui a perdu une main dans un accident du travail. Je la soupçonne de l'avoir choisi parce qu'il lui semblait plus fragile et plus soumis que d'autres. Or leur relation est houleuse : ils se disputent, elle hurle, il menace de la quitter (même s'il n'y pense pas vraiment) et elle est alors saisie de crises de panique.

Le problème réside dans le caractère autoritaire et possessif de Camille, qui a fait fuir non seulement son premier mari, mais aussi son fils (qui a demandé au juge à aller vivre avec son père). Elle oscille désormais entre des moments de despotisme et d'autres de dépression, disant que sa vie sexuelle et affective est finie. Je suis d'avis que les choix sentimentaux de Camille sont trop conditionnés par des motivations affectives liées au passé, alors qu'elle devrait se concentrer sur le présent et sur l'homme qu'elle a devant elle. Dans de tels cas, il est bien plus probable que le couple apporte davantage de malaise que de bien-être.

Irène, 38 ans, est mariée à Claude, qui en a 40 et est un véritable *workaholic*, un drogué du travail. Il a une bonne image sociale, mais est très peu sûr de lui au niveau sentimental. Il est rigide et impulsif. Il a fait carrière, ils ont acheté une maison, et maintenant, il voudrait avoir un enfant comme symbole de sa réussite sociale. Bref, il veut que son mariage reprenne les schémas classiques.

De son côté, Irène n'est pas heureuse. Elle supporte son mari parce qu'elle est peu sûre d'elle. En famille, elle a toujours été critiquée et peu appréciée. Et maintenant, à 38 ans, elle ne sait plus que faire : devrait-elle partager le désir de Claude, rester avec lui et essayer d'avoir un enfant, en dépit d'une sexualité peu satisfaisante et de son mauvais caractère, ou refuser et laisser la porte ouverte au divorce ? Mais à son âge, compte tenu de sa grande insécurité et de son absence de projet précis, il est difficile de partir. En outre, elle a déjà fui une fois : elle s'était mariée pour s'éloigner de sa famille.

Dans ce couple, le projet d'enfant n'est pas un projet d'amour, mais seulement un moyen de renforcer un mariage qui, vu de l'extérieur, paraît réussi, mais qui, intérieurement, présente de nombreuses fêlures et des défauts de communication. Au lieu de se demander si elle doit ou non se plier aux désirs de son mari, Irène devrait regarder en elle-même afin de comprendre quels sont les siens. Pour être heureuse, il faudrait qu'elle change, mais son insécurité lui barre sans doute la voie du changement.

Un phénomène typique des couples malheureux est l'intensification de ce sentiment le week-end. L'exclamation « Dieu merci, nous sommes lundi » n'est pas une phrase absurde, mais le titre d'un livre paru aux États-Unis il y a quelque temps sur les raisons pour lesquelles de nombreux couples souffrent du « syndrome du weekend », qui se caractérise essentiellement par l'ennui et une augmentation de la fréquence des disputes. C'est comme si le samedi et le dimanche, les partenaires découvraient tout à coup qu'ils ne savent pas quoi faire ensemble. Le problème se pose surtout quand ils se sont choisis par passion, et non par affinité. En effet, lorsque la passion s'atténue, il peut apparaître que leurs attentes relatives à la vie commune sont bien différentes : elle, par exemple, voudrait passer tout son temps libre avec lui, alors que lui voudrait garder ses habitudes de célibataire.

Ce phénomène peut sembler banal, mais d'un point de vue émotionnel et psychologique, il est très mal vécu par les couples qui s'y heurtent. Bien souvent, les deux partenaires tendent à trouver ces différences pernicieuses. Ils les interprètent comme des signaux de désamour et en viennent à remettre leur relation radicalement en cause.

C'est ce qui est arrivé à Manon et Jean, qui ont 34 et 35 ans. Il y a quelques années, le syndrome du week-end les avait poussés à une séparation qu'ils n'avaient cependant pas vraiment désirée, et au bout de quelques mois, ils avaient réussi à se retrouver. Il s'agit d'un couple plein de ressources et de sentiments positifs, mais qui, pendant des années, n'a pas pu passer un seul week-end serein. Quand ils se réveillaient le samedi matin, c'était le début de deux jours horribles durant lesquels ils se disputaient en permanence, se reprochant mutuellement de détruire leur relation. Jean aime paresser et rester dans son fauteuil à lire les journaux, louer une cassette à regarder, ou tout au plus aller avoir une exposition ou un film. Et Manon, qui est hyperactive, voudrait faire trente-six mille choses et, surtout, souffre à l'idée de rester en ville. Aussi proposait-elle des sorties, des randonnées en montagne, des balades en vélo... Elle ne pouvait admettre l'idée qu'ils aient des intérêts différents, et continuait donc à se faire du mal et à lui faire du mal en désirant de lui qu'il fasse « spontanément » ce dont elle avait envie.

Les exigences et les récriminations permanentes de Manon avaient pour effet de figer encore plus Jean dans ses refus, et elle réagissait en se refermant sur elle-même, accablée par la douleur et la rancœur. Leur manque de complicité et leur difficulté à communiquer avaient fini par les mener à la « paralysie affective ». Lorsqu'on est consulté pour ce genre de cas, il est toujours bon de se demander ce que signifie, pour les partenaires, le partage ou non de leur temps libre. Au début, il peut être très facile de renoncer à son espace et à ses intérêts pour une histoire d'amour. Mais une fois que l'autre a été conquis, on se sent rassuré et les renoncements peuvent commencer à peser. En outre, ils n'ont aucune fonction positive à l'intérieur du couple. Malheureusement, si l'on ne réussit pas à accepter l'idée que l'autre peut avoir des intérêts divergents et que le temps libre peut et doit même être géré en commun, la tendance à la fuite de l'un des deux et à l'angoisse d'abandon de l'autre risque de se développer sensiblement.

Il est donc vrai que les femmes ont changé. Il arrive que ce changement les rende trop bagarreuses ou trop autoritaires, ou encore qu'il ne soit pas accepté par leur partenaire. Mais heureusement, dans d'autres cas, la transformation survenue apporte à l'amour une sève nouvelle qui le fait durer.

CHAPITRE XII

Couples et familles

Du couple à la famille, de l'alcôve au nid, le passage se fait de plus en plus tard. Aujourd'hui, rares sont les femmes qui ont un enfant avant 30 ans. Elles veulent d'abord faire des études, mieux même, obtenir un diplôme, trouver un travail. Et après seulement, chercher le partenaire qui leur convient pour fonder une famille. Les « primipares tardives », pour utiliser un terme médical, sont devenues la règle, du moins dans les grandes villes. L'enfant est conçu autour de 30 ans, dans la plupart des cas à 35, parfois à 40.

Ce qui veut dire que toutes les dynamiques qui transforment et modifient le couple interviennent plus tard. Autrefois, à 50 ans, la femme risquait la dépression parce que le nid s'était vidé : ses enfants avaient quitté la maison, ses parents étaient morts. Aujourd'hui, au contraire, les femmes souffrent plus souvent d'anxiété que de dépression [1], vu que le nid n'est plus du tout vide mais par trop rempli. D'ailleurs, le bouche à oreille a très bien fonctionné, ces dernières années, pour un roman au titre éloquent *Je ne sais pas comment elle fait* [2], qui s'est très bien vendu auprès des femmes. L'héroïne essaie de se partager entre son mari, les enfants, la baby-sitter, son chef de service et la réunion prévue à dix-huit heures : ce sont les aventures tragi-comiques d'une femme à bout de souffle, engagée dans une course contre la montre.

Pour les femmes, le temps disponible est, certes, le même que pour les hommes, mais leurs tâches ne se comptent plus. Si, quand les enfants sont petits, il faut jongler avec la crèche et la baby-sitter, les années passant, la charge de travail se complique et s'alourdit, au lieu de diminuer. Elles doivent faire face, d'un côté, à des parents âgés et malades, nécessitant soins et attentions et, de l'autre, alors qu'elles ont la cinquantaine, à des préadolescents ou adolescents qui risquent fort de rester dans le nid encore un bon bout de temps. Sans parler du mari qui, s'il a perdu son emploi ou est en préretraite, est à la maison lui aussi… Le couple, et tout particulièrement la femme, subit donc toutes les tensions de la génération *précédente* et de la génération *suivante*. L'âge critique ? Entre 40 et 50 ans.

Voilà, bien sûr, pour le parcours « normal ». Mais certaines ne parviennent pas à former un couple stable, à avoir des enfants… Voyons donc ensemble ce délicat passage entre l'alcôve et le nid (parfois trop plein), en partant de toutes les « perturbations » générationnelles possibles.

L'OMBRE DES PARENTS

Valentine, 35 ans, célibataire, a rencontré Denis, 36 ans, et est entrée un peu trop vite dans sa vie. En l'espace d'un mois, elle a remis de l'ordre dans son studio, lui a conseillé de s'acheter une voiture au lieu d'utiliser celle de son père, lui a demandé pourquoi sa mère lave et repasse encore ses chemises, et surtout pour quelle raison elle a les clés de chez lui et vient, toutes les semaines, faire son ménage. L'incorrigible petit garçon à sa maman a rapporté les propos de Valentine à ses parents, qui les ont très mal pris (surtout sa mère) et n'ont pas manqué de lui dire qu'elle n'était pas la fille qu'il lui fallait. Il valait donc mieux qu'il ne la voie plus.

Denis, qui manque d'assurance, y compris sexuellement, est encore très attaché à sa famille ; malheureusement pour lui, son grand amour, c'est elle, et non Valentine. La jeune femme m'a demandé mon avis, hélas peu encourageant : je crois qu'il faut qu'elle l'oublie. Mieux vaut chercher un autre compagnon et, cette fois, être plus prudente et, sans doute, moins anxieuse.

Béatrice, une infirmière de 35 ans, vit, elle, avec Daniel, qui a son âge. Elle vient consulter pour une anorgasmie (elle ne peut pas avoir d'orgasme). Aucun problème pendant les préliminaires, mais dès qu'il y a pénétration, elle fait un blocage. Elle n'a plus de lubrification, ressent une très forte crampe à la jambe gauche et voit, comme dans un flash, le visage de sa mère. Cela se produit depuis que Daniel est venu vivre avec elle, chose que désapprouve sa mère, qui trouve que c'est un opportuniste puisqu'il ne paie pas le loyer.

Béatrice est la fille unique d'une mère possessive. Elle se souvient encore du jour où celle-ci l'a surprise en train de se masturber, à 6 ans, et l'a profondément culpabilisée. Béatrice a eu sa première relation à 18 ans ; depuis, elle joue les séductrices, porte des vêtements sexy et a quelques aventures avec des hommes peu fiables qui lui laissent de mauvais souvenirs. À 30 ans, donc, elle rencontre Daniel. Petit à petit, ils parlent de mariage et font des projets.

Cette jeune femme doit désormais se libérer de ses parents trop envahissants qui critiquent Daniel et la poussent à trouver un meilleur parti. Mais il n'y a pas que sa mère qui assombrisse son bonheur ; son père aussi. D'ailleurs, ce couple se dispute depuis toujours. Le père a l'habitude de crier, de claquer les portes et de brandir la menace du divorce (il n'est, cependant, jamais passé à l'acte). C'est aussi pour cette raison que Béatrice est allée passer un an en Irlande, à la fin de ses études, pour apprendre l'anglais ; une bonne façon de commencer à s'émanciper de sa famille. Mais de toute évidence, les problèmes refont surface, sans doute précisément parce qu'elle est en train de former un couple stable avec Daniel. En effet, le symptôme hystérique de sa crampe à la jambe durant les relations sexuelles demeure, de même que l'apparition de l'image réprobatrice de sa mère, dès qu'elle ferme les yeux.

De fait, c'est parfois le corps qui « parle » et nous dit ce que les mots ne parviennent pas à exprimer. Il faut réussir à « l'écouter », à en saisir le message. J'ai, pour cette raison, trouvé particulièrement intéressante l'histoire de Danielle. Cette jeune femme de 32 ans a quitté son village de province, il y a quelques années, pour s'installer dans la capitale où elle espère trouver un débouché professionnel. Elle présente une cystite chronique qui, selon son gynécologue, n'a pourtant aucune cause organique. La voyant très anxieuse, il lui a conseillé de consulter un « psy » pour vérifier si ce symptôme n'était pas d'origine psychosomatique.

Danielle, fille unique, a quitté ses parents, qui vivent dans le Sud. Elle ne parle pas de son déménagement, mais s'attarde sur le froid qu'il fait dans le Nord. Au fur et à mesure que je tente d'établir un lien entre son vécu corporel et ses émotions, elle comprend qu'elle s'est fabriqué un souvenir présentable et « météorologique » de ses troubles urinaires. Il est vrai que le temps était plus froid dans la capitale que dans le Midi. Mais elle, c'est au cœur qu'elle avait froid. En fait, les troubles sont apparus pour la première fois quand ses parents, venus l'aider à s'installer, sont repartis chez eux. Ils n'ont même pas diminué lorsqu'elle est tombée amoureuse, sous l'effet de cette nouvelle chaleur affective. Au contraire, elle était extrêmement gênée car elle devait se lever souvent, la nuit, pour aller aux toilettes, réveillant ainsi son ami. Ce qui a fini par troubler aussi leur vie sexuelle.

Danielle est une de ces jeunes femmes qui semblent très combatives, mais ne se sont pas vraiment séparées de leur famille. Or pour être adulte et autonome, il faut quitter ses parents pour de bon, dans sa tête. Les troubles urinaires sont en train de disparaître peu à peu grâce à la psychothérapie, qui aide Danielle à devenir plus autonome.

J'ai souvent parlé dans mes livres des problèmes causés par l'absence du père ou par sa trop forte présence, mais bien des gens connaissent des troubles, dans leur vie adulte, du fait d'une mère distante et froide. Par exemple, Jeanne, une jeune femme très maigre de 33 ans. Inquiète, elle vient consulter, car chaque fois qu'elle essaie de faire l'amour avec son partenaire, elle n'y parvient pas. Elle n'a pas peur de la pénétration, comme dans les cas les plus courants de vaginisme ; le problème est qu'elle ne s'aime pas et ne se connaît pas en tant que femme. Elle ne s'est jamais touchée, ne sait pas ce qui peut lui procurer du plaisir. Son estime de soi, purement intellectuelle, provient de ses études, dans lesquelles elle est brillante, et de l'université (elle est l'assistante d'un célèbre professeur).

Jeanne me parle de sa phobie des araignées, et je déduis de notre entretien qu'elle voit les autres, hommes ou femmes, comme des êtres violents et dangereux. Elle a déjà pris des anxiolytiques et des antidépresseurs pendant quelque temps, mais ce problème ne peut être résolu à l'aide de médicaments : il se niche dans son passé. Jeanne est fille unique et n'a pas connu son père, mort dans un accident de la route. Sa mère, courageuse, l'a élevée seule, mais c'est aussi une femme dure et froide, qui ne lui a donné ni chaleur ni affection.

Telle est la blessure que Jeanne porte en elle. Confrontée à la vie, elle se renferme dans sa coquille. Comme son vagin. Elle ne parvient à « s'ouvrir » ni sur le plan érotique ni sur le plan émotionnel. Alors qu'elle cherche à savoir pourquoi elle ne réussit pas à avoir des relations sexuelles, je crois, pour ma part, que ce sont les relations humaines qu'elle doit apprendre au cours de la thérapie. La psychothérapie peut être une corbeille à papiers, où l'on jette tous ses mauvais souvenirs ; ou bien une machine à laver où l'on fourre son linge sale. Et ce dont Jeanne a besoin, c'est justement de laver le linge sale de son passé.

Situation analogue pour Rose, 30 ans passés, encore vierge quoique mariée depuis cinq ans. La première fois, elle est venue seule au cabinet, désespérée, parce qu'elle voulait un enfant. Elle a entamé avec une consœur médecin un traitement fondé sur des exercices de désensibilisation progressive et systématique des muscles du vagin. Ce n'est qu'à l'issue de cette phase que j'ai connu son mari, Angelo, qui est lui aussi très anxieux, mais compréhensif. Toutes les conditions semblaient donc réunies pour poursuivre le traitement avec une relative tranquillité d'esprit malgré la « collusion » du couple, c'est-à-dire la dangereuse combinaison de leurs anxiétés.

Huit mois après le début du traitement, Rose découvre qu'elle est enceinte. Le couple éprouve une grande émotion, mais, à ma grande surprise, me déclare franchement qu'il n'est pas sûr de vouloir garder l'enfant. Conscient qu'il existe chez certains parents une hostilité naturelle, plus ou moins manifeste, à l'encontre de leur enfant, je décide de m'intéresser à la façon dont Rose et son mari perçoivent leurs parents. Voici ce que j'apprends.

Rose a toujours considéré sa mère comme une femme solide et à l'écoute des besoins de ses enfants. Il était donc logique que le passage du rôle de fille au rôle de mère, et la comparaison qu'elle faisait spontanément avec le modèle maternel, engendre chez elle une certaine appréhension. La « restructuration » positive induite par le déclenchement de sa grossesse s'est, dans son cas, effectuée selon un processus graduel de détachement de cette encombrante figure maternelle, jusqu'à ce que Rose parvienne, au fil des semaines, à être autonome et à se vivre comme une mère potentielle, différente de la sienne ; moins solide, mais plus affectueuse et plus humaine. Et le couple a, au bout du compte, et de quelques séances, choisi de garder l'enfant !

Prenant comme modèle l'éthologie et la notion d'empreinte applicable non seulement aux animaux mais aussi à l'être humain, John Bowlby [3] a affirmé qu'à la base de la notion de formation du couple, il y a le type d'attachement à une figure de référence qui s'est développé pendant l'enfance. Cette figure orienterait la recherche d'un certain modèle de partenaire dans la vie d'adulte. Heureusement parfois, dans le développement de tout individu, interviennent aussi divers facteurs permettant une certaine différenciation par rapport à la famille d'origine ; dans le cas de Rose et Angelo, par exemple, ce sont leurs anxiétés initiales respectives qui ont orienté leurs choix : elle a choisi un mari trop tendre, et lui une femme qui ne voulait pas être pénétrée.

Les couples vivent en leur sein des conflits permanents, notamment parce que chaque partenaire se sent comme une moitié et cherche, chez l'autre, la moitié qui lui manque. Or on ne peut bien vivre aux côtés d'une autre personne qu'en se sentant soi-même « entier », autrement dit si l'on a atteint un certain degré de différenciation et si, par conséquent, on ne choisit pas son partenaire en raison d'un besoin de complémentarité et de fusion, mais par désir et par affection.

En amour, il ne faut donc pas chercher les causes de

l'attirance dans le présent, dans les relations établies, mais dans le pesant bagage que nous transportons depuis notre enfance. Si nous ne parvenons pas à nous séparer du passé, nous ne pouvons pas aimer vraiment. J'entends par là que chacun doit apprendre à se détacher de certains modèles pour instaurer des relations exprimant une vraie recherche individuelle et personnelle, car il ne s'agit pas de mettre en place des substituts de la famille d'origine.

C'est justement parce que le couple se caractérise par le fait d'être un système influencé par d'autres systèmes sociaux qu'il est nécessaire, une fois passée la période où l'on tombe amoureux de l'autre (et où on l'idéalise), de continuer de remanier le scénario élaboré pour favoriser le processus d'individualisation de chacun des partenaires. Comme si, au cours de son évolution, le couple devait réinventer en permanence sa propre façon d'être pour ne pas encourager la cristallisation de certains modèles stéréotypés, principalement familiaux.

QUAND L'ENFANT PARAÎT

Valérie, 43 ans, me demande jusqu'à quand il faut absolument, il est légitime ou il est bon de rester avec un homme exclusivement par amour pour ses enfants. La question confirme une nouvelle fois le fossé actuel qui existe entre couple et famille. Dans le cas de Valérie, épouse insatisfaite, la réponse dépend de ses valeurs morales, mais aussi de son indépendance financière et affective, et non seulement du rôle que ses enfants jouent dans sa vie et du sens qu'ils lui donnent.

En effet, que *signifient* les enfants pour une femme ? Pour beaucoup, avoir un enfant est plus qu'un désir, c'est la seule manière de se sentir vraiment femme ; sentir leur ventre qui grossit, vivre viscéralement leur grossesse, allaiter le nouveau-né. C'est ainsi seulement qu'elles se sentent accomplies. De plus, l'enfant est un symbole à montrer avec fierté en société. Le modèle masculin historique est celui du patriarche, qui mesure sa virilité à l'aune du nombre d'enfants assis à sa table. À l'inverse, le modèle féminin est Cornélie, la mère des Gracques, qui exhibait fièrement ses deux fils quand on lui demandait de montrer ses bijoux (je précise toutefois que cet exemple de vertu maternelle oubliait de montrer sa fille Sempronie...).

D'autres motivations inconscientes, plus pathologiques, peuvent faire de la grossesse un antidépresseur destiné à combler un vide affectif, voire, dans certains cas, un instrument de sabotage de l'existence lorsque la grossesse intervient dans des conditions tellement inacceptables que le désir d'enfant masque indubitablement une pulsion masochiste. Voici deux histoires dans lesquelles l'enfant joue le rôle d'un antidépresseur destiné à soigner le mal de vivre de sa mère.

Laure, 35 ans, est mariée avec Philippe, qui en a 37. Lui travaille beaucoup et est terriblement pessimiste. Il refuse de voir la vie du bon côté. Et voilà que Laure se retrouve enceinte – par hasard – sans qu'ils ne l'aient programmé. Elle est tout de même contente et voudrait bien mener la grossesse à son terme. Lui s'y oppose : dans ce monde « infect », dit-il, il ne veut pas d'enfant. Laure a déjà une fille de 20 ans, conçue avec un disc-jockey qui est ensuite sorti de sa vie. Elle était très jeune à l'époque et a confié la petite à son frère aîné qui l'a élevée puis adoptée. Sa fille ne le sait pas et l'appelle « ma tante ». Voilà pourquoi Laure a tellement envie de cette grossesse : pour elle, c'est une réparation de la perte de sa fille, ainsi qu'une preuve de confiance dans la vie et dans le nouveau couple qu'elle a formé. Un enfant qui ferait office d'antidépresseur.

Clara est, elle aussi, tombée enceinte par hasard et souhaite garder le bébé. Elle a 37 ans et dit que l'enfant qui va arriver est l'une des rares belles choses d'une vie placée sous le signe de la tristesse. Elle a eu une enfance et une adolescence malheureuses ; son père était un coureur de jupons et sa mère lui répétait souvent : « Les femmes souffrent et les hommes vont s'amuser ailleurs. » Élevée dans cette idée de douleur féminine, Clara me raconte sa vie intime : des règles horriblement douloureuses, la tentative de viol à 16 ans et une dyspareunie persistante (elle a mal quand elle fait l'amour). Sa grossesse, elle la vit comme un tournant décisif. Elle est certaine qu'elle arrêtera ainsi de ruminer sur son triste sort et pourra, avec son enfant, penser enfin à l'avenir. Ne portons pas de jugements sur les motivations qui poussent à faire un enfant : il n'y en a pas de « bonnes » ou de « mauvaises ». Si la raison seule dictait nos actes, qui oserait faire un enfant ? Nul ne maîtrise l'avenir, et le présent sème plutôt le doute et l'angoisse. Parmi les bébés, on trouve donc les « enfants du désir » et ceux du « besoin », comme chez Laure et Clara.

Autrefois, un couple faisait *d'abord* des enfants et ne pensait à la contraception qu'*après*, une fois la famille constituée. De nos jours, il pense *d'abord* à la contraception et fait des enfants *après* (peut-être). Par le passé, les enfants jouaient un rôle économique : ils aidaient aux travaux des champs, dans l'entreprise familiale ou en rapportant un salaire à la maison, et ils assuraient la transmission du patrimoine et la continuation du clan. Aujourd'hui, nous assistons à un changement radical : avoir des enfants est, socialement, plus un devoir qu'un gain. L'enfant a pris une valeur nouvelle au sein du couple : il s'est « privatisé » et a acquis un sens nouveau par les gratifications affectives qu'il apporte à ses jeunes parents. En raccourci, si l'enfant était autrefois un « investissement », une sorte de capital, d'assurance-vie ou de pension de vieillesse, il est désormais un « luxe », et c'est là une véritable révolution copernicienne.

Jadis, donc, les gens se mariaient pour avoir des enfants, et le couple était identifié à la fonction procréative. Désormais, nous vivons le contraire : ce n'est pas l'enfant qui définit le couple, mais plutôt le couple qui choisit s'il va faire un enfant, après s'être longtemps interrogé sur son aptitude à la vie à deux ou s'être, à l'inverse, très longtemps demandé si la venue d'un bébé n'allait pas rompre ou perturber l'équilibre établi.

Or, tandis que l'enfant passe du domaine public au domaine privé, le sexe, lui, devient de plus en plus un phénomène public. Autrefois, faire des enfants était un devoir envers la société, et le plaisir sexuel était tabou ; de nos jours, le sexe est devenu plus ou moins obligatoire, et l'enfant est en passe de devenir tabou, au point que la procréation est en quelque sorte « soumise à conditions ».

LORSQU'UNE NAISSANCE EST SYNONYME DE DÉPRESSION, DE TRAUMATISME OU DE DEUIL

Aurélie, 38 ans, a eu un enfant l'an dernier et, depuis, elle est hypersensible et pleure sans raison. C'est, à son avis, le baby-blues qui suit l'accouchement. En réalité, quand on connaît son histoire, on comprend que sa dépression a commencé bien avant.

La mort de son père, il y a cinq ans, a provoqué chez elle une réaction d'hyperactivité. Sur un coup de tête, elle est partie au Mexique où elle est restée deux ans, dilapidant la petite somme reçue en héritage ; elle y a aussi connu plusieurs hommes. De retour en France, elle a cherché un travail, jusqu'à ce que sa mère tombe malade d'un cancer, il y a deux ans, et qu'Aurélie soit choisie, parmi tous les membres de la famille, pour lui venir en aide. Elle a alors quitté son travail, ses frères lui versant l'argent pour les dépenses, et elle a emménagé chez sa mère dont elle s'est occupée jusqu'à sa mort.

Aussitôt après sa disparition, elle a découvert qu'elle était enceinte, « par hasard », dit-elle, sans compagnon à ses côtés. Elle a décidé de poursuivre sa grossesse et a accouché par césarienne, ce qu'elle considère comme un drame, elle qui aurait tant voulu une naissance naturelle. Désormais, elle est seule avec son bébé, épuisée et éprouvée. La fatigue que causent les soins du nourrisson, son allaitement et les changes, sans aucune aide, a été accentuée par tout ce qu'elle a dû faire après le décès de sa mère : démarches administratives, mise en ordre de la maison, tri des vieux meubles, des vêtements, des objets ayant appartenu à sa mère.

Cette année, Aurélie a côtoyé et la vie et la mort, mais de façon trop pesante, trop forte. Elle ne souffre pas de dépression post-partum, mais bel et bien d'une dépression de type abandonnique, car cette femme est en deuil de ses parents. C'est sans doute pour cette raison qu'elle est tombée enceinte : non pas « par hasard », comme elle le prétend, mais pour reprendre goût à la vie dans une période marquée par la mort. Se posent pourtant, désormais, des problèmes pratiques, lourds, mais qu'il faut résoudre : Aurélie me dit qu'elle est du genre bohème, qu'elle veut vivre autrement, sans règles ni contraintes, mais, avec un bébé, il faut s'organiser et respecter des horaires. Elle a donc besoin d'un soutien psychologique et matériel. Dès qu'elle aura fini d'allaiter, il faudra sans doute lui prescrire des antidépresseurs, car, pour le moment, elle est tournée vers le passé et ne parvient pas à voir l'avenir.

Sandra, 35 ans, est, elle aussi, déprimée. Enceinte, elle a eu une grave crise d'éclampsie (c'est-à-dire d'hypertension artérielle). Il a fallu pratiquer une césarienne au sixième mois pour sauver la mère et l'enfant. Un mois après la naissance, elle vient consulter. Elle porte des vêtements noirs et des lunettes de soleil, quoique le temps soit couvert. Elle dit être lasse et, surtout, avoir peur de mourir.

Durant la grossesse, son corps l'encombrait, elle avait honte de montrer son gros ventre et ne sortait plus de chez elle. Maintenant, cette femme anxieuse et sans grande énergie ne veut plus voir sa fille dans la couveuse parce qu'elle est « pleine de tubes ». Peu à peu, au cours de nos entretiens, elle comprend heureusement qu'elle doit consacrer toute son énergie à sa fille, pour qu'elle vive. Ce qu'elle fait, jusqu'à ce que la petite sorte de l'hôpital et rentre enfin à la maison.

Tout est bien qui finit bien ? Non, car en faisant appel à toutes ses forces pour s'occuper du bébé à l'hôpital, puis à la maison, Sandra a négligé son rôle d'épouse. Et elle revient me voir parce que son couple bat de l'aile. D'après ce qu'elle me raconte, c'est comme si elle avait « chassé » son mari du lit conjugal. Il s'agit d'un homme faible, qui a été battu par sa mère durant son enfance et qui s'agrippe à sa femme pour survivre.

L'accouchement prématuré et à risques a donc jeté le trouble dans ce couple installé dans la routine qui ne supporte pas les événements extérieurs perturbateurs et nocifs. Je pense que Sandra a bien réagi en se concentrant sur sa fille prématurée ; toutefois, cette énergie, elle l'a soustraite à son mariage. Si le médecin accoucheur a dû pratiquer une césarienne en urgence, c'est au tour d'un psychiatre, maintenant, d'aider ce couple à surmonter cette crise qui a modifié leurs rôles de mari et de femme.

Certains couples fonctionnent bien dans la routine, mais, face à un événement imprévu et traumatisant (maladie, accident ou un accouchement prématuré, comme ici), leur équilibre se rompt. D'ailleurs, ce n'est pas seulement un problème lié à la vie à deux. Beaucoup de gens sont incapables de gérer l'urgence.

Or il peut arriver à un couple qui attend un enfant d'être confronté à des imprévus dramatiques : une fausse couche, un enfant mort-né. Mais le plus dur à supporter, ce sont les deuils périnatals, ou la mort du bébé dans ses premiers mois. Bowlby en a bien décrit les phases : le choc, la négation de la mort, puis la colère, la tristesse et, enfin, l'acceptation. Celle-ci est d'abord rationnelle, puis émotionnelle. Ensuite seulement, on s'attache à quelque chose qui fait reprendre goût à la vie, parfois un autre enfant. Dans certains cas, les parents qui ont subi cette épreuve en sortent plus mûrs, c'est l'évolution favorable. Dans d'autres, le deuil est pathologique avec une absence apparente d'émotions ou encore une irritabilité exacerbée envers son médecin ou son partenaire. C'est précisément la raison pour laquelle Cécile Rousseau, un médecin belge, a créé un rituel social qui permet de surmonter le sentiment d'incrédulité et la négation, pour laisser s'épancher les émotions et organiser le deuil psychologique.

Dans sa brutalité, la mort soudaine d'un nourrisson met durement à l'épreuve les parents. L'intensité du deuil affecte tous les aspects de leur existence : leur intimité, leurs capacités de communication, leur vie sexuelle et même leurs relations sociales. Ce déséquilibre peut parfois aller jusqu'à la séparation. Ce qui arrive, par exemple, quand l'un des deux partenaires commence à rendre l'autre responsable de ce qui s'est produit, souvent en raison d'une blessure narcissique. Comme l'ont déclaré les psychiatres Philippe Mazet et Serge Lebovici [4], le deuil, déjà difficile à affronter quand l'enfant est chargé d'affects, est impossible à accepter pour les couples qui ont vécu des abandons dans le passé et n'ont pas fait leur deuil. C'est le même mécanisme qui se produit d'ailleurs durant un divorce : celui-ci se passe bien quand les mécanismes psychologiques sont liés au divorce même et mal quand l'adieu renvoie à d'autres séparations – mal acceptées – dans la famille d'origine.

NI ROSES, NI CHOUX, NI CIGOGNES

De nombreux couples aimeraient avoir un enfant, mais n'y parviennent pas. Selon diverses statistiques, leur nombre serait élevé : au moins 10 %. Comment fait-on face, aujourd'hui, à la stérilité ? Certains arrivent à sublimer le désir de devenir père ou mère en transformant la stérilité physique en fertilité psychique : ils investissent leur énergie dans le travail, l'art, la solidarité... D'autres, au vu des nouvelles possibilités qu'offre la science, tentent la fécondation artificielle. L'important est alors que le désir d'enfant soit *sain*, et il ne le sera évidemment pas chez une femme de plus de 50 ans qui vient de perdre son fils unique dans un accident...

Les parents qui font le choix de la fivette ont parfois des craintes légitimes ; ils se demandent par exemple quel sera l'effet des nouvelles technologies sur ces enfants qui viennent « du froid ». Qu'ils se rassurent, toutes les études le confirment : les « bébés fivettes » sont tout ce qu'il y a de plus normaux, sur le plan biologique, grâce au grand nombre de diagnostics prénatals, mais aussi sur le plan intellectuel. Une étude japonaise[5] a même montré qu'ils avaient une intelligence supérieure parce que ce sont des enfants très désirés et, donc, suivis avec une grande attention.

Les autres techniques (don d'ovocyte ou de semence masculine, « utérus de location ») posent des problèmes psychologiques plus importants, mais, pour le moment, ces types de procréation assistée ne sont pas autorisés par la loi. En tout état de cause, pour le couple, la fécondation artificielle s'apparente à un parcours du combattant, notamment parce que, au-delà des séances à l'hôpital, les chances de succès ne sont pas très élevées. Elles s'établissent à environ 20 % par tentative.

LE CHOIX D'AVORTER

Je ne me lasserai jamais de le répéter : l'avortement n'est pas une décision anodine pour un couple, même quand elle est prise d'un commun accord et mûrement réfléchie. Aussi certains couples en font-ils un rituel pour le rendre acceptable.

Nathalie, 34 ans, est tombée enceinte par accident : le préservatif s'est déchiré. Son compagnon et elle ont décidé ensemble de recourir à l'avortement quoique ce soit une souffrance pour eux : ils ont de lourds antécédents d'alcool et de drogue. Ils aimeraient bien avoir un enfant, mais se sentent trop fragiles dans la phase de « reconstruction » qu'ils vivent actuellement. À peine sortis d'un centre d'accueil thérapeutique, ils ne se sentent pas capables de faire face à l'arrivée d'un enfant.

Durant la visite médicale et l'échographie, Nathalie apprend que sa grossesse est gémellaire. Aussitôt, elle éclate en sanglots et dit avoir l'impression qu'on « va lui en enlever deux ». L'idée des jumeaux la perturbe et l'inquiète, même si le médecin, pour la rassurer, lui affirme qu'ils mesurent à peine quelques centimètres. Comme deux petits pois.

Inventant un rituel de style *new age* très touchant, Nathalie et son compagnon confectionnent un petit bateau en papier avec le dossier médical de l'hôpital, y placent deux haricots et le déposent sur l'eau du fleuve qui traverse leur ville. Voilà comment ils ont dit adieu à leurs jumeaux, tout en gardant une lueur d'espoir, comme dans le passage de la Bible sur Moïse. Devant cette « mise en scène », nous nous sommes demandé quels étaient les mots à employer au début d'une grossesse dont on ne connaît pas encore l'issue. Certaines femmes (et leurs compagnons) parlent de grenouille ou d'œuf, voire de poussin. D'autres emploient des termes médicaux (l'embryon) ou imaginent dès le départ un minuscule baigneur tout rose. Vaut-il mieux expliquer la réalité de l'embryon ? Personnellement je pense que oui, dans la mesure où évoquer sa dimension réelle (en général, un ou deux centimètres) et sa forme encore inachevée permet dans certains cas de maintenir la compatibilité entre la grossesse et le projet d'interruption, comme pour Nathalie.

Autre situation : celle de Maxime et Lucie, qui ont respectivement 40 et 39 ans. Dès qu'ils commencent à me raconter leur histoire, ils se mettent à pleurer à chaudes larmes. Lui, surtout. Maxime m'explique qu'ils sont mariés depuis dix ans, qu'ils ont deux fils et que Lucie est désormais enceinte de douze semaines d'un troisième garçon. Ils le savent grâce à l'échographie. Pourtant Lucie voudrait avorter. Elle déclare avoir toujours désiré une fille et que, cette fois, enfin, elle pensait avoir « réussi ». Elle avait déjà dit à ses fils qu'ils auraient une petite sœur. Depuis que l'échographie a montré qu'il n'en est rien, elle déprime. Comme la grossesse est déjà bien avancée, elle voudrait demander un avortement thérapeutique. Mais son mari n'est pas d'accord : durant l'échographie, il a entendu battre le cœur de son fils, et il a déclaré à sa femme que si elle veut vraiment avorter, il fera une croix sur leur couple et ne pourra plus faire l'amour avec elle.

Face à ce couple qui me demande mon avis, ma première réaction est de défendre le plus faible, à savoir l'embryon. D'autant que le mari et les deux fils pourraient vivre cet avortement comme une « castration symbolique », puisque l'enfant est un garçon. Mais Lucie ? Ses fantasmes et ses craintes émergent au cours de l'entretien. Cette femme a toujours désiré une fille depuis que sa sœur, à laquelle elle était très liée, est morte. Avec une fille, elle aurait aimé recréer ce lien magique et complice qui a marqué son enfance. Nous en parlons, et j'essaie d'envisager d'autres solutions allant dans son sens. Elle pourrait, par exemple, après avoir eu ce troisième garçon, recueillir une petite fille en difficulté qui aurait besoin temporairement d'une famille d'accueil.

Un entretien ne suffit pas à les aider, et le temps presse : ils doivent décider seuls. Je pense, pour ma part, que choisir de ne pas avoir un enfant sous prétexte qu'il n'a pas le « bon » sexe est un geste cruel et insensé. En outre, je crois que Lucie aura besoin d'un soutien psychologique, quelle que soit la décision qu'elle prendra.

Ce couple m'a fait réfléchir, avec tristesse, sur ces personnes qui, détachées de toute règle sociale ou éthique, prennent parfois des décisions d'un égoïsme excessif. Nous naissons tous égocentriques et possessifs ; puis, nous devenons souvent généreux et attentifs aux autres grâce à notre évolution psychologique et sociale. Tel est peut-être le parcours de cet autre couple, Isabelle et Christophe.

Isabelle, 26 ans, est de nouveau enceinte après un avortement décidé à la hâte il y a neuf mois, mais, cette fois, tout comme son mari Christophe, 31 ans, elle est contente de cette grossesse. Fervente catholique, originaire des Antilles, elle redoutait qu'une éventuelle stérilité ne soit sa punition pour avoir avorté. Christophe, lui, vient d'une famille très aisée qui, à un moment donné, s'est trouvée ruinée. Quand Isabelle est tombée enceinte pour la première fois, il était au chômage et terrifié par ses soucis d'argent ; il ne sentait pas capable de faire face aux dépenses occasionnées par l'arrivée d'un enfant. Il a cependant changé d'attitude avec la seconde grossesse qui, au lieu de porter un coup à l'intimité de leur couple, l'a renforcée, en confirmant chez Isabelle son désir de maternité et chez Christophe la possibilité de prendre ses responsabilités en tant que père. Et en effet, il a vite trouvé du travail.

En général, dans les conflits liés à l'avortement, trois situations interviennent :

1. *Un conflit intérieur*, chez la femme, entre son désir de maternité et la difficulté de l'assouvir à un moment

donné de sa vie où d'autres impératifs, comme les études ou la carrière, sont prioritaires.

2. *Un conflit au sein du couple* : lui est d'accord et elle non, ou vice versa.

3. *Un conflit extérieur* entre le désir de la femme et les difficultés d'ordre social qui l'empêchent de le réaliser.

On a souvent sous-estimé l'importance des facteurs ethniques, très importants dans le cas d'Isabelle et de Christophe. Isabelle l'Antillaise est encore très marquée par la conception traditionnelle selon laquelle la maternité est indissociable de l'être-femme. Christophe, lui, plus pragmatique, a forgé son caractère à travers les difficultés financières subies par sa famille. Heureusement, la grossesse actuelle d'Isabelle semble confirmer qu'on peut perdre une bataille sans pour autant perdre la guerre... pour la vie.

LES ENFANTS DÉCOUVRENT LE SEXE : LES PARENTS S'INQUIÈTENT

Charles, lui, me pose un problème psychologique d'un tout ordre. À 37 ans, il est père d'une fillette de 10 ans et la simple idée de la voir grandir le perturbe. Il voudrait qu'elle reste une petite fille naïve et qu'elle soit confrontée aux problèmes de l'existence le plus tard possible. La croissance de sa fille provoque chez lui une vive dépression. C'est un cas limite, certes, mais nombreux sont les parents anxieux et hyperprotecteurs. Pour ma part, il me semble que les enfants doivent grandir et s'en aller, avec la possibilité de revenir ultérieurement s'ils le souhaitent, mais en établissant alors d'autres relations avec leurs parents. La moindre des choses est de les « équiper », de leur fournir les outils psychologiques nécessaires pour affronter les difficultés de la vie. Il ne faut surtout pas les garder à la maison et les étouffer dans le cocon familial. Charles devrait donc plutôt craindre que sa fille ne puisse affronter la vie sans expérience, sans un rodage intellectuel et sentimental. Mais sans doute les frayeurs obsessionnelles que cet homme projette sur sa fille remontent-elles à l'enfance…

Nombre de parents m'écrivent d'ailleurs à propos de leurs enfants devenus adultes parce qu'ils se comportent, en amour, d'une façon qu'ils désapprouvent. Leurs appréhensions, leurs doutes, je peux les comprendre, mais pas leur ingérence. Je pense que les parents doivent, bien sûr, s'occuper de leurs enfants, et s'en préoccuper, toute leur vie, mais aussi qu'ils doivent se garder d'intervenir comme si ceux-ci étaient encore sous leur emprise. Les enfants peuvent se tromper, mais cela les regarde, comme de se corriger et de changer d'avis ; l'important, c'est qu'ils sachent qu'il y a un endroit où ils pourront toujours aller en cas de besoin : chez leurs parents. Comme l'animal blessé qui revient dans sa tanière pour se reposer et attendre d'être guéri.

Que faire, en revanche, lorsque les parents se font du souci au sujet de la sexualité de leur enfant ? C'est le cas de Marine, une mère inquiète qui me demande des rudiments d'éducation sexuelle pour ses enfants, selon elle trop précoces : la petite, qui a 7 ans, se touche souvent, le soir dans son lit, et le garçonnet, qui a 3 ans, exhibe son pénis en permanence, surtout quand il joue avec une petite voisine.

La sexualité s'apparente à un fleuve, dont le cours est limité par ses berges, autrement dit les parents, à qui il appartient de fixer des bornes. Que répondre à Marine ? Le comportement de la petite me semble, somme toute, assez normal – elle explore son corps. Pour ce qui est du garçonnet, qui traverse naturellement sa période exhibitionniste, pourquoi ne pas lui expliquer que les plaisirs sexuels sont comme les autres plaisirs que lui procure son corps, mais qu'ils sont privés ? Et c'est encore mieux si c'est son père qui lui tient ce discours.

Autrement dit, aux parents de ne pas culpabiliser leurs enfants dans le domaine sexuel, ce qui ne veut pas dire qu'ils doivent les encourager. Notamment parce que les enfants à la sexualité précoce, et surtout les filles, risquent alors de ne pas évoluer dans le bon sens. En général, en grandissant, elles mettent un « couvercle » sur leur sexualité infantile, ce qui portera préjudice à leur érotisme adulte.

Enfin, dernier conseil lié à l'apprentissage de la pudeur. La pudeur est un besoin qui se forge durant l'enfance, puis l'adolescence, et qui varie énormément selon les cultures. Ainsi en Chine, on peut voir la tête des gens qui dépasse dans les toilettes publiques chinoises, mais, des choses de l'amour, en revanche, on ne parle pas en société. Dans les pays occidentaux, d'aucuns ont une impression de promiscuité ou se sentent envahis simplement en entrant dans un ascenseur ou une chambre d'hôpital.

La pudeur est un sujet délicat, même entre enfants et parents. Je pense aux mamans inquiètes que leurs enfants les épient ou écoutent à leur porte quand elles font l'amour avec leur mari. Est-ce un souci légitime ? La femme qui nourrit de telles appréhensions est peut-être simplement troublée à l'idée que sa pudeur soit violée par des oreilles étrangères. Crainte tout à fait justifiée. Dans ce cas, il suffit d'user de quelques précautions ou stratagèmes : fermer la porte à clé, envoyer les enfants jouer chez leurs copains... Mais l'embarras d'une mère peut aussi trahir le fait qu'à la maison, on ne parle pas de sexualité. Ou bien qu'elle a des souvenirs vivaces des relations sexuelles de ses parents : aujourd'hui, alors qu'elle se trouve dans la situation inverse, elle revit les mêmes angoisses.

J'ai déjà souligné que le sexe, affaire privée par excellence, est en train de devenir une affaire publique. Et quand je dis « affaire », je pèse mes mots : c'est un véritable *business*, il suffit de voir ce que rapporte aux médias, aux vedettes de cinéma et aux sportifs, en espèces sonnantes et trébuchantes, l'étalage public des dernières conquêtes des uns et des autres. Notre société met tout à nu et l'on pourrait presque s'étonner que le sens de la pudeur existe encore…

MÊME SÉPARÉS,
LES PARENTS RESTENT DES PARENTS

Aujourd'hui, séparation et divorce doivent être considérés comme deux phénomènes presque ordinaires de la vie de famille, et il convient d'y faire face autrement que par le passé.

Il m'arrive souvent de rencontrer des conjoints en conflit qui ne veulent pas se séparer et répètent à l'envi : « Si nous ne divorçons pas, c'est pour le bien de nos enfants ! », alors que la situation familiale est irrespirable pour tout le monde, donc pour les enfants. J'ai l'habitude de répondre à ces couples que le divorce met fin au mariage, mais pas à la parentalité. Les liens du mariage peuvent être rompus, mais sans que cela interdise aux anciens conjoints de rester parents, bien au contraire.

Je comprends parfaitement qu'une séparation entraîne de graves souffrances psychologiques et que les mères et pères qui continuent d'exercer leur métier de parents voient leurs « capacités » amoindries. Il n'en demeure pas moins que les éventuels dommages causés à l'enfant par la séparation ne proviennent pas tant de la séparation en soi que des conflits qui divisent le couple. Il semble, en effet, qu'il y ait une relation claire entre la façon dont les deux parents règlent leurs différends et les comportements

« déviants » de leurs enfants même longtemps après. Sans compter que les conflits finissent par provoquer des alliances enfant-parent « perverses » qui risquent d'entraîner une instrumentalisation, voire de sérieuses complications psychopathologiques. Il arrive même que les enfants prennent en charge émotionnellement les problèmes des parents, au prix de difficultés psychologiques considérables. Ou qu'ils soient appelés à choisir entre leur père ou leur mère, vivant ainsi une très forte culpabilisation et d'intenses « conflits de loyauté ».

Dans la plupart des cas, le juge confie encore de nos jours la garde de l'enfant à la mère, mais la situation des pères divorcés est heureusement en train d'évoluer et ceux-ci se sentent de plus en plus impliqués et responsables. Cela dit, en règle générale, l'enfant n'est pas entendu lors des audiences ou ne peut se prononcer sur les différentes propositions faites par les deux parties. La garde conjointe est très rarement décrétée, bien qu'elle offre toutes les garanties pour le partage de l'exercice de l'autorité parentale. La façon la plus saine de favoriser l'adaptation de l'enfant après le divorce est de maintenir présentes les deux figures parentales. C'est un moyen de permettre le suivi des relations de l'enfant avec son père qui ne sera plus, aux yeux du garçon, le père absent et « coupable », ni le père qui verse la pension alimentaire, mais bien un parent avec lequel il peut continuer d'entretenir des relations affectives.

De ce point de vue, Vincent et Tatiana, qui ont tous les deux 47 ans, ont été un couple modèle. Leur mariage a pris fin il y a quinze ans, et lors de leur séparation, ils ont demandé la garde conjointe des enfants. Vincent a quitté le domicile conjugal pour habiter à proximité afin de continuer à voir ses enfants. Le mardi, il allait les chercher à l'école et passait la soirée avec eux. Les enfants dormaient chez lui. Vincent était très inquiet à l'idée de ne voir ses enfants qu'un week-end sur deux ou trois. Il a toujours participé aux réunions avec les professeurs et lorsque l'aîné a traversé les « orages » de l'adolescence, son ex-femme et lui se sont remis en question et ont rencontré un psychologue pour essayer de comprendre, ensemble, quelle attitude adopter à son égard. Vincent s'est ensuite remarié et a emménagé dans un appartement plus grand, toujours dans le même quartier, où une chambre est réservée à ses enfants.

Vincent est un bon père, attentionné et présent. De son côté, Tatiana est une bonne mère. Contrairement à beaucoup de femmes, elle n'a jamais dit du mal de leur père à ses enfants, même sous le coup de la colère, ou quand elle souffrait. Vincent et Tatiana ont toujours pris ensemble les décisions concernant les enfants, petits ou adolescents. Ils ne s'aimaient plus, mais ne se sont pas servis d'eux comme d'une arme : ils ont su rester des parents.

CHAPITRE XIII

Le couple heureux

Une vie de couple heureuse n'est pas un don du ciel, mais le résultat d'un engagement difficile (et parfois, reconnaissons-le, également agréable). C'est un choix qu'il faut renouveler chaque jour, une réalité dynamique. Existe-t-il des stratégies à apprendre ? Oui, et nous allons les aborder dans ce chapitre, mais ne vous inquiétez pas si je parle presque exclusivement de couples sinistrés. En effet, ce sont ceux qu'il convient d'étudier et d'analyser afin d'identifier les erreurs à ne pas commettre. Et de pouvoir tirer la leçon des erreurs des autres...

Les années les plus difficiles, nous l'avons vu, sont les années proches de la quarantaine, époque où, comme le montrent les statistiques, une femme mariée est la plus susceptible de tromper son mari. Et les hommes ? En général, ils vacillent plus tard, par crainte de la vieillesse. Mais peu importe quand et comment : tout couple de longue durée arrive, tôt ou tard, à un moment crucial où les partenaires se demandent s'ils doivent rester ensemble ou se quitter.

J'ai déjà cité la phrase-slogan, *Trop bien pour partir, pas assez pour rester*, qui est le titre du livre de l'Américaine Mira Kirshenbaum[1] : certains se sentent trop bien pour partir, mais pas assez pour rester. C'est là une ambivalence typique des couples dans cette phase d'incertitude. Tant d'éléments poussent à rester : l'affection, l'habitude, les enfants, la maison, la sécurité, la conscience du fait que l'autre nous connaît mieux que quiconque, etc. Mais à bien des moments, nous voudrions refermer la porte derrière nous et partir : à cause de certains comportements de l'autre – au quotidien ou au lit – qui ne sont plus supportables ; en raison de son silence ou, au contraire, de conflits permanents ; du fait de son manque d'initiatives et d'enthousiasme ou d'une libido à zéro…

Dans de tels cas, je conseille quelques exercices qui permettent de faire le point sur l'état du couple, un véritable bilan dressant la liste des « plus » et des « moins ». Bien souvent, cette « comptabilité conjugale » est claire dans notre tête, mais pas dans le cœur. J'ai fréquemment découvert un pouvoir caché au sein des couples, un reste de vitalité derrière les conflits, comme une étincelle sous la cendre qui rallume le feu à elle seule. Il suffit parfois de faire exprimer, en présence du thérapeute, les deux qualités jugées les plus appréciables chez son partenaire. L'autre, enfin « nourri » de messages positifs, baisse alors la garde et reprend le dialogue. Et peut-être importe-t-il aussi de définir clairement ce que l'on entend par amour, essayons donc.

AMOUR BRÛLANT OU AMOUR CHALEUREUX ?

Chacun a une ambition particulière et personnelle en matière d'amour. Il y en a qui ne trouvent un sens à leur vie que si celle-ci est faite d'amour passionné, brûlant comme le feu ; il y en a d'autres qui recherchent un amour plus intime, comparable à la chaleur de l'âtre, qui réchauffe le cœur.

Les partisans de l'amour brûlant pensent que l'amour chaleureux est un sentiment terne et conformiste. Et en effet, l'amour brûlant inclut une composante idéale et romantique qui lui confère la propriété révolutionnaire de mobiliser des énergies vitales. L'amour chaleureux, lui, inclut un attachement plus démocratique, une envie de tendresse et de faire tout son possible pour le bien-être de l'autre.

L'amour brûlant est parfois la première phase vers le développement de l'amour chaleureux, mais il génère le plus souvent des histoires pleines d'embûches, comme pour Roméo et Juliette ou Tristan et Iseut, ou alors des amours sans retour qui font aussi surgir l'ambivalence sentimentale à l'égard de l'autre. D'une certaine façon, l'amour brûlant est le contraire de la haine, mais les deux sentiments marchent bras dessus, bras dessous... En effet, le feu de l'amour permet une étrange coexistence entre Éros et Thanatos : instincts de vie et de mort s'entremêlent et, parfois, mènent inéluctablement à l'autodestruction ou à l'anéantissement de l'autre. Il suffit de penser à ceux qui « meurent d'amour » ou sont « brisés par l'amour ». Mais si le terme « amour » renvoie au cœur (siège des sentiments), pour tomber amoureux, il faut de l'intelligence. Car il va de soi que pour perdre la tête, il faut, à la base, en avoir une.

Feux de l'amour ou non, en général, quand un couple ne fonctionne plus, c'est parce que deux changements sont intervenus. Le premier est le passage de la passion à l'amour : combien de couples vont mal parce qu'ils croyaient que la passion durerait toujours et sans efforts... La seconde transformation se produit quand l'un des partenaires change de rôle et que les règles du couple s'en trouvent modifiées. Ainsi, Sophie, 35 ans, a épousé Léo, 48 ans, un homme qui a bien réussi sur le plan professionnel mais est également très narcissique. Léo la protège et Sophie l'adore. Jusqu'à ce qu'après quelques années de mariage, elle commence à percevoir les aspects plus profonds de son mari et cesse de l'idéaliser. De son côté, bien qu'il affirme tenir énormément à Sophie, il se sent blessé dans son orgueil de ne plus être adoré par celle-ci. Les petites vengeances commencent alors. Jusqu'au point où la spirale positive de cette union se transforme en spirale négative : chacun des deux partenaires voit surtout les côtés négatifs de l'autre, d'où leur indécision quant à la poursuite de leur relation.

LES ENNEMIS DU COUPLE

Du point de vue psychanalytique, il importe, au sein d'une relation, de réduire les expressions des sentiments les plus négatifs et les plus primitifs, dits « prégénitaux ». Voyons-en les principaux.

1. La *colère*. Presque tous les couples qui viennent me voir en thérapie manifestent plus ou moins ouvertement un certain degré de conflictualité, et celui-ci est parfois tellement élevé qu'un travail individuel apparaît urgent avant de passer à un travail sur le couple.

Qui éprouve le plus de colère, des hommes ou des femmes ? En fait, ce sont souvent les expériences vécues dans sa famille d'origine qui déterminent le niveau d'expression de la colère. En effet, un père particulièrement violent (par exemple, alcoolique) pousse inévitablement ses enfants à avoir, quand ils sont adultes, le même comportement ; ou à être tellement effrayés par leur colère – ou par celle des autres – qu'ils recourront à n'importe quelle stratégie pour éviter de l'exprimer. De leur côté, les enfants de familles dans lesquelles la colère est niée n'en ont pas conscience, ce qui fait que ce sentiment leur reste inconnu. En général, de tels vécus influencent aussi le choix du partenaire. Dans ces cas, le conflit se reproduit bien vite parce qu'il sert à maintenir sa distance par rapport à l'autre ou à continuer à exercer un pouvoir sur lui. Bref, le conflit est engendré par la crainte qu'il masque : celle de l'intimité avec l'autre.

Le plus souvent, cependant, c'est la colère sous-jacente plus que le conflit lui-même qui fait peur à la femme, à l'homme et, parfois, au thérapeute aussi. Il est alors bon de ne pas minimiser la rancœur et l'agressivité, mais de comprendre le sens et la fonction de ces sentiments dans le rapport de couple. Souvent, il suffit de ne pas se focaliser excessivement sur la crise, mais plutôt sur la capacité de la gérer. En effet, il est possible de trouver une gestion constructive du conflit permettant de répondre aux besoins de l'un et de l'autre. Mais pour y parvenir, les deux partenaires doivent apprendre à regarder la crise conjugale comme s'il s'agissait d'un jeu dans lequel il n'y a pas de vainqueur et de vaincu, mais seulement des vainqueurs. Il nous arrive, en thérapie, de recourir à des métaphores. En disant, par exemple, aux deux partenaires qu'un mur se dresse entre eux. Comment le franchir ? La femme peut proposer de l'escalader et le mari d'y percer une porte. De la sorte, ils ne se disputent plus directement à propos de leur relation, mais de la métaphore.

Quelquefois, la colère ne se manifeste pas ouvertement, mais est masquée. Cela se produit lorsqu'un des conjoints a un comportement de type passif-agressif, cette agressivité s'exprimant à travers des oublis, des atermoiements, des sous-entendus ou diverses « interprétations » des actes ou des paroles de l'autre. Dans d'autres cas, le sentiment de colère est masqué par une attitude excessivement « vertueuse » qui permet de projeter tous ses sentiments négatifs sur son partenaire pour mieux les attaquer ensuite.

2. La *culpabilité* excessive qui peut, elle aussi, nuire au couple. C'est ce qu'a connu Anna, qui avait pratiqué des jeux sexuels avec son frère quand elle était enfant. Adulte, elle a épousé un homme qui l'exploitait affectivement, un véritable narcissique qui ne tenait aucun compte de ses besoins sur le plan émotionnel, sexuel et même alimentaire : ainsi, il ne lui faisait préparer que des plats qu'il aimait, lui. C'était une vie horrible mais Anna, qui a désormais la quarantaine, pensait que c'était juste parce qu'elle devait payer les « erreurs » commises dans son enfance. Telle est la raison pour laquelle la culpabilité est destructrice : elle comprime la personnalité adulte et rend prisonnier du passé, ce qui empêche de regarder l'avenir dans une optique positive.

3. Enfin, la *peur de l'intimité*. Christine, 35 ans, dit avoir vécu au sein d'une famille difficile et que cela aurait influencé ses rapports avec les hommes. Elle les maintient à distance parce qu'elle veut préserver son espace et ne veut pas être « envahie ». Mais elle s'est ainsi fait une réputation de femme froide et indifférente. Elle me demande s'il faut donner raison aux hommes qui affirment qu'elle ne connaît pas l'amour, puisqu'elle ne manifeste ni jalousie ni possessivité. Il est vrai que la « bonne distance » et les différentes formes d'intimité s'apprennent en famille, en surmontant la peur d'être envahi et celle, opposée, de pénétrer le territoire de l'autre. Sans doute Christine se protège-t-elle de liens sentimentaux trop étroits et trop étouffants, mais elle a encore le temps d'apprendre la bonne distance en amour.

À la place de tous ces sentiments négatifs et destructeurs, pourquoi ne pas apprendre plutôt à mettre en œuvre des sentiments démocratiques comme la tendresse, le respect de l'autre, le conflit constructif. Et le pardon.

LA COEXISTENCE CRÉATIVE

L'ennemi n° 1 du couple durable n'est pas l'escapade, mais l'ennui, l'absence de surprises et d'émotions, la création d'habitudes répétitives et étouffantes, d'une insupportable routine. C'est pourquoi, à un moment donné de l'histoire conjugale, il faut mettre en place ce que j'appelle une « coexistence créative ».

Chloé, 42 ans, a épousé Patrick, un ancien camarade de classe au lycée. Ils se sont mis ensemble à 16 ans et, à l'époque déjà, elle rêvait de mariage et de la maison qu'ils auraient ensemble. Ses rêves se sont réalisés : mariage en grande robe blanche, lune de miel sous les palmiers, un appartement acheté avec l'aide des parents, un fils. Mais maintenant, Chloé éprouve un sentiment d'insatisfaction. Elle aime encore Patrick, elle en est sûre, mais elle dit que peu à peu, les habitudes ont envahi leur couple, qu'il y a maintenant des siècles qu'il ne lui a plus fait de cadeau imprévu, qu'il ne l'a emmenée au restaurant ou qu'il ne lui a pas fait un compliment. « Pas de câlins, pas de baisers et pas de chocolats », résume-t-elle en plaisantant. Or Chloé voudrait bien troquer les habitudes contre des caresses.

Le couple durable doit être constamment nourri par les deux partenaires, surtout lorsqu'il est né – comme celui-là – dans l'adolescence. Il doit se modifier de l'intérieur et les partenaires doivent trouver de *nouvelles* raisons de rester ensemble. J'ai moi-même fait une enquête sur cent couples formés depuis plus de quinze ans : dans 50 % des cas, ce n'étaient plus les mêmes raisons qu'au début qui les tenaient unis. Le changement est la seule caractéristique stable du monde. Il est impossible de figer le parfum d'une fleur dans le temps ; celui qui désire garder la même fleur pour toujours doit la choisir en plastique et sans odeur... Alors, attention aux habitudes qui s'insinuent, sans que nous nous en apercevions, dans la vie de couple. Et attention à l'indifférence, à la banalisation de l'autre. C'est une attitude dangereuse, surtout chez les couples qui vivent le changement comme un risque et non comme une chance à saisir.

Je pense, par exemple, à Serge et Julie, un couple de quadragénaires fervents catholiques qui attendent de la Providence qu'elle mette fin à leur conflit. Ils ne comprennent pas que les raisons pour lesquelles ils se sont mariés ont changé, notamment par suite de la naissance de leurs deux enfants. Elle, qui était très séduisante avant leur mariage, s'est transformée en maîtresse de maison – c'est elle qui donne les ordres en matière de rangement, de nourriture, d'éducation des enfants – et son mari se trouve un peu à l'étroit dans le rôle de celui qui ramène un salaire à la maison. Mais au lieu de réfléchir aux changements de rôles qui sont intervenus dans leur couple, Serge et Julie sont convaincus qu'une fois qu'on est passé à l'église, tout est réglé. Ils n'ont pas d'efforts à faire, si ce n'est d'être tolérants l'un envers l'autre.

Pourtant, il existe des antidotes à l'habitude, comme la *fantaisie*. J'ai été particulièrement frappé par le film de Tim Burton, *Big Fish* [2], sorte d'éloge de l'amour conjugal et monogame raconté sous forme de fable. Pourtant, le protagoniste est un simple commis voyageur dont l'épouse est femme au foyer. Leur secret consiste à vivre la vie, y compris dans ce qu'elle a de plus simple, comme une fable, pleine de mensonges stratégiques et de changements fantasques. À un moment donné, pour la courtiser, il lui offre tout un pré de narcisses jaunes... Est-ce vrai ? Est-ce un mensonge ? Et le pré n'a-t-il été qu'un bouquet ? Peu importe. Ce qui compte, c'est le regard porté sur la réalité, qui devient tout à coup colorée, fellinienne, pyrotechnique.

Et ce qui compte aussi, c'est que la fantaisie (ou le mensonge fantaisiste) soit utilisée par les deux partenaires.

Big Fish nous rappelle une autre stratégie importante au sein des couples durables, ce que j'appelle le « syndrome du marin ». Tout comme le héros du film s'en va fréquemment pour son travail et revient toujours avec de nouveaux récits, il importe que les partenaires ne soient pas toujours collés l'un à l'autre. Se réserver des moments pour faire des choses tout seul, qu'elles aient trait au travail ou aux loisirs (des voyages d'affaires, donc, mais aussi un week-end entre hommes pour faire du ski ou de l'escalade, une semaine à la mer avec ses amies) signifie aussi savoir cultiver de nouvelles curiosités. Et, surtout, susciter l'envie de se retrouver. C'est la seule façon de transformer la monogamie en quelque chose de léger et de toujours dynamique.

La séduction intraconjugale est un instrument extrêmement important dont j'ai déjà parlé. Elle constitue un excellent antidote à la routine quotidienne. Certes, la séduction en général est tournée vers l'extérieur : c'est la capacité de charmer, de flirter, de plaire. Mais pourquoi ne pas essayer de l'intégrer au couple durable et de la tester sur son partenaire, plutôt que sur des collègues, des amis ou de parfaits inconnus ? Certains couples, plus cérébraux que sensoriels, utilisent, pour leur part, l'humour comme séduction intraconjugale. Sur ce point, je ne peux m'empêcher de rapporter un grand compliment que m'a fait mon épouse : un jour, elle m'a dit qu'elle n'est jamais sûre de moi, mais qu'elle s'amuse, même après trente ans de mariage.

Enfin, certains psychanalystes, comme Alain Braconnier[3], ont décrit l'importance de l'*anxiété créative*, qui nous permet d'innover en permanence dans la vie de couple en barrant la voie à l'ennui. On ne doit s'inquiéter que lorsque l'anxiété créative devient paralysante, comme cela arrive

parfois à des artistes qui ne réussissent plus à composer
ou à peindre.

Un film dirigé par Sophie Marceau[4] s'intitule
Parlez-moi d'amour. C'est l'histoire de Justine et Richard,
qui ont vingt-quatre ans de différence. Après quinze
années de vie commune et trois enfants, ils s'acheminent
vers la séparation en raison de l'usure causée par le temps
et de l'inertie d'un lourd passé (elle a grandi sans père).
Est-ce bien là le problème de ce couple ? Est-ce ce père
perdu, que Justine a recherché en Richard, et qui lui
manque maintenant ? Non, le problème est ailleurs.
Justine n'est pas satisfaite du dialogue au sein de son
couple. Entre eux, c'est le silence qui domine. En outre,
depuis qu'il n'a plus de succès (il écrit des pièces de
théâtre), Richard s'est mis à boire. Leur lien conjugal s'est
transformé ; il n'est plus plein de promesses, mais de poids
à porter. Et le premier d'entre eux, insupportable, est le
silence.

De fait, le manque de communication peut rendre
véritablement malade. C'est arrivé à Gisèle, 38 ans, une
fille du Sud. Mariée à André, elle a une fille de 10 ans,
Déborah. Depuis trois ans, elle souffre de terribles maux
de tête quasi quotidiens. Elle a consulté un neurologue
qui, après plusieurs examens spécialisés, a conclu que sa
migraine était d'origine dépressive et lui a conseillé de
prendre des produits psycholeptiques pendant six mois.
Gisèle commence son traitement, mais l'arrête parce que
ces produits la font grossir et somnoler durant la journée.
Elle s'est rendu compte que ses crises de céphalée sont
la réaction de son corps à des situations difficiles,
surtout avec son mari avec qui, me dit-elle, elle n'a pas de

dialogue. En fait, d'après elle, c'est lui qui ne parle plus si ce n'est pour lui faire des reproches ou lui dire « passe-moi le sel » ; devant lui, elle se sent invisible. Peut-être Gisèle exagère-t-elle, mais ce sentiment d'*inutilité* la rend malade. Jusqu'au jour où elle rencontre un homme plus âgé, un cinquantenaire marié, qui la courtise. Il est ouvert au dialogue, mais aussi à la plaisanterie. Et il est jaloux, ce qui donne à Gisèle l'impression d'être désirée et importante. Une bonne maîtresse, mais aussi une bonne amie. Quand elle parle, il l'écoute, contrairement à son mari. Et ses migraines sont de plus en plus rares.

Je crois que Gisèle a trouvé d'elle-même une solution à sa dépression et à son sentiment d'inutilité : un amant antidépresseur, dont les oreilles sont plus importantes que les organes génitaux. D'ailleurs, beaucoup d'épouses trompent leur conjoint pour être écoutées. Un de mes amis, un veuf sexagénaire, m'a confié que lorsqu'il invite une femme au restaurant et la fait parler d'elle et de ses problèmes, il a de grandes chances de l'entraîner jusqu'à son lit.

Pour aider durablement Gisèle, il faudrait lui proposer une thérapie en deux temps : d'abord individuelle, afin de renforcer son estime de soi ; puis, conjugale, si son mari était d'accord, afin d'analyser leurs éventuelles erreurs stratégiques. Mais, bien souvent, il faut faire la différence entre le projet thérapeutique idéal et la réalité, et tenir compte des mécanismes de défense du patient ou des structures médicales locales. Or Gisèle habite un petit village et il serait difficile, pour elle, de suivre une thérapie avec un bon spécialiste. Et son mari, serait-il d'accord ? En attendant que leur situation conjugale s'améliore, elle a donc peut-être trouvé toute seule l'unique antidote efficace à ses migraines.

La demande de Gisèle d'être écoutée a été mise en poésie par Flora et Marine, deux adolescentes, au cours d'un séminaire d'éducation socio-affective. Je ne cacherai pas que ce texte m'a été dédié : « Écoute-moi, s'il te plaît, j'ai besoin de te parler ; accorde-moi seulement quelques instants. Accepte ce que je vis, ce que je sens, sans réticence, sans jugement. Écoute-moi, s'il te plaît, j'ai besoin de te parler ; ne me bombarde pas de questions, de conseils, d'idées. Ne te sens pas obligé de régler mes problèmes. Tu manquerais de confiance en mes capacités... »

La nature nous a donné deux oreilles et une bouche, mais nous oublions bien souvent ce rapport entre l'écoute et la parole. Quand la capacité d'écouter existe, on peut établir des formes de dialogue avancées, comme l'intimité [5] et l'empathie au sein du couple ; c'est le « savoir que tu sais que je sais » : une forme de communication supérieure et, aujourd'hui, localisée. Une étude scientifique de l'empathie a en effet montré, grâce à des tomographies à positrons du cerveau, que les comédiens qui racontaient des histoires tristes ou riches d'émotions avaient la région pariétale droite inférieure qui s'activait...

Quand la communication se réduit à une dispute permanente afin de décider « de qui c'est la faute », c'est souvent qu'un amour touche à sa fin. Il est toujours difficile d'admettre ses responsabilités alors qu'il est bien plus facile d'accuser l'autre d'être à l'origine de la fin de la relation ou du début des conflits. Alors, nous accusons l'autre de ne pas nous aimer assez ou de ne pas avoir fait assez pour nous. Et en toute bonne foi. Pourtant, celui qui se sent ainsi victime néglige un des mécanismes psychologiques les plus courants : nous ne pouvons être aimés que lorsque nous nous sentons aimés. Nous tombons amoureux de l'image que l'autre renvoie de nous et, lorsque cette image ne nous plaît plus, alors, nous cessons d'être amoureux. S'il est donc impossible d'obliger l'autre à nous aimer, en revanche, nous pouvons nous obliger à devenir plus « aimables ».

Anne et Jean-Pierre, un couple de quadragénaires, se sont présentés à mon cabinet alors qu'aucune intervention ne semblait plus possible pour sauver leur mariage. Anne, amère, ne l'aimait plus, alors que Jean-Pierre apparaissait hostile et insouciant. Ils ne faisaient que se disputer pour tout et n'importe quoi. Surtout, Anne estimait que c'était entièrement de sa faute à lui, si elle ne l'aimait plus. Elle véhiculait, même en thérapie, des modèles de couples vus dans les publicités télévisées et poursuivait l'image de ces « couples de pub » en faisant sentir à Jean-Pierre qu'il n'était pas à la hauteur, puisqu'il ne correspondait pas à son idéal. Cette femme n'était absolument pas prête à assumer la responsabilité d'être quelqu'un que l'on peut aimer : elle essayait d'attirer de nouveau vers elle l'amour et les attentions de son mari « en faisant la gueule ».

Jusqu'au moment où je lui ai proposé, comme il m'arrive parfois de le faire, d'apporter un miroir et de s'y regarder de temps à autre, pour voir l'image qu'elle renvoyait à son partenaire et le degré d'« amabilité » offert par son visage. Comme si elle se voyait sur un écran de télévision, en somme. Était-elle donc souriante comme une « épouse de pub » ? Anne n'a pas tardé à comprendre à quel point elle contribuait, par toutes ses expressions, à se rendre désagréable, et que c'était par orgueil que, jusque-là, elle avait refusé de changer. En peu de temps, sa nouvelle image et sa nouvelle attitude l'ont rendue plus appréciable aux yeux de Jean-Pierre, qui a lui aussi adopté un nouveau comportement. Anne a donc réussi à changer, mais l'attitude la plus courante n'est pas celle-là ; c'est celle qui consiste à charger l'autre de nous faire sentir son amour, comme si on était seulement un objet de désir, et non un partenaire actif de la relation de couple.

Lorsque l'on parle de communication conjugale défectueuse, il semble inévitable de parler de conflits. Pourtant, d'après certains psychologues américains[6], les couples qui durent ne sont pas ceux qui ne se disputent jamais, mais ceux qui savent gérer leurs conflits. Cela dit, en cas de dispute, mieux vaut tout de même s'épargner certains dérapages. Et par exemple, circonscrire les discussions en évitant généralisations et digressions. Pas comme ce mari qui se plaignait de sa soupe insipide, ce à quoi elle répliquait que lui, c'était en permanence qu'il était insipide ! Il faut également éviter les expressions de rancœur qui ramènent sur le tapis des événements vieux de dix ans et qui, de toute évidence, n'ont jamais été réglées : « Et alors, et cette fois où tu... ! »

En outre, il faut savoir sortir d'une discussion comme on sort d'un tunnel, parfois même en faisant l'amour (pour certains couples, les disputes ont un effet érotique), sans garder rancune à l'autre, ce qui bloque tout. Il ne faut pas non plus être sarcastique, car cela blesse le partenaire dans son narcissisme ou sa pudeur. Mieux vaut user de l'humour, qui atteint la cible, mais maintient la communication ouverte. Enfin, il faut limiter les scènes de ménage exclusivement au niveau verbal !

« OFFRE-MOI UN PROJET... DE VIE »

Emportés par l'euphorie de la passion amoureuse, les jeunes couples revendiquent leur droit de vivre au jour le jour et ne se projettent pas dans l'avenir. Plus tard, quand la passion est devenue moins forte, les deux compagnons se sentent trahis et trouvent leur mariage vide. C'est précisément le moment où il convient de se fixer des objectifs communs, quels qu'ils soient. Pas seulement des enfants, mais aussi, par exemple, un engagement au sein d'un mouvement écologiste, un sport, des voyages, l'achat d'une maison de campagne à transformer en un agréable refuge. En regardant dans la même direction, deux partenaires aident leur couple à s'installer dans la durée.

Or il peut nous arriver à tous de critiquer notre conjoint parce que, selon nous, il n'a pas de projets, il est paresseux ou il a des attentes démesurées. Attention, donc : un projet doit être une occasion de renouvellement dynamique, et non une nouvelle source de conflit. Pour tous les couples, il est important d'avoir une ouverture émotionnelle vers l'avenir.

Cette disponibilité se rapproche de l'enthousiasme et a son centre dans l'amygdale, où sont traités les processus de la motivation. L'apprentissage émotionnel qui prédispose chacun de nous à éprouver du plaisir dans un type d'activité donné est lié à la « banque de données » de l'amygdale et à ses circuits. Mais il peut aussi arriver qu'un projet naisse par hasard, parfois à la suite d'un accident ou d'une crise, et que le couple se renforce justement parce qu'il a une nouvelle espérance commune. C'est ce qui est arrivé à Margot, 35 ans. Cette femme a toujours eu une relation compliquée avec ses parents, qui ont divorcé alors qu'elle était adolescente. Élevée par sa mère, elle en a retiré une angoisse paralysante à l'égard de son père. Depuis quatre ans, elle vit avec un compagnon plus jeune qu'elle, Jérôme, un peintre qui, dans la vie, est du genre « perdant ». En dehors du travail (elle est secrétaire), Margot est bénévole au sein d'un groupe écologiste et s'investit souvent dans des missions de sauvetage des oiseaux de mer victimes de catastrophes, par exemple dues au naufrage de quelque pétrolier à proximité des côtes...

Or, un jour, ses règles ne venant pas, elle a fait un test de grossesse qui s'est révélé positif. Elle a eu d'abord une réaction d'heureuse incrédulité : elle était contente de cet événement non programmé. Puis, elle en a parlé à Jérôme, qui a eu une réaction radicalement négative. Il a refusé cette grossesse et dit que si elle décidait de garder l'enfant, il la quittait. Ne sachant que faire, Margot m'a demandé mon avis.

Pour le « non » à la grossesse, il y a des raisons concrètes, à savoir l'attitude de son ami ; pour le « oui », le fait qu'à 35 ans, sans enfant, Margot se sent psychologiquement prête à devenir mère. Le cœur lui suggère donc de poursuivre sa grossesse, mais la raison lui intime de l'interrompre, même si sa mère se dit prête à l'aider financièrement. Mais peut-être le véritable problème de Margot est-il enraciné dans un passé irrésolu. Comme elle n'a pas vu son père depuis dix ans, je lui conseille de le rechercher et de le rencontrer. Cela me semble important pour elle, en ce moment de grand changement dans sa vie.

Je revois Margot un an plus tard. Elle me raconte qu'en dépit de ses réticences, elle a contacté son père, l'a invité à manger, et que cela a été une rencontre riche en émotions. Après lui avoir dit qu'il était heureux de devenir grand-père, il l'a laissée sans voix en lui révélant qu'il n'est pas son vrai père et qu'elle était née d'une relation extra-conjugale de sa mère. Tel était le secret qui avait donc conditionné son rapport avec Margot.

Maintenant, Margot envisage l'avenir avec confiance, notamment parce que la rencontre avec son « père » l'a confortée dans son désir de poursuivre sa grossesse. Pas seule, mais avec Jérôme. En effet, après une première réaction négative et instinctive, liée à la peur de devenir père, et, aussi, après une brève « fugue », celui-ci est revenu à la maison et a accepté l'enfant. Margot a donc gardé le bébé, qui est né : c'est une petite fille prénommée Séréna. Et Jérôme est désormais « amoureux » de sa fille, qu'il ne se lasse pas de peindre. En outre, d'ici quelques années, Margot espère partir avec toute sa petite famille au Chili, parce qu'elle a des contacts avec un mouvement écologiste local, que la nature y est magnifique et qu'il y a de nombreux oiseaux marins à étudier et à protéger. Elle espère donc changer de travail et partir là-bas avec sa nouvelle famille. Elle est venue me remercier parce que dans un moment difficile, j'ai soutenu son espoir en un avenir meilleur.

N'oublions jamais que l'amour ressemble à une plante : il a régulièrement besoin d'eau et de soleil, d'engrais (ou d'un traitement contre les parasites) et de notre regard attentif. Nous attendons-nous à ce que les roses plantées sur notre balcon ou dans notre jardin survivent et prospèrent seules, sans aucun soin ? Autre comparaison possible : celle de l'amour et de la santé. De même qu'il nous faut prendre soin de notre corps chaque jour à travers notre alimentation et une activité physique pour prévenir les maladies, garder un certain tonus et préserver notre bien-être, de même que si l'on mange mal, on grossit, que si on ne décolle pas de son ordinateur, on souffre d'arthrose cervicale, il nous faut consacrer à notre couple de l'attention et des soins. Malheureusement, de nombreux adultes ont envers l'amour la même attitude que les enfants : ils trouvent normal d'en recevoir sans en donner. Alors, au bout d'un certain temps, le réservoir affectif de leur couple est à sec, sauf si l'un des deux partenaires réussit à être généreux sans rien attendre en retour. Mais il me semble, à y bien réfléchir depuis longtemps, qu'il n'y a véritable amour que lorsque deux personnes veulent en donner et y parviennent.

TROISIÈME PARTIE

Le sexe et le cœur

La soixantaine

CHAPITRE XIV

Les couples qui résistent

Conquérir l'autre est une chose, mais après, il faut savoir le garder. Quel est donc le secret des couples marathoniens qui ont traversé ensemble les différentes phases de la vie et qui se retrouvent les cheveux poivre et sel, avec des rides au coin des yeux, mais toujours ensemble ?

Ce secret tient parfois en quelques mots qui résument bien la poésie du quotidien : « l'entretien des affects », pour reprendre le titre du récent recueil de nouvelles d'Antonio Pascale[1], un jeune écrivain italien. « Ces derniers temps, la seule chose que nous ayons en commun ma femme et moi est de répondre aux questions de nos petits-enfants », lit-on dans la nouvelle qui a donné son titre au recueil. Et si c'était justement cela, l'entretien des affects : savoir alimenter au fil des années un dialogue qui dépasse la banalité et la routine, les seules réponses aux petits ?

À moins que le secret ne réside dans la « diplomatie sentimentale », belle expression créée par une femme, la blonde Siri Hustvedt, écrivain quasi quinquagénaire et charmante épouse de l'auteur américain Paul Auster. Les deux intellectuels sont mariés depuis vingt-deux ans. Ils vivent et travaillent ensemble à New York dans une maison à deux étages. Comme Siri Hustvedt le dit : « Quand ils sont mariés, les gens oublient le plus souvent – et c'est très facile, parce que l'intimité entre deux personnes conduit à cette sorte de distraction – qu'il est essentiel de traiter l'autre avec le même respect que celui qu'on accorderait à un inconnu [2]. » Voilà en quoi consiste donc la diplomatie conjugale : un incessant travail d'ajustement, de recherche de la bonne distance.

C'est peut-être surtout en les observant que l'on peut percer les secrets des couples durables. Après avoir publié des poèmes sur les déboires de l'âge dans un ouvrage au titre original plein d'humour, *Suddenly Sixty* (« tout à coup sexagénaire [3] »), Judith Viorst, auteur satirique américaine née en 1931, étudie ce qu'elle appelle l'âge adulte du mariage [4]. Prenant quelques exemples autour d'elle et forte de sa propre expérience (elle est mariée depuis plus de quarante ans, a trois enfants et quatre petits-enfants), elle déclare : « Le mariage est un problème qu'il faut résoudre en permanence [...]. L'important est de se respecter mutuellement. Parfois au cours d'un dîner, il arrive que l'on rencontre une personne charmante et que l'on cherche à attirer son attention, à lui plaire. Eh bien, quand on est marié, on doit user de charme, de curiosité et d'empathie chez soi aussi, et pas seulement lors d'une fête, avec un inconnu. » Et elle ajoute : « On ne peut rester passionnément amoureux pour la vie : le mariage maintient le lien quand on connaît le désamour et laisse suffisamment de temps pour tomber de nouveau amoureux. » Il serait un peu comme un saut à l'élastique, en somme : « Vous sautez dans le vide, mais il vous retient. »

Cette situation est bien connue, évidemment, des couples stables et heureux, qui doivent pourtant surmonter plusieurs séismes, et tout d'abord celui qui se produit quand l'un des partenaires, ou les deux, arrête de travailler.

QUE SE PASSE-T-IL À L'HEURE DE LA RETRAITE ?

Au fil des années, le couple change, parce que le corps et l'état de santé changent, tout comme le bien-être psychique et l'aisance financière. Il faut faire preuve de souplesse pour s'adapter et trouver un nouvel équilibre. En général, après 60 ans, les deux partenaires se serrent les coudes pour faire face à leurs soucis de santé et à une société qui n'accorde guère de place aux personnes âgées. Si autrefois vieillir signifiait perdre ses forces, cela signifiait aussi acquérir la sagesse : les sages de la tribu, ou du village, étaient les anciens, et leur avis était primordial avant toute décision importante, comme chez les Amérindiens avant une bataille. À l'ère de l'ordinateur et de l'Internet, nos aînés, dont le rythme de vie est plus lent, ne parviennent souvent pas à s'adapter à la vitesse quasiment étourdissante de la vie d'aujourd'hui et des nouveaux moyens de communication.

Le couple durable se retrouve donc comme une citadelle assiégée par de trop rapides mutations qui a bâti des remparts pour se protéger. C'est une tanière. On n'y crée plus rien de nouveau. Les nouveautés, positives et négatives, viennent de l'extérieur. La retraite, notamment.

– La *retraite*. Quel effet a-t-elle sur l'équilibre du couple et de la famille ? Dans le meilleur des cas, elle constitue une nouvelle étape de la vie qui coïncide avec la maturité. Le couple, désormais débarrassé de l'urgence des obligations professionnelles, découvre un rythme de vie plus modéré et, parfois, une nouvelle intimité.

Je pense à Marie et à Adrien qui, après avoir passé le plus clair de leur vie à se poursuivre, à se disputer et à se quitter pour mieux se réconcilier, ont enfin trouvé, à 70 ans, le temps de l'amour... et le plaisir d'être grands-parents ! Ce n'est, hélas, pas toujours le cas. La retraite peut aussi entraîner une détérioration de la vie de couple : de vieux conflits assoupis se réveillent, de nouveaux surgissent. Voyons lesquels.

– *Le vide affectif*. Après avoir fait de bonnes affaires à la Bourse, Élie, 50 ans révolus, décide de céder sa société financière et de s'offrir une retraite dorée. Il passe plus de temps avec son épouse anglaise, Sally, avec laquelle il sent pourtant très vite qu'il n'a pas grand-chose en commun. Il se jette alors à fond dans le sport et consacre ses journées à la voile, à l'équitation et au golf. Sa femme, il la retrouve quelques heures, le soir, au moment du repas, comme du temps où il travaillait. Élie voit le spectre de la vieillesse dix ans avant les autres et imagine avec angoisse son impossible vie à deux avec Sally.

– *Le temps qui reste*. Lucienne, jeune retraitée de 62 ans, est contente d'être grand-mère et de pouvoir enfin consacrer plus de temps à la lecture, ce dont elle a toujours rêvé. Sur les conseils d'une amie américaine, elle décide de créer un club de lecture féminin. Ses membres ont des âges très différents, de 30 à 65 ans, et se retrouvent une fois par mois pour discuter du livre qu'elles ont lu et choisir le roman suivant. Puis elles dînent ensemble, parlent de choses et d'autres et passent un bon moment ensemble. Lucienne aime beaucoup son club de lecture, qui jouit d'une certaine notoriété dans la petite ville où elle habite, et les nouvelles amies qui remplissent son existence. En revanche, pour son époux, Alexandre, de cinq ans son aîné, les journées sont « vides » – elles ne sont plus ponctuées par les horaires de bureau – et la retraite est synonyme de déclin imminent. Dès que l'automne arrive et que les jours raccourcissent, il lâche des remarques pessimistes sur la vie qui s'en va. Il s'occupe frénétiquement de sa santé, fréquente une salle de sport et fait du jogging tous les jours. Mais surtout, il a des aventures avec des femmes plus jeunes, là encore de façon frénétique. Il a l'impression de ne pas avoir vraiment vécu. Et sa devise est donc : c'est maintenant ou jamais.

– *L'enfer à huis clos.* La retraite redonne de l'énergie, mais elle ravive aussi les conflits au sein du couple, vu qu'il n'y a plus la « soupape de sécurité » qu'est le travail pour remplir la journée, et qu'il n'est donc plus possible d'évacuer les tensions, de calmer le jeu. Ludovic est justement en train de vivre ce moment difficile : il vient de vendre sa pharmacie et le regrette amèrement. Maintenant, il reste à la maison et passe son temps à se chamailler avec sa femme à propos de l'émission qu'ils veulent regarder à la télévision. Ils ont fini par s'acheter un autre poste et par dormir chacun dans une chambre. Tout est sujet à dispute : l'heure des repas, le menu, le placement de leur épargne... Leurs enfants, qui venaient régulièrement les voir, rechignent désormais pour ne pas être impliqués dans leurs scènes de ménage.

– *Le refuge dans la maladie.* Claire, 55 ans, est une femme intéressante et une hôtesse accueillante, mais dès que les invités sont partis et qu'elle se retrouve en tête à tête avec son époux, elle se plaint qu'elle a la migraine, une infection urinaire ou d'autres soucis de ce genre pour éviter toute relation intime, aussi bien affective que sexuelle. Un jour, son mari est victime d'une intoxication alimentaire qui lui provoque une terrible urticaire et Claire est obligée de renoncer à un voyage avec des amis pour s'occuper de lui. Hugo découvre alors qu'il peut lui aussi la tyranniser avec ses maladies ; depuis, il souffre périodiquement de prurits insupportables. Et malgré elle, Claire est contrainte de jouer l'infirmière.

– *Chambres à part.* Les couples qui doivent rester unis, bien que les deux partenaires aient des exigences contraires, trouvent parfois des solutions. Comme de faire chambre à part. C'est un phénomène tout à fait culturel.

Pour Pascal Dibie, professeur qui s'est intéressé à « l'ethnologie de la chambre à coucher [5] », les couples du nord de l'Europe ont pris l'habitude de dormir chacun dans leur chambre tandis que dans le sud, ils se sentent obligés de dormir ensemble à cause du poids des traditions (la morale catholique). Tout a commencé avec le synode de Mâcon, en l'an 585, qui décréta que le mari et la femme devaient dormir dans le même lit pour maintenir et défendre les liens du mariage et favoriser l'acte de la procréation. Maintenant que les deux partenaires ont de plus en plus d'exigences personnelles, ils ont de plus en plus tendance à faire chambre à part. Et à se rendre visite, de temps en temps, pour rompre la monotonie.

Je préconise cette solution à de nombreux couples de plus de 60 ans, à condition, bien entendu, qu'ils aient de la place chez eux. Avec l'âge, la promiscuité aussi peut devenir plus difficile à supporter : l'un ronfle, l'autre aime lire ou regarder la télévision au lit. La chambre à part permet de sauvegarder la bonne humeur, l'intimité, et de faire durer le mariage.

QU'EST-CE QUI UNIT UN COUPLE ?

Cependant, lorsque les mécanismes d'adaptation du couple sont insuffisants, les vieux conflits refont surface et vont alimenter la rubrique des faits divers. Ainsi Antoinette, 63 ans, a tiré sur son mari Jean, 64 ans, entrepreneur à la retraite, après une scène de jalousie [6]. Heureusement, elle n'avait pas l'habitude des armes et n'a fait que le blesser. À l'hôpital, pour la protéger, Jean a déclaré qu'il avait tenté de suicider. Mais voyant sa blessure par arme à feu au thorax, les gendarmes se sont rendus chez lui où ils ont trouvé sa femme, encore en état de choc, qui a avoué et s'est retrouvée en prison.

La retraite peut donc bouleverser de fond en comble la

stabilité d'un couple puisqu'elle met face à face le mari et la femme dans une maison qui se transforme parfois en prison, alors qu'il faudrait, à ce moment-là, réinventer l'intimité. C'est un tournant qui provoque une crise au sein de nombreux couples, et même des mariages de longue date peuvent devenir insupportables. Dans un de ses romans, l'écrivain sud-africaine Nadine Gordimer parle de deux conjoints de 70 ans : « Comment se fait-il qu'elle soit si glaciale ? » demande quelqu'un à propos de la vieille dame. Réponse : « Elle déteste son mari. Elle est devenue glaciale pour pouvoir continuer de vivre avec lui. » De nombreux couples trouvent pourtant, à l'automne de la vie, une nouvelle cohésion, s'ils présentent des caractéristiques bien précises que je qualifierai de longitudinales et de transversales.

LES CARACTÉRISTIQUES LONGITUDINALES

Pourquoi longitudinales ? Parce qu'elles traversent le couple dans le sens de la longueur, en suivant son axe principal. Le bonheur du couple stable se crée en effet dans le passé, lorsqu'il se construit une image de soi assez forte. Ne nions cependant pas l'importance de la sécurité financière apportée par la retraite, mais aussi par les économies accumulées depuis longtemps. Abstraction faite de la santé, l'harmonie dépend aussi des relations familiales et sociales instaurées au cours des années précédentes.

– *Les relations familiales*, donc, avant tout avec les enfants. Si les parents ont enseigné que dans la famille, il y a de la place pour tous, une fois retraités, ils ne sont pas livrés à eux-mêmes. C'est une bonne façon de se préparer à « l'art d'être grands-parents » qui, pour certains couples, constitue un élixir de jouvence. L'être humain étant le mammifère qui vit le plus longtemps, il est logique qu'il ait des contacts avec au moins deux générations ultérieures.

– *Les relations sociales*, importantes elles aussi. Elles instaurent un réseau affectif qui permet de bien vivre au fur et à mesure que les années passent. Pour certains, les relations sociales s'établissent dans leur environnement proche : leur ville, le quartier où ils habitent, là où ils vont en vacances ; pour d'autres, au contraire, elles sont liées à leur violon d'Ingres, une activité artistique ou sportive. L'aide peut aussi venir de l'extérieur : on voit fleurir les universités du troisième âge, les cours organisés par les mairies, les croisières pour les seniors. Sans compter les réunions d'anciens élèves, avec d'ex-collègues de travail ou d'anciens camarades de parti ; bref, tout ce qui renvoie et rattache aux expériences fortes du passé (un peu comme autrefois, pour les hommes, d'avoir « fait la guerre ensemble »).

LES CARACTÉRISTIQUES TRANSVERSALES

J'entends par caractéristiques transversales, dans un couple durable, les mécanismes psychologiques qui le traversent en diagonale et lui permettent de se transformer tout au long de la vie.

Au diable les habitudes !

Nous marchons, vous le savez, en mettant un pied devant l'autre. Le premier se pose sur le sol (l'habitude) pendant que le second est encore en l'air (à la recherche de quelque chose de nouveau). La marche est une bonne métaphore de la vie : l'habitude alterne avec l'exploration, un pas après l'autre. Cette alternance de certitude et de curiosité face à l'avenir est précisément ce qu'il faudrait conserver dans le couple.

Il importe tout d'abord, donc, de distinguer les bonnes des mauvaises habitudes. Les bonnes nous aident à vivre. D'ailleurs, les cellules nerveuses permettent à nos facultés créatives de fonctionner de une à deux heures par jour au grand maximum, le reste étant consacré à l'exécution de gestes habituels ou encore à des répétitions mécaniques. Charlie Chaplin, dans la fameuse scène de la chaîne de montage, en a donné un amusant exemple. Nous avons l'habitude de nous habiller selon le même rituel, de faire toujours le même chemin en voiture, ce qui nous permet de penser à autre chose. Les habitudes ont aussi d'autres fonctions utiles, car elles permettent de transmettre la culture et les principes éducatifs. Dans ce cas, les racines ancrées dans le passé sont un tremplin pour rebondir, et les projets vraiment créatifs sont davantage tournés vers l'avenir que vers le passé.

Dans mon cabinet, pourtant, je vois chaque jour des personnes prisonnières de leur passé et de leurs névroses infantiles. Beaucoup de couples font du mariage une assurance-vieillesse assortie d'une foule de garanties et d'annexes. Or le couple est une entité dynamique qui doit sans cesse se renouveler, faire son bilan et casser les habitudes qui risquent de le transformer en une carapace rassurante mais trop lourde à porter.

Le test ? Les vacances. Voyons comment deux couples de sexagénaires les organisent. Jeanne et Martin retrouvent depuis trente ans la même plage, les mêmes cabines, les mêmes voisins de parasol qui ont à peu près les mêmes conversations. Cette continuité les rassure. Ils forment un couple stable mais ennuyeux.

Au moment de partir à la retraite, Adrienne et Albert, eux, ont renoncé à acheter la maison de campagne dont ils rêvaient depuis des années. D'un commun accord, sans regret, parce qu'ils se sont rendu compte qu'ils n'avaient envie ni de solitude ni d'isolement, mais bien de changement. Le petit capital qu'ils destinaient à l'achat d'une ferme à réaménager sert désormais à partir tous les ans en vacances dans des pays lointains et exotiques où ils ne connaissent personne et peuvent ainsi découvrir chaque fois des paysages insolites et de nouvelles cultures.

Adapter l'idéal

J'aime assez cet aphorisme de Chamfort : « La sagesse fait durer, les passions font vivre. » Mais si la passion conduit à la mort (dans l'amour romantique), pourquoi les êtres humains continuent-ils de la rechercher ? Qu'a-t-elle de magique, pourquoi la religion la juge-t-elle comme un péché à bannir et la raison comme un excès maladif ? Dans la mythologie, la passion est vue comme un idéal, et non crainte comme une fièvre maligne.

Toutefois, en amour, il est difficile de faire durer la passion, à moins d'user de certains antidotes. Avant tout, je l'ai déjà dit, il vaut mieux ne pas mettre toutes ses passions dans la sexualité, mais en réserver pour le cœur et l'imaginaire. Le couple sensoriel, fondé sur l'érotisme et les sensations fortes, ne peut durer dans le temps.

L'éros étant l'ennemi de l'habitude, il doit y avoir au sein du couple une tension interne entre stabilité et incertitude. Ce qui est possible si le cœur et l'esprit entrent en jeu tous les deux. N'oublions pas non plus qu'aujourd'hui, nous pensons toujours à la sensualité en termes de passion individuelle, instinctive, à la Don Juan, alors que la passion durable n'est pas attachée à celui qui aime, mais à l'« objet » d'amour.

En outre, il est extrêmement important de cesser d'idéaliser l'objet d'amour. Dans le couple qui dure, l'image du partenaire se transforme naturellement. Comme tout être humain, il a des qualités, mais il n'a plus d'auréole sur la tête. Je rencontre des couples âgés qui ont une vie affective intense parce qu'ils ont su « désidéaliser » leur conjoint tout en continuant de l'aimer, voire de l'admirer.

C'est le cas de Maryse, par exemple, qui a 65 ans, quatre enfants, beaucoup de petits-enfants, et une approche de la vie très énergique. Elle travaille encore et se réjouit de voir son époux Charles, 66 ans, lui faire tantôt des scènes de jalousie, tantôt des compliments. Lui qui travaille dans l'industrie chimique, vient de faire breveter une de ses découvertes et aspire à être glorifié par sa femme. Ce qu'elle fait, tout naturellement, parce qu'elle est en admiration devant son intelligence et ne cesse de le lui dire. La leçon que nous donne ce couple qui dure : comme Maryse, toutes les femmes aiment être sans cesse courtisées et séduites ; et comme Charles, tous les hommes ont besoin de nourrir leur narcissisme.

Changer avec l'âge

Il est rare de rencontrer des gens qui vieillissent bien. C'est pourquoi j'ai été surpris de la demande d'aide de Simone, 65 ans, mais qui en fait vingt de moins. Je me suis demandé, perplexe, ce qui pouvait la pousser à venir suivre une psychothérapie, alors que le temps ne semblait avoir aucune prise sur elle, ni sur le plan physique ni sur le plan moral. Femme courageuse, elle avait affronté de grands changements.

Cependant, j'ai très vite compris, au cours de nos entretiens, l'autre visage de cette femme, à la recherche d'un guide, comme une enfant incapable de prendre ses responsabilités. Elle ne tenait aucun « compte » des années qui passaient et mentait effrontément à tout le monde sur sa date de naissance. Tout occupée qu'elle était à chercher à se faire accepter par les autres, elle avait négligé ses potentialités, qu'elle n'avait pas du tout exploitées. Il lui a été très utile de connaître la dépression qui aurait dû accompagner, sur le plan physiologique, le passage d'une saison de la vie à l'autre, mais qu'elle s'était arrangée pour repousser au plus vite en avalant des antidépresseurs, puis en tentant de se maintenir le plus possible sur la brèche, avec l'illusion de rester jeune à tout jamais.

Mais à en croire un vieux sage chinois, il faut que l'être humain s'adapte d'avance aux besoins des différents moments de la vie et aux saisons qui se succèdent ; alors seulement il peut maîtriser les changements naturels, au lieu de les subir. Ce n'est que lorsqu'elle aura fait la part entre ses angoisses de succès ou d'échec que Simone pourra commencer à s'occuper de questions et de problèmes propres à son âge.

Tout cela vaut aussi pour la vie de couple. Inutile de nier les transformations dues à l'âge : mieux vaut les accompagner et, si possible, y faire face avec son partenaire. Il y a deux types de problèmes chez les retraités qui viennent au cabinet : certains refusent le temps qui passe, comme Simone, d'autres, à l'inverse, sont angoissés à l'idée d'être au « crépuscule » de leur vie. Ils font le vide autour d'eux et se plaignent ensuite d'être seuls. Pas étonnant ! Même le conjoint le plus affectueux qui soit n'a pas envie d'entendre quelqu'un de déprimé se plaindre toute la journée.

Goûter les menus plaisirs

Éros et Thanatos, la vie et la mort ; le yin et le yang, douleur et plaisir. Des contraires qui s'interpellent, qui virevoltent ensemble, très différents, mais toujours très proches. Prenons le duo plaisir-douleur : leurs définitions sont opposées et pourtant, ne pleurons-nous pas de joie, ne rions-nous pas par énervement, ne gémissons-nous pas de plaisir mais aussi de douleur ? La recherche du plaisir semble être la motivation principale de l'existence, même si souvent, dans la société actuelle, elle est vue comme la satisfaction d'un besoin matériel : un assouvissement de consommateur, en quelque sorte.

La psychanalyse pousse l'individu à rechercher

activement le bien-être à travers la compréhension et le traitement des conflits inconscients qui tendent à l'empêcher d'y parvenir. Le plaisir naît donc comme la résolution d'un conflit. Voyons donc quels sont les acteurs en présence : d'un côté, nous avons l'entité appelée, en psychanalyse, le Ça, qui agit selon le principe de plaisir et vise l'assouvissement de nos pulsions ; de l'autre, il y a le Surmoi, qui agit selon les valeurs et les normes sociales et tend à censurer le Ça (en activant la culpabilité). Entre les deux « adversaires » se trouve le Moi, dont le bon fonctionnement permet la médiation entre les besoins instinctifs et la réalité extérieure. C'est justement cette entité qui nous permet de jouir d'un plaisir, de le reporter à plus tard, voire de l'écarter définitivement s'il considère que ce plaisir immédiat pourrait se transformer, demain, en souffrance.

On peut comprendre l'excessive rigidité de certaines personnes âgées poussées par la toute-puissance de l'entité que nous avons appelée le Surmoi à mener une vie sévère, fondée sur le « plaisir du devoir », une existence qui nie donc, en définitive, toute forme de vraie jouissance. En effet, le vrai plaisir est lié à notre histoire personnelle et sera atteint d'autant plus facilement que le sentiment de liberté sera plus grand. Et au troisième âge, il est « autorisé », même si la publicité le rattache toujours à la jeunesse...

Cette politique des menus plaisirs est d'une très grande importance pour le couple à l'automne de sa vie : des plaisirs simples à vivre, à savourer, à partager, jour après jour. Et à découvrir, car chacun sait que ce qui nous procure de la joie à 60 ans n'est pas forcément ce qui nous rendait heureux à 20.

Les sentiments démocratiques

Pour commencer, il s'agit de la capacité d'écouter son partenaire, de comprendre et d'accepter qu'il vive à son rythme, à son aise. C'est aussi savoir mettre un peu d'humour dans les conflits, et puis… la tendresse. C'est elle qui réchauffe les années d'automne. C'est un sentiment authentique de participation à la satisfaction des besoins de l'autre, un sentiment qui apparaît d'ailleurs très tôt dans la vie, dès les premières relations entre la mère et l'enfant. C'est justement la disponibilité et la capacité à partager ce sentiment des figures de référence de notre jeunesse qui favorisent, à l'âge adulte, l'intimité du couple, laquelle est faite de chaleur, de confiance et de continuité.

La tendresse semble être une des caractéristiques que les femmes apprécient le plus, avec la fiabilité et le sens de l'humour. Beaucoup d'hommes éprouvent de la pudeur à manifester leur tendresse parce que ayant reçu une éducation très traditionnelle, ils ont tendance à l'associer à la faiblesse. Les stéréotypes ont encore la vie dure : le duo tendresse-faiblesse serait associé à la femme et le duo force-fierté à l'homme. Mais de nos jours, où l'on n'attend pas seulement du couple des garanties matérielles, mais aussi des garanties affectives et existentielles, le mythe de l'homme fort est en train de perdre du terrain, même chez les personnes âgées. Notamment parce que l'on a découvert qu'il répondait à un certain exhibitionnisme plus qu'à de vrais besoins relationnels. Aujourd'hui, la femme demande à l'homme du partage, des projets et de la confiance, qui sont des composantes fondamentales de la tendresse. Et le mari de longue durée veut, lui aussi, vivre dans une atmosphère de douceur.

La tendresse peut néanmoins être inconsciemment « instrumentalisée » pour couvrir d'autres sentiments moins nobles. Elle sert souvent à cacher une certaine difficulté d'expression de l'agressivité sexuelle au sein du couple. Dans certains cas, la douceur justifie une véritable incapacité à se séparer de manière efficace et adulte, sans éprouver d'angoisses abandonniques. Enfin, un excès de tendresse peut engendrer des liens étouffants et en apparence non conflictuels derrière lesquels se cache une agressivité ingérable de la part de l'un ou l'autre des partenaires. Cela donne des couples qui, en psychothérapie, ont très fortement envie de fuir dès qu'émerge, inévitablement, une certaine dose d'agressivité. En effet, chez de tels conjoints, la tendresse sert précisément à éviter une saine conflictualité.

UNE GÉOMÉTRIE VARIABLE

« Il y a plusieurs phases dans le mariage. D'abord, la passion romantique, ensuite le bras de fer et enfin, le besoin réciproque. Moi, je suis arrivé à la quatrième, la capitulation volontaire. » Devinez de qui est cette déclaration. D'un psychologue, d'un spécialiste de la vie de couple ? Non. Elle est d'Al Gore, l'ancien vice-président des États-Unis, dans un livre au titre un brin « fleur bleue », *Joined at the Heart* (« Unis par les sentiments »), qu'il a signé avec son épouse. Au milieu du flot des propos plutôt va-t-en-guerre des hommes politiques américains, cette prise de position sur la vie conjugale est plutôt sympathique.

Beaucoup d'ingrédients font le bonheur en amour. Le couple fusionnel, dont les partenaires font tout ensemble pour se protéger du monde hostile qui les entoure, a fait son temps. J'ai le sentiment que ceux qui résistent à l'épreuve du temps sont, à l'inverse, les couples à géométrie variable. En voici quelques variantes :

1 + 1 = 3

Il ne s'agit pas d'un calcul cynique, mais réaliste, comme dans les mariages d'antan. À deux, en effet, on est plus fort (sauf dans les couples où l'un des deux est un saprophyte, c'est-à-dire un parasite). Nous pourrions ériger ce calcul en modèle mathématique : 1 + 1 = 3, autrement dit, *toi* plus *moi* égale *nous*, qui est supérieur à la somme des deux individus.

Mon mariage est orange

Quelle couleur caractérise le couple durable, celui qui se nourrit de sentiments généreux, de surprises, et dont la vie chaleureuse éloigne la grisaille ? L'orange, la couleur de l'énergie, chaude et stimulante, antidépressive et optimiste ; c'est la couleur des oranges du Sud et de la glace aux fruits. Sans oublier que c'est une des merveilleuses teintes du coucher de soleil !

La discontinuité dans la continuité

L'allongement de l'espérance de vie, l'éclatement des centres d'intérêts, la réduction des temps de déplacement et les nouveaux moyens de communication télématiques doivent nous faire réfléchir à l'actualité de la monogamie. Rester ensemble pour le meilleur et pour le pire est un engagement fascinant, mais qui peut devenir un poids difficile à porter. Le couple doit par conséquent adopter des stratégies pour combattre la routine, comme la discontinuité dans la continuité. Pour commencer, on peut changer de place à table ou au lit ; modifier sa façon de séduire l'autre ; changer d'approche en passant du visuel au tactile, du tactile à l'olfactif, etc. ; ou encore, essayer un simple jeu de rôles : un jour convenu, on intervertit les rôles pour essayer de se rendre compte de celui de l'autre. Y compris au niveau des petites choses de la vie quotidienne : si c'est toujours elle qui fait la cuisine, à lui, donc, de se mettre aux fourneaux.

Il convient aussi de développer la communication positive : dans de nombreux couples, les messages positifs restent implicites (les compliments ou les mots doux qui deviennent de plus en plus rares au fil des années), tandis que les messages négatifs sont explicites et soulignés par un ton plus énergique et une attitude physique qui souligne le refus total de l'autre.

Une recommandation, enfin : ces approches s'appliquent naturellement aux couples « normaux », puisque les psychiatres que nous sommes voient en consultation des partenaires qui doivent avant tout calmer l'aigreur et le ressentiment qu'ils ont accumulés pendant des années. Il apparaît d'ailleurs que quantité de couples se disputent davantage pour réagir à l'ennui de la vie quotidienne que pour exprimer une insatisfaction à l'égard de leur compagnon. Pour comparer le couple à un accordéon, on peut dire que vers la fin de la vie, il se resserre (sans pour autant devenir symbiotique). Il arrive que l'on ne découvre vraiment sa « moitié » qu'après des années d'ajustement !

Projets et caresses

Selon l'actrice Zsa Zsa Gabor, « les maris sont comme le feu. Si on les néglige, ils s'éteignent ». Et d'après l'adage que m'a rapporté une amie, qui le tient de sa grand-mère : « Les maris sont comme les lits, il faut les caresser. » En effet, quand on refait son lit et qu'on change les draps, il ne faut pas faire de gestes brusques et violents : un lit, ça se caresse. Comme un compagnon de vie.

Cette approche s'applique également au couple durable et heureux : attentions et caresses, avec quelques projets à moins long terme que ceux de la jeunesse. Mais les couples de plus de 60 ans heureux que je connais ont des projets en partie communs. Seuls les vieux dans l'âme fondent leur bonheur exclusivement sur le passé, les souvenirs, ce qu'ils ont vécu ensemble. Bienheureux les maris et les femmes qui ont un passé de félicité, un bel « album photo » à feuilleter de temps en temps, la larme à l'œil. Mais s'ils ont un projet commun, même limité et même d'une durée d'un mois ou d'un an seulement, ils peuvent encore goûter à ce quelque chose d'impalpable que nous appelons le bonheur.

CHAPITRE XV

L'érotisme à l'automne de la vie

L'amour est une aventure à la fin incertaine ; le sexe aussi. S'il est donc possible de partager la sexualité de la même personne jusqu'à la fin de sa vie, disons-le d'emblée : c'est difficile.

« L comme libido : où est passé le sexe ? » se demande avec ironie l'Américaine Judith Viorst dans son alphabet pour sexagénaires qui commence avec le A d'« arthrite » et se termine avec le Z de « zèle » (comprendre le zèle dont elle-même fait preuve pour noter les symptômes que présente son corps et consulter vingt-six médecins différents)[1] ! Dans le même ouvrage, Viorst se moque de la pilule bleue qui a révolutionné le sexe « automnal » et résume ainsi l'histoire d'un couple : « 1963, Niagara », « 1999, Viagra » – vous l'aurez compris, la première date renvoie au « classique » voyage de noces américain...

Dans notre société, de même qu'on a remis en cause l'enfant angélique et innocent, on s'interroge maintenant pour savoir si les anciens connaissent vraiment la « paix des sens », comme on l'a longtemps pensé en oubliant tous ces hommes âgés, grands amateurs de chair. De Charlie Chaplin, qui a eu des enfants à un âge avancé, à Picasso en passant par Yves Montand, nombreux sont, en effet, les « grands vieux » qui se sont accordé jusqu'au bout les plaisirs de l'érotisme. Et les femmes ? me direz-vous. Eh bien, on n'en parlait pas plus (ou encore moins), puisque la ménopause passait pour marquer la fin de la sexualité féminine, ce qui est totalement faux, on l'a enfin admis aujourd'hui.

« Tu sais ce que dit mon mari ? m'a ainsi demandé récemment une amie quinquagénaire. La ménopause, c'est... no pause ! » Cette plaisanterie en dit long sur l'harmonie et l'envie de bien vivre l'érotisme chez ce couple. Pourtant, il n'y a pas si longtemps que quelques femmes connues ont, dans un vibrant hommage au sexe conjugal, osé déclaré qu'elles faisaient encore l'amour avec plaisir et avec leur conjoint (le comble de la transgression !). Ainsi, l'artiste de cirque Moira Orfei, 60 ans, a déclaré lors d'une interview qu'elle faisait l'amour avec son mari (qui est dompteur de lions) deux fois par semaine depuis trente-cinq ans [2].

Soyons clairs : je ne suis pas en train de dire que le sexe à 60 ans est un feu d'artifice, ce qui donnerait un sentiment de culpabilité à ceux qui ne vont au lit que pour dormir. Il faut bien se rendre à l'évidence : le temps est un grand ennemi de la sexualité de couple et réussit à refroidir les passions les plus ardentes. Toutefois, l'usure de l'éros peut être compensée par la tendresse et la complicité, car le contact physique fait d'étreintes et de caresses est parfois plus important que l'acte sexuel. Et dans le couple qui dure, la qualité compte plus que la quantité.

Mais attention, il arrive que certains maris, passé un certain âge, soient non seulement plus présents et plus gentils dans la vie quotidienne, allant jusqu'à proposer d'accompagner leurs femmes quand elles vont faire leurs emplettes et insistant pour porter leurs paquets, mais qu'ils soient aussi trop prévenants au lit. Or le sexe n'en demande pas tant ! Florence, 55 ans, me raconte : « Au lit, j'ai besoin de me laisser aller à mes sensations. Alors, quand il me demande : "Je ne t'écrase pas trop, ma chérie ?", c'est fatal, ça me bloque ! » D'autres se concentrent trop sur leur partenaire et pas assez sur leurs sensations.

La bonne éducation, qui fait vivre le couple à long terme, n'est donc pas toujours amie de l'érotisme, et nombre de couples qui durent doivent s'efforcer, pour leur bien, de continuer à penser de façon érotique. C'est ce qu'affirme Dagmar O'Connor, une sexologue de New York que j'ai bien connue et qui a écrit un livre surprenant, *Comment faire l'amour à la même personne – pour le reste de votre vie*[3]. Elle y donne quelques conseils utiles que je m'empresse de vous rapporter. Pour être érotique à la maison, il faut :

– Commencer par se sentir érotique à toute heure de la journée.

– Laisser libre cours à sa fantaisie : déshabiller mentalement les autres, imaginer un autre couple qui fait l'amour en passant devant une fenêtre fermée...

– Observer dans les fêtes et les dîners comment les autres hommes et les autres femmes regardent son compagnon pour mieux penser à lui de manière érotique.

On pourrait penser que la confiance sexuelle qui s'est instaurée au fil des ans est davantage une satisfaction qu'un obstacle – mon ami Jacques me racontait ainsi que sa femme connaissait parfaitement toutes ses zones érogènes et qu'il n'avait pas besoin de lui dire que faire pour l'exciter au plus haut point, mais l'éros a besoin de nouveauté. Certains couples résolvent ce problème en allant faire l'amour ailleurs, comme Marylin et Robert. Elle a 65 ans, lui 68, et ils ont pris l'habitude de passer de longs week-ends dans des stations thermales, où ils prennent soin de leur corps en s'offrant de longs massages... Ils se relaxent, et le soir, dans leur chambre, ils font l'amour avec plaisir. Comme quoi, la nouveauté du lieu peut jouer autant, voire davantage, que la nouveauté de la personne. De toute façon, au sein d'un mariage, la seule transgression obligatoire est celle de l'apathie. Et pour cela, tous les moyens sont bons, y compris retrouver le sens de l'interdit qui, après avoir été une force motrice initiale dans bien des couples, vient souvent à faire défaut. Peut-être était-ce pour cette raison que Dominique, 87 ans, agriculteur en retraite, faisait l'amour dans sa Panda avec une dame fort alerte de 74 ans[4]. Malheureusement, ils se sont garés à proximité d'une école. Les enseignants ont appelé les gendarmes, et les petits vieux guillerets ont été condamnés à deux mois et vingt jours de prison (ils ont ensuite bénéficié d'un sursis). Le seul commentaire de Dominique, quand il a été pris sur le fait, a été : « Quand on est vieux, on retombe en enfance. »

Outre le changement de lieu ou son incongruité, d'autres couples, pour pimenter leur vie sexuelle ou lui redonner un souffle nouveau, ont recours à des aides diverses (films osés ou vibromasseurs) ou font un peu plus appel à la fantaisie. À une femme qui n'avait jamais envie de faire l'amour et se plaignait classiquement de migraines, j'ai ainsi conseillé de murmurer à son mari : « Persuade-moi de le faire. » Et le mari en question s'est remis à être séducteur...

Mais attention, rien n'oblige un couple durable à faire l'amour. On peut rester ensemble pour d'autres motifs, spirituels, intellectuels, ou par pure commodité. Cela dit, il semble ressortir de l'enquête qui a été menée auprès de 10 500 hommes et femmes de 40 à 80 ans, et dont les résultats ont été présentés au congrès de la Fédération européenne de sexologie à Istanbul en 2003, que l'érotisme est une composante fondamentale de l'existence. Seuls

18 % des hommes et 31 % des femmes interrogées ont, en effet, déclaré ne pas avoir d'intérêt pour le sexe.

LES HOMMES ET L'ÉRECTION DISPARUE

Les personnes âgées en bonne santé continuent d'avoir une vie sexuelle active. Ainsi le duc de Richelieu, le neveu du fameux cardinal, est mort à 92 ans et il a défrayé la chronique galante jusqu'à 90 ans. Le terme d'andropause qui est utilisé pour définir la situation de l'homme après 50 ans est de toute façon une erreur, car il désigne *stricto sensu* une pathologie et une pathologie fort rare. Chez la femme, en revanche, la ménopause existe et c'est un phénomène brutal : en un an, à peu près, l'activité des ovaires cesse et la production d'œstrogènes et de progestérone diminue. Ces changements provoquent d'abord une irrégularité menstruelle, puis l'arrêt total du cycle.

À mon sens, le traitement hormonal de substitution qui est proposé aux femmes ménopausées est justifié, car ses avantages en termes de qualité de vie l'emportent sur ses risques. Chez l'homme, en revanche, il n'y a pas d'andropause, je l'ai dit, mais une androclise, avec diminution progressive de l'activité des testicules. L'idée de substitution hormonale est donc beaucoup plus contestable, même si certains de plus de 60 ans demandent aux médecins un « petit coup de pouce ». D'autres hommes, en effet, deviennent pères à 70 ans et plus, parce que leurs cellules de Sertoli, qui produisent les spermatozoïdes, sont restées plus actives que leurs cellules de Leydig, qui produisent la testostérone.

Concernant la testostérone, qui est prescrite dix fois plus aux États-Unis que chez nous, son action est bien connue : elle renforce la masse musculaire, qui tend à diminuer avec l'âge, elle agit au niveau psychologique et culturel et, enfin, elle maintient une libido élevée. En revanche, elle n'a pas d'effet sur l'érection, qui est surtout liée à des facteurs vasculaires, et non hormonaux. À quels hommes de plus de 60 ans faut-il donc prescrire de la testostérone, après avoir contrôlé leur prostate ? À ceux qui souffrent d'une maladie appelée hypogonadisme, mais aussi à ceux qui traversent une crise existentielle. Tout déclin physique ou sexuel peut, en effet, être vécu comme le début du vieillissement ou comme l'approche de la fin : l'impuissance sexuelle cache souvent une dépression et c'est celle-ci qu'il convient de soigner.

Passé 50 ans, beaucoup d'hommes partent aussi à la conquête de femmes plus jeunes pour se lancer un nouveau défi et prendre un bain de jouvence, c'est ce qu'on appelle le « démon de midi ». Et il est tout aussi fréquent qu'un peu plus tard, devenus sexagénaires, ils viennent consulter à la demande de leurs jeunes compagnes, parce qu'ils ne sont plus en mesure de les satisfaire. Or, dans ce cas, je l'ai dit, la testostérone n'est pas la solution adaptée, même si de nouveaux espoirs surgissent avec la DHEA (déhydroépiandrostérone), une hormone androgène surrénale. Il me paraît plus utile d'aider ces hommes à prendre conscience de leur valeur et à renforcer leur estime de soi, en sachant que, s'il s'agit seulement d'un problème sexuel, il existe désormais des médicaments qui servent vraiment de « tuteurs » en cas d'érection défaillante.

Je reçois une lettre de Paméla, 75 ans, dont cinquante-deux de mariage. Elle a de saines envies sexuelles, mais son mari n'a plus d'érection. Elle me demande conseil, attendu qu'il n'a pas, lui, l'intention de parler de ce problème, même à un médecin. Il a 75 ans, comme elle, et devra passer au moins deux examens diagnostics : un dosage hormonal, notamment de la testostérone libre, et surtout un écho Doppler de son pénis, puisque l'érection est essentiellement un mécanisme vasculaire. Le plus probable est qu'à son âge, ses artères se sont rigidifiées et gênent l'afflux du sang au pénis. Dans ce cas, il ne s'agit pas de définir un traitement causal, mais un traitement symptomatique. Le mari de Paméla devra se faire prescrire par son médecin traitant une pilule améliorant l'érection, y compris chez les personnes âgées. Ce traitement est efficace dans 70 à 80 % des cas, et l'érection retrouvée donnera sans nul doute un nouvel élan à cet homme, et pas seulement entre les draps, tant il est vrai que, pour la majorité de la population mâle, la virilité sociale dépend de son organe sexuel.

Pour l'homme de plus 60 ans, mieux vaudrait d'ailleurs parler de modifications sexuelles que de déclin. En effet, avec l'âge, on voit augmenter peu à peu la durée de la « période réfractaire », c'est-à-dire du temps qui s'écoule avant de pouvoir faire l'amour de nouveau. En outre, on note une diminution de l'érection spontanée provoquée par des stimuli visuels ou imaginaires, alors que l'érection induite par des stimuli mécaniques prend davantage d'importance. Si l'intensité de l'imaginaire érotique ne baisse pas, il est cependant moins efficace, ce qui signifie que les stimuli doivent être plus puissants et sans cesse renouvelés pour parvenir au même résultat. Une récente étude effectuée à l'Université de Stanford a démontré qu'au-delà des variations ethniques et sociales, le seul facteur constant qui modifie la sensibilité du pénis est bien l'âge. Quant à l'éjaculation, elle diminue, elle aussi, avec les années, mais pas la jouissance qu'elle provoque, en tout cas tant que la musculature périnéale est en bon état. Les hommes signalent même parfois une amélioration globale de leurs sensations érotiques, jusque-là concentrées exclusivement sur le gland et certains éjaculateurs précoces vont mieux en vieillissant, un peu comme les myopes voient mieux avec les années…

Les hommes qui vieillissent peuvent donc vivre ces changements sexuels comme une espèce de « libération » par rapport à un « maître coléreux et sauvage », pour reprendre les mots de Sophocle, mais, souvent, le vieillissement érotique est plutôt synonyme d'affaiblissement, de perte, et s'accompagne d'un repli sur soi qui est dans de nombreux cas l'expression d'une dépression masquée. Les échecs passés remontent à la conscience, entraînant un renoncement progressif aux rapports sexuels, ce qui a des conséquences néfastes. Tous les sexologues, en effet, connaissent l'importance, surtout au troisième âge, d'une activité sexuelle régulière et sans longues interruptions.

Pour un pessimiste enclin au renoncement, le déclin érotique préfigure la mort, alors que pour celui qui vit une sexualité heureuse, elle peut être un véritable antidote qui exorcise la peur de la mort. L'histoire de Paul, 60 ans, commerçant de Montpellier atteint d'un cancer, est emblématique de ce point de vue. Pour « se sentir vivant » après son intervention chirurgicale, il a entamé une relation extraconjugale avec une de ses jeunes employées. Quand sa femme, qui s'était occupée de lui pendant les moments difficiles de sa maladie, l'a appris, il s'est justifié en lui expliquant qu'elle n'avait pas été assez affectueuse et qu'elle l'avait quasiment « obligé » à prendre une jeune maîtresse pour ne plus déprimer. Après quoi, cet homme a continué d'aller chez son oncologue, mais n'a jamais accepté de consulter de psychiatre pour sa dépression toujours là.

Comme Paul sans doute, bien des hommes qui vieillissent ont des attentes excessives à l'égard du sexe. Ils soignent leur physique, surveillent avec angoisse les premiers signes d'érection imparfaite, multiplient les essais et les performances et font de la relation sexuelle non plus un moment de plaisir, mais un terrain de prestations et de confrontations avec eux-mêmes, avec leurs partenaires et avec d'hypothétiques rivaux plus jeunes et plus vigoureux. Derrière le stress, l'insomnie et le désir d'arrêter de fumer émerge la crainte du déclin sexuel alors qu'augmente la demande de médicaments aphrodisiaques susceptibles de donner une « bouffée d'énergie ».

LES FEMMES ET LEURS HORMONES

Autrefois, les femmes n'avaient pas le droit d'avoir des désirs érotiques, surtout après 50 ans. Elles devaient se contenter d'être grands-mères et maîtresses de maison. De nos jours, les choses ont heureusement beaucoup changé. C'est ce que souligne Angeles Mastretta, la romancière mexicaine connue pour ses livres « chauds », comme *Arràncami la vida*. À l'approche de ses 50 ans, elle s'est demandé quel était le sens de cet anniversaire pour une femme d'aujourd'hui. « Je pourrais encore me fier à des inconnus, je me réveille encore le matin en espérant trouver quelque chose de nouveau sous le soleil, j'ai encore peur des rides et suis capable de chanter sous la douche, écrit-elle. Je pense à ma grand-mère parce que, même si elle était attachée à la vie, à l'âge que j'aurai en octobre, elle avait déjà laissé tomber bien des devoirs et des plaisirs auxquels les quinquagénaires d'aujourd'hui s'accrochent. Elle ne pensait même plus à livrer bataille, elle était prête à accueillir des petits-enfants contre les coussins propres et nets de ses seins et prenait sans aucun remords trois repas copieux par jour. Elle paraissait s'être retirée de la sexualité, des imprudences, de l'angoisse due à toutes ces choses qui sont là pour ne pas y être, et sans nul doute de l'obligation de rester jeune. Ma sœur Veronica affirme que c'était plus sage. Peut-être. Mais il est certain que nous, nous ne pourrons pas redevenir ainsi [5]. »

Mais pourquoi renoncer à la sexualité et aux sens ? C'est ce que se demande aussi Anne, 58 ans, dont le mari, Denis, en a 69. Elle me raconte qu'il ne la touche pratiquement plus depuis une vingtaine d'années. Ils ont deux filles de plus de 20 ans, et c'est justement peu de temps après la naissance de la seconde que Denis est devenu très froid. Certes, il a été extrêmement déçu d'avoir deux filles (il voulait absolument des garçons !), mais il dit aussi que, pour lui, le sexe a pour seul objectif de procréer. Et maintenant qu'elle est ménopausée, c'est plus qu'exclu ! De temps en temps, pourtant, Anne continue à essayer de vouloir l'approcher. Elle s'achète de la lingerie provocante, lui fait des câlins, mais il la repousse systématiquement en lui disant qu'il l'aime « à sa façon », mais qu'il ne la désire plus. Anne, qui ne veut pas le tromper, ne sait que faire : doit-elle accepter cette chasteté injuste et forcée ?

Si, on le voit *a contrario* par l'histoire d'Anne, la baisse du désir chez la femme est plus souvent liée à des facteurs sociaux que biologiques, il arrive aussi, soyons honnête, que le bonheur, érotique ou non, dépende des hormones. C'est le cas pour Lucie, 55 ans, qui a été ménopausée à 45. Elle a alors traversé une très mauvaise période. Alors qu'elle aimait beaucoup son mari et avait une merveilleuse famille, Lucie, qui a toujours été enjouée, est devenue triste, au point d'avoir des idées de suicide. Elle a commencé un traitement hormonal de substitution et a rapidement retrouvé le sourire. Au bout de dix ans, son médecin lui a conseillé de l'interrompre parce que dans sa famille, il y avait eu plusieurs cas de tumeur. À la place, elle prend des hormones végétales (des phytohormones), mais tous ses symptômes d'il y a dix ans ont reparu et sa qualité de vie a nettement régressé. Elle envisage donc de recommencer sa thérapie hormonale et me demande si c'est dangereux.

Il est vrai que diverses recherches épidémiologiques ont révélé une légère augmentation des tumeurs du sein après dix ans de THS, mais il ne faudrait pas oublier que ces traitements de substitution provoquent, d'un autre côté, une diminution équivalente du cancer du colon, qu'ils préviennent aussi la maladie d'Alzheimer et réduisent l'ostéoporose qui est à l'origine de bien des fractures du col du fémur. Et puis, lorsque l'on fait le bilan des pour et des contre, il faut penser non seulement à sa santé, mais aussi à sa qualité de vie, y compris érotique. Or, l'administration d'œstrogènes, dont la production diminue avec la ménopause, a un effet positif sur les muqueuses vaginales et facilite les rapports sexuels. Au Canada, en même temps que les hormones féminines (œstrogènes et progestérone), on prescrit également un peu de testostérone, qui est pour la femme aussi l'hormone du désir. Enfin, le traitement hormonal peut, comme dans le cas de Lucie, avoir un effet antidépresseur.

J'ai donc conseillé à cette femme de reprendre son traitement hormonal, à condition qu'elle n'ait pas de problème cardiaque (un risque découvert depuis peu) et, par prudence, après avoir fait une mammographie, pour s'assurer qu'il ne fallait pas associer du Tamoxifen à son traitement hormonal de substitution, vu qu'il réduit de 82 % les risques de tumeur du sein.

L'histoire de Lucie nous confronte à un phénomène encore récent. Il fut un temps où les femmes étaient ménopausées à 40 ans et mouraient, en moyenne, à 45. Aujourd'hui, elles sont ménopausées à 50 ans et meurent à 80 ; et ces trente années après la ménopause peuvent être vécues agréablement, de façon à ce que la fin du cycle menstruel – et de la possibilité de concevoir – ne soit pas ressentie comme une perte, mais comme une nouvelle phase de la vie.

Cette nouvelle envie de vivre allégrement sa féminité après 50 ans, si légitime en dépit du grand tabou que demeure, encore aujourd'hui, la ménopause [6], me fait penser à un poème qui commence ainsi :

« Quand je serai vieille, je m'habillerai de pourpre
Avec un chapeau rouge qui détonne et ne me va pas
Et ma retraite passera dans du cognac et des mitaines

Et dans des sandales de satin, et je dirai que nous n'avons pas
d'argent pour le beurre.
Quand je serai fatiguée, je m'assoirai sur le trottoir
Dans les magasins, je m'empiffrerai d'échantillons gratuits et déclencherai les alarmes
Je passerai un bâton le long des grilles
Et me rattraperai de la sobriété de ma jeunesse.
Je sortirai en chaussons sous la pluie
Et cueillerai des fleurs dans les jardins des autres... »

Ce poème été écrit par une poétesse anglaise peu connue, Jenny Joseph, qui a désormais 70 ans. Bien qu'ils datent de 1961, ces vers n'ont commencé à circuler sur le Web que ces dernières années. Ils se sont propagés d'un continent à l'autre grâce à Internet, qui accueille et amplifie les nouvelles tendances ainsi que la nouvelle « sagesse » mondiale. Et c'est ainsi que la « femme au chapeau rouge », libre et sensuelle, qui affronte les ans avec légèreté et effronterie, a plu aux femmes du monde entier. Aux États-Unis, on a vu naître la *Red Hat Society*, composée de groupes de femmes de plus de 50 ans portant « chapeau rouge ». Ces groupes gagnent maintenant l'Angleterre, l'Australie, la Nouvelle-Zélande, le Mexique et les Bahamas. Ils sont si nombreux qu'ils ont désormais un site (*www.redhatsociety.com*), organisent des manifestations et des voyages, vont au cinéma ou danser, mais toujours... avec quelque chose de rouge sur la tête. Voilà ce que je souhaite à toutes les femmes qui me lisent : un chapeau rouge pour affronter avec légèreté et sensualité la vieillesse et la vie.

CHAPITRE XVI

Nouveaux couples sur le tard

Dans les pays occidentaux, les personnes âgées de plus de 70 ans se comptent par millions. Et certaines ont recommencé depuis peu une vie de couple. Fini le vieux monsieur et la jeune Slave ou le chef de service épris de sa secrétaire : on rencontre de plus en plus de nouveaux couples du troisième âge, qui ne sont pas fondés sur le sexe, mais sur la découverte des menus plaisirs de la vie : ils voyagent hors saison à des prix défiant toute concurrence, se mitonnent de bons petits plats et dégustent des grands crus sur la route des vins...

Il est aussi de plus en plus fréquent que ces mêmes couples soient issus de divorces sur le tard. Pendant longtemps, maris et femmes sont restés ensemble, même s'ils ne se supportaient plus, pour des raisons financières, ou de survie. Mais les temps ont changé, les statistiques le prouvent. Aux États-Unis, 10 % des couples se séparent ainsi après quarante ans de mariage[1], à 60, voire 70 ans, c'est-à-dire au moment où ils pourraient rester ensemble par commodité, par confort, par habitude, à cause du soutien que chacun apporte à l'autre au fur et à mesure que les vrais ennuis de santé surgissent.

L'amour n'est pas l'apanage de la jeunesse. Cupidon sait aussi blesser des cœurs plus mûrs, et plus ardemment peut-être. Il convient donc de prendre quelques précautions, ce que les couples âgés font plus facilement que les couples jeunes.

VEUFS ET VEUVES

Anne-Marie, par exemple, me raconte qu'à 20 ans, elle a connu un garçon qui est ensuite parti au service militaire. Ses lettres, au début fréquentes, se sont peu à peu espacées et elle s'est efforcée de l'oublier, malgré cette « éraflure » au cœur. Plus tard, elle s'est mariée et n'a plus eu de nouvelles de lui. Désormais veuve à 72 ans, avec trois enfants mariés, elle s'est souvenue de ce fiancé de jeunesse. Elle a cherché son numéro de téléphone (il vit toujours dans la même ville) et l'a appelé. Et ils parlent : 50 ans déjà... Lui aussi est seul. Anne-Marie se sent rajeunir, elle pense encore à lui, et me demande mon avis sur cette relation qui est de nouveau en train d'emplir son existence.

Tant que la rencontre en reste au stade de la conversation téléphonique, elle suscite, fatalement, une certaine nostalgie. Mais quand Anne-Marie se retrouvera face à son ancien amoureux après tout ce temps, quand elle cherchera à reconnaître dans ce corps âgé le jeune homme qu'elle a aimé, elle aura un choc. Je ne suis cependant pas contre ce type d'expérience. L'amour n'a pas d'âge : à 70 ans, on a le droit de rechercher de la chaleur et de l'affection, de vouloir lutter à deux contre la solitude que connaissent tant de vieilles personnes. J'ai donc conseillé à Anne-Marie de revoir son amour de jeunesse.

Après trente-cinq ans de mariage, Marcelle, qui a été heureuse sentimentalement et sexuellement, doit, elle aussi, faire face au veuvage : son mari est mort subitement d'une rupture d'anévrisme. Or voilà que, à la veille de ses 70 ans et après deux ans de deuil et de solitude, elle rencontre un poète, François, 68 ans, qui tombe amoureux d'elle et la demande en mariage. Pourtant, Marcelle est réticente car, me dit-elle : « Je suis tout feu tout flamme, imprévisible, solaire ; lui, il a les pieds sur terre, ne laisse rien au hasard, il est rasoir ! Comme ami, passe encore, mais pas comme amant... » D'ailleurs, me confie-t-elle, embarrassée, ils ont essayé de faire l'amour, et il a des problèmes d'érection. Pourtant, elle aime bien l'idée que François vive pour elle, qu'il lui déclare qu'elle est sa muse, sa source d'inspiration. Il lui a dédié un poème qui commence ainsi : « Prends le cœur qui s'offre à toi, la main qui t'est tendue, tu ne sais pas si demain elle sera encore là. »

Marcelle me demande ce qu'elle doit faire ; elle doute et aimerait rompre. Je pense qu'à 70 ans, il faut savoir profiter des côtés positifs de ce type de relation. François, qui a eu une vie tourmentée, a enfin trouvé sa muse, mais c'est un homme plutôt passif et dépendant, ce qui, compte tenu de son âge et de sa crainte de ne pas être à la hauteur, bloque son érection. Le jour, du moins, parce que la nuit, me confie Marcelle, il est parfaitement viril. Personnellement, j'ai bon espoir, car c'est un couple qui me paraît complémentaire. Le Soleil et la Terre s'aident mutuellement, et les couples complémentaires sont plus solides que les couples symétriques. Je crois que François ferait bien, toutefois, de prendre quelque temps un médicament qui soutienne son érection : cela rendrait les choses plus faciles dans l'intimité. Pour le reste, je reconnais que l'envie de Marcelle – conjuguer amour et sexe – si elle me paraît saine, est déjà extrêmement difficile à satisfaire à 30 ans, alors à 70... Mais je me permets d'insister : il est bon d'essayer, tout en réfléchissant posément à la solution la mieux adaptée : continuer de vivre chacun de son côté, vivre ensemble sans se marier ou bien passer devant monsieur le maire.

En Italie, on a recensé environ 600 000 veufs, contre quatre fois plus de veuves. Nombreux sont ceux qui ont du mal à faire leur travail de deuil. En France, une enquête de la Sofres montre que 50 % des hommes pensent qu'ils ont plus de mal à surmonter la perte de leur conjointe que les femmes. Dans l'année qui suit sa disparition, ils souffrent sept fois plus que les veuves de graves épisodes de dépression ; et les suicides chez les veufs sont cinq fois plus fréquents. Dans le pays très organisé qu'est l'Allemagne, un site Internet est mis à la disposition des personnes restées seules après un deuil : veuves et veufs doivent cependant, lors de leur inscription, indiquer s'ils cherchent à se remarier ou tout simplement à lier connaissance. Le docteur Marie-Hélène Colson[2], qui a effectué une étude sur 120 veufs de 50 à 92 ans, a observé que la disparition de leur épouse entraînait la cessation de toute activité sexuelle pendant onze mois, même si certains recouraient à l'autoérotisme ; ensuite, 91 % d'entre eux prenaient rendez-vous chez le médecin parce qu'ils avaient rencontré une autre femme qu'ils n'arrivaient pas à aimer comme il se doit...

Je repense à André, un veuf de 63 ans qui est venu me voir parce qu'il avait une nouvelle histoire mais était impuissant. Je lui ai prescrit un bilan biologique et je lui ai demandé de me parler de cette relation. Il m'a expliqué qu'en général, ils allaient chez lui pour faire l'amour, dans son lit. Sauf que sa chambre à coucher était quasiment un sanctuaire, avec des photos de sa femme décédée accrochées au mur et éclairées par des lumignons. Dans un premier temps, je me suis permis de donner un conseil pratique à cet homme angoissé : partir. J'entends : partir avec sa nouvelle partenaire, ne serait-ce que quelques jours ou un week-end, dans un hôtel de charme, lieu neutre et éloigné des souvenirs, où il lui serait sans doute plus facile de lutter contre son appréhension sexuelle, grâce, éventuellement, au soutien d'une pilule agissant sur l'érection.

Mais le problème de fond est qu'André n'a pas de fantasmes érotiques liés à sa nouvelle partenaire ; il est encore profondément attaché au souvenir de sa femme, décédée à la suite d'un cancer du sein. Comme pour André, devant un veuf impuissant, il faut toujours essayer de savoir s'il est resté très attaché à sa femme, surtout sur le plan intime et ne pas oublier que le deuil est un processus lent et douloureux qui exige du temps, souvent un an au moins. Nombre d'hommes, effrayés par la solitude, prennent une nouvelle compagne pour lutter contre leur angoisse, mais cultivent une fidélité posthume à leur épouse et s'enlisent... Une de mes patientes en est arrivée ainsi à changer de ville et d'appartement ; son ami lui « parlait » constamment de sa femme : le moindre meuble, le moindre objet faisait ressurgir son souvenir.

JAMAIS TROP TARD POUR BIEN FAIRE ?

Il y a des gens qui, à l'automne de leur vie, vivent une relation monotone mais continuent de rêver au grand amour, comme dans leur adolescence. William, par exemple, jeune retraité, bel homme, idéalise le couple. Pas celui qu'il forme depuis trente ans avec sa femme, mais celui qu'il aimerait construire avec sa nouvelle maîtresse. Il me parle de Paulette, avec qui il vit et qui lui a donné deux enfants. Elle est son refuge, sa famille, mais la femme, la « vraie », selon lui, c'est Alice, l'autre femme qu'il a rencontrée. Alice, 47 ans, qui a quitté son travail de boulangère pour la création florale, le fait revivre et lui donne de l'énergie, surtout sur un plan émotionnel. Bien qu'il ne supporte pas les émotions trop fortes, William les recherche. Son passé sentimental est constellé d'épisodes amoureux et de périodes d'impuissance.

Tout a commencé à 20 ans. Il s'est amouraché d'une jeune fille de son âge avec laquelle il n'est presque jamais parvenu à faire l'amour parce qu'il avait peur de ne pas être à la hauteur ; ils ont néanmoins vécu ensemble pendant deux ans dans une chambre d'étudiants... Sa timidité l'a ensuite tellement bloqué qu'il est resté seul jusqu'à 27 ans, jusqu'au jour où sa secrétaire lui a fait clairement du rentre-dedans, mais elle lui inspirait plus de crainte que d'attirance et William ne parvenait pas à lui faire l'amour, alors elle a choisi de rester avec son fiancé...

À 30 ans, néanmoins, il rencontre sa compagne actuelle et tout se passe bien au lit ; même si Paulette, à ce qu'il dit, ne lui fait pas passer des nuits « torrides ». « Notre couple est stable, déclare-t-il, mais il n'a rien de magique. » Et le voilà de nouveau à la recherche de la bonne fée qui va mettre un brin de fantaisie dans sa vie. Et voilà, de nouveau, comme à chaque fois qu'il ressent de trop fortes émotions et ne maîtrise pas son anxiété, qu'il perd ses moyens sexuels.

Il me raconte un peu plus. Alice et lui se voient pour parler, se faire des caresses, des câlins, mais ils n'ont jamais eu de relations sexuelles complètes parce qu'il n'arrive pas à aller jusqu'à la pénétration. C'est d'ailleurs pour cela qu'il vient consulter : il veut des médicaments pour son problème d'érection. Dans son cas, pourtant, je ne pense pas qu'un médicament serve à grand-chose : William a envie d'un amour torride, mais n'est pas capable d'y faire face, du moins sexuellement ; il lui faudrait plutôt de la tiédeur, mais un tel sentiment n'a pas la magie souhaitée. Tous ces problèmes sont évidemment liés au passé de cet homme. William est un enfant adopté, originaire d'Afrique du Sud, qui rêve de la mère qu'il a perdue. Il accepte la sublimation de ses fantasmes primitifs (la bonne fée avec laquelle il y a empathie, avec qui l'on se comprend sans se parler), mais l'impuissance dont il souffre par périodes montre qu'il n'est pas en mesure de vivre une passion et d'être à la hauteur de son sentiment amoureux.

Être amoureux signifie tout autre chose, en effet, qu'aimer. Et je ne joue pas sur les mots. Celui qui est amoureux restreint sa liberté, mais il éprouve, même dans cet état de contrainte, une grande sensation de bonheur. Et ce sentiment amoureux rend aveugle, au sens où l'on peut s'éprendre de personnes qu'on ne trouverait ni séduisantes ni plaisantes en d'autres circonstances. Mais le charme et la séduction ressentis résultent, en fait, de mécanismes inconscients de projection qui sont mis en branle au contact de l'autre. Lorsqu'une femme tombe amoureuse, elle projette des éléments de son propre inconscient ; elle croit être attirée par les particularités de l'homme et ne s'aperçoit pas que tout vient du plus profond de sa psyché, qui a projeté sur l'autre sa propre âme masculine, l'*animus* défini par Jung. Et le même mécanisme s'enclenche quand c'est l'homme qui tombe amoureux. Que leur amour soit partagé ou pas, hommes et femmes ont donc l'impression d'être attirés par quelque chose qui se trouve en dehors d'eux, alors que, en réalité, ce qui les attire se situe dans leur inconscient.

Ce sentiment est très bien décrit dans les romans ou les pièces de théâtre qui mettent en scène des amours virtuelles, où la personne aimée reste irréelle, soit parce qu'elle n'existe pas, soit parce qu'elle ne partage pas le sentiment de l'autre, soit parce que la relation est déjà terminée. Mais pour quelle raison se construit-on une histoire d'amour déconnectée de la réalité ? Pour se réfugier dans l'imaginaire et consacrer du temps et de l'énergie à la création d'un monde, qu'on va reconstruire selon les désirs de son cœur et qui n'a rien à voir avec la réalité où l'on vit et à laquelle on est incapable de s'adapter. Tomber amoureux d'une réalité virtuelle est un mécanisme classique de l'adolescence et peut constituer un rodage des sentiments, mais, à l'âge adulte, ce type de passion ne devrait pas durer.

Pour que le sentiment amoureux puisse se transformer en amour, il est en effet nécessaire d'avoir une vraie connaissance de l'autre, et pas seulement un fantasme d'amour. Tel est justement le problème de William. Sa rencontre avec Alice n'est, selon moi, qu'un amour platonique. Je pense qu'à la base, il a peu d'estime pour lui-même et de respect pour son identité masculine, ce qui peut conduire à de véritables formes de dépendance en amour. Dans de tels cas, il est essentiel d'amener le patient à focaliser son attention sur lui-même, plus que sur le partenaire rêvé. Je précise qu'il est parfois difficile d'amener un homme ou une femme à renoncer à cet état amoureux qui est vécu comme une passion, presque une drogue, à la manière du sexe chez d'autres. De fait, tomber amoureux est un excellent antidépresseur et le stade des premiers frissons magiques est pour certains en dépression latente le seul moment où ils se sentent vraiment exister.

ÉLOGE DE LA FEMME MÛRE

Pourquoi forme-t-on un nouveau couple à l'automne de la vie ? Surtout pour fuir la solitude. De quels atouts usent alors les femmes ? Comme toujours, de la douceur et de la féminité, à l'occasion de leur corps, s'il est bien conservé par une activité sportive ou un soupçon de chirurgie esthétique. Mais il faut aussi un minimum d'esprit d'initiative. Comme cette femme qui s'est mise d'accord avec les fleuristes du cimetière de sa ville : ils lui signalent les veufs inconsolables, et elle les contacte [3]. Ou cette Californienne, Jane Juska, qui ne manque ni de culot ni d'humour. Voici la petite annonce qu'elle a fait passer dans la revue littéraire très chic qu'est *The New York Review of Books* : « Femme bientôt 67 ans – mars prochain – cherche homme avant anniversaire. Grosse envie de faire l'amour. Si conversation souhaitée, comme préliminaires propose Trollope. » Elle a reçu soixante-sept réponses d'hommes de 32 à 84 ans et, abstraction faite de deux expériences bizarres avec des fétichistes de la lingerie féminine, ses rencontres ont nettement embelli sa vie !

Et même si certains candidats étaient peu férus de littérature et ignoraient tout de Trollope, Jane Juska s'est bien amusée. Elle en a d'ailleurs tiré un livre[4]. Dans une interview, elle explique que l'intimité lui a tout de même posé quelques problèmes : c'était elle qui éteignait la lumière dans la chambre. Elle n'acceptait pas son corps vieillissant, mais elle avait besoin de caresses et de baisers. Elle ne voulait pas nécessairement se remarier (elle est divorcée depuis dix ans), mais entamer une relation agréable avec un homme. Et de toute évidence, elle ne manquait pas d'énergie : elle a fait de l'alphabétisation dans les prisons, en tant que bénévole ; elle pratique l'escalade en montagne et chante dans une chorale.

La détermination de cette Américaine n'est pas un cas isolé. Aujourd'hui, les femmes ne veulent pas rester seules et le font savoir. Elles cherchent un compagnon sympathique, un bon ami ou un fiancé, même plus jeune. Le cinéma s'est emparé du phénomène avec un film adoré des retraités, *Tout peut arriver*, avec Jack Nicholson, Diane Keaton et Keanu Reeves[5]. Diane Keaton, charmante femme divorcée en pleine forme, les cheveux grisonnants, séduit un jeune médecin, interprété par Keanu Reeves. Ce n'est cependant pas lui qu'elle désire, malgré sa gentillesse et sa musculature, mais Jack Nicholson, âgé de près de 70 ans, un vieux beau, riche et arrogant, qui vit entouré de jeunes filles. Et qui se présente d'ailleurs chez elle comme le fiancé de sa fille. Ce film nous parle de l'amour chez les plus de 60 ans mais, surtout, il nous fait rire : nul

ne peut oublier la scène où Diane et Jack se retrouvent
au lit. Automatiquement, il lui demande : « Tu prends la
pilule ? » Ce à quoi elle répond : « Pas la peine, ménopause ! » « Tant mieux », fait-il, imperturbable.

Ce film met cependant aussi en avant un autre phénomène. Keanu Reeves y fait la cour à Diane Keaton, dont
il apprécie l'intelligence et l'élégance, sans se soucier de ses
rides et de ses cheveux gris. Comme de nombreux jeunes
hommes de maintenant qui ne cherchent plus les prin-
cesses, mais les reines. J'en veux pour preuve un autre film
sorti en 2004, *Agata e la tempesta*[6], dans lequel Licia
Maglietta joue le rôle d'une belle libraire divorcée dans la
force de l'âge qui tourne la tête à un jeune homme de
30 ans. Et n'oublions pas le petit pamphlet au titre explicite,
Éloge des femmes mûres[7], qui a fait grand bruit. L'auteur,
le Hongrois Stephen Vizinczey, immigré au Canada,
raconte son « éducation sentimentale », commencée en
Hongrie avant la Seconde Guerre mondiale, en rappelant le
parfum des femmes mariées et « tendres » qui l'ont initié au
plaisir. Et il ne manque pas de souffler aux jeunes hommes,
avec un brin d'ironie : ne cherchez pas des filles de votre
âge, toujours inquiètes et angoissées, mais une femme qui
sache ce qu'est l'érotisme et qui ait le temps et l'envie de
vous l'apprendre.

Henriette, 55 ans, mère de deux grands enfants, me
demande si la différence d'âge avec son compagnon actuel,
qui en a 36, peut poser un problème. Ils se sentent bien
ensemble, et s'entendent bien au lit, mais Henriette est
inquiète pour l'avenir. Pour ma part, je suis optimiste :
je pense qu'aujourd'hui la différence d'âge est beaucoup
moins importante que la différence de classe ou de
culture. Les Cendrillon qui grimpent l'échelle sociale grâce
au mariage se font de plus en plus rares. Et dans notre
société, où les générations se mélangent, une différence de
vingt ans n'est plus une chose anormale ou bizarre.

Car, aujourd'hui, si l'amour est dissocié de la fonction

reproductrice, il reste lié à la qualité du sentiment et de la relation. Par conséquent, si les sentiments de ce couple sont authentiques, la relation durera. Peut-être la différence d'âge se fera-t-elle sentir plus tard. Pour l'instant, Henriette a deux problèmes à résoudre : ses enfants, qui ont plus ou moins le même âge que son compagnon actuel, et leur vie sociale. En effet, qui ce nouveau couple fréquentera-t-il ? Ses amis à elle, qui ont la cinquantaine, ont déjà fait carrière et mènent un style de vie différent ? Ou ses amis à lui qui, bien plus jeunes, ont un autre rythme de vie et d'autres attentes ? De fait, les couples où les partenaires ont une grande différence d'âge rencontrent souvent des difficultés dans leur vie sociale qui, à la longue, peuvent devenir frustrantes pour l'un des deux.

Tout n'est pas rose d'ailleurs dans l'amour d'automne et celui-ci apporte parfois d'amères déceptions quand les partenaires du nouveau couple ne cherchent pas la même chose. C'est ce qui se passe pour Carmen, 53 ans, infirmière, veuve depuis seize ans, qui a rencontré un homme de 50 ans, divorcé. C'était le bonheur ! Après avoir élevé seule sa fille unique, au prix de beaucoup de sacrifices, elle pensait avoir enfin trouvé l'amour. Ils se fréquentent maintenant depuis deux ans, se voient plusieurs fois par semaine et Carmen se dépense sans compter pour lui : elle s'occupe du ménage, de la lessive, fait le repassage, la cuisine, et lui laisse du sauté de veau dans le congélateur. À sa façon, certes traditionnelle, elle lui prouve son affection. De son côté, son compagnon s'est très vite habitué à ces facilités, sans rien offrir en retour. Lorsqu'ils se voient, il s'assoit devant la télévision avec une bière et demande si c'est prêt ; sinon, il descend au bistrot. À ses yeux, une femme doit s'occuper de la maison et préparer à manger ; être prête à consoler son homme quand il en a besoin.

Au fil du temps, Carmen a commencé à proposer quelques changements, suggérant qu'ils sortent, qu'ils aillent au restaurant, au cinéma, ou se promener le dimanche. Il a refusé. Je crois qu'en proie à la solitude, Carmen s'est fait des illusions. Elle pensait que ce nouveau partenaire lui ferait voir la vie en rose. Mais il n'a rien changé à son mode de vie et la traite davantage comme une domestique que comme une maîtresse. Maintenant, elle est de nouveau déprimée, comme quand elle était seule.

SE REMARIER

Il vaut mieux se brûler que rouiller, pensent certains hommes de plus de 60 ans. Ils exagèrent ? Goethe s'est bien amouraché, à 72 ans, d'une demoiselle de 17 ans, Ulrike von Levetzow (c'est en pensant à elle qu'il a écrit sa *Trilogie de la passion*). D'autres sexagénaires se contentent de faire la cour, comme cet avocat qui perdait la tête pour les jeunes filles aux yeux verts. Ce coureur de jupons les courtisait toutes, jusqu'au jour où deux amies aux yeux d'émeraude se sont rendu compte qu'elles avaient reçu de sa part le même compliment le même jour.

Comme aux États-Unis où il est désormais monnaie courante de se marier deux ou trois fois, le remariage fait partie en Europe des nouvelles tendances fortes. Avant, les hommes qui avaient réussi se contentaient de prendre une jeune maîtresse, alors que, maintenant, ils refondent une famille. Ils veulent avant tout exhiber, à leur côté, une présence féminine en rapport avec leur situation. La seconde femme (tout comme le second mari) n'est donc plus un *sex symbol*, mais un signe de réussite sociale. Certes, les motivations susceptibles de pousser les hommes à prendre une nouvelle compagne peuvent être très diverses : l'envie de se remettre en selle, l'instinct de conquête, à moins qu'ils ne succombent aux avances d'une jeune ambitieuse. La seconde femme est souvent plus séduisante et plus jeune, mais la sexualité n'est pas le moteur principal de ces unions, sauf dans quelques cas notoires comme celui du milliardaire Donald Trump qui a quitté sa femme pour une top model de 20 ans, ou de Carlos Menem, l'ex-président argentin, qui cherche perpétuellement à affirmer sa vigueur juvénile.

Quant aux femmes, il leur arrive aussi de chercher un compagnon plus jeune, mais il faut reconnaître qu'en général, elles sont moins égocentriques. Elles savent apprécier les avantages qu'offrent les partenaires de leur âge et le plaisir de partager des intérêts communs.

À tous les nouveaux couples qui se sont formés à l'automne de leur vie, je voudrais, pour finir, dédier ce poème d'un de mes vieux amis, le médecin indien N. R. Vege[8] :

« Seul un fil nous sépare :
Je l'appelle Liberté.
Seul un fil nous unit :
Je l'appelle Amour. »

CHAPITRE XVII

Le couple et la santé

Lors d'une récente enquête sur le troisième âge [1], les personnes interrogées ont répondu comme suit quand on leur a demandé ce qui comptait le plus pour elles dans la vie : la santé (65,5 %), le temps passé avec leurs enfants (58,5 %), la sexualité et leur relation avec leur partenaire (37,8 %). Bien entendu, il était possible de donner plusieurs réponses.

La santé vient donc en premier, suivie des rapports familiaux et de couple. Les personnes qui ont répondu à ce sondage étaient sensées, car il y a un lien très précis entre la santé et la vie de couple. En général, le couple sauve la vie, mais tue la passion. L'amour dépourvu de passion est moins érotique, mais sans nul doute plus sain. Alors, penchons-nous sur le bien-être du couple durable et voyons pourquoi le sexe et la vie à deux « font du bien ».

POURQUOI LE SEXE FAIT DU BIEN...

Il fut un temps où la sexualité du troisième âge n'était pas envisagée sous l'angle de l'érotisme. Ce point de vue a été réévalué par des études scientifiques récentes. Au troisième âge, donc, la sexualité est clairement bénéfique. Une étude scientifique menée sur un échantillon de 3 500 personnes montre qu'elle peut faire reculer l'espérance de vie d'au moins dix ans[2]. En outre, le professeur Graham Giles, un urologue australien, a effectué une étude épidémiologique sur 1 529 hommes en bonne santé qu'il a comparés à 1 079 hommes atteints d'un cancer de la prostate. Les résultats qui ont été publiés dans le *British Journal of Urology* montrent que les hommes qui font l'amour plusieurs fois par semaine courent 30 % de risques en moins d'avoir une tumeur à la prostate. L'hypothèse la plus plausible est que les petites secousses de l'éjaculation drainent les cellules cancéreuses qui s'accumulent dans la prostate. Ces résultats contredisent des études antérieures selon lesquelles les hommes ayant une vie sexuelle mouvementée couraient davantage de risques à cause de leur plus fort taux d'infections[3].

Et l'arthrite, affection typique du troisième âge ? L'activité sexuelle est un bon remède contre elle, parce que l'orgasme libère une grande quantité de cortisol[4]. Je me souviens de deux octogénaires très amoureux et fusionnels. Leur problème ? L'arthrose aux hanches de la dame. Grâce à quelques astuces sexologiques, le mari a de nouveau réussi à faire l'amour avec sa femme chérie et celle-ci a alors déclaré que son arthrose avait diminué ! Puissance de l'amour ou de l'acte sexuel (et de l'augmentation du cortisol) ? D'après les recherches menées par Beverly Whipple, de la Rutgers University, durant l'orgasme, la femme peut endurer deux fois plus de douleur qu'en d'autres circonstances[5]. L'imagerie par résonance magnétique (IRM) a permis de se rendre compte qu'au plus fort de l'excitation, le centre antidouleur qui se situe dans le mésencéphale s'active et libère dans le corps des endorphines et des corticostéroïdes[6]. Bref, un orgasme vaut deux aspirines ! Enfin, les études réalisées par l'Allemand Werner Habermehl, de l'Institut de recherche médicale de Hambourg, montrent que les substances produites pendant l'acte sexuel (adrénaline, endorphines, cortisol et sérotonine) stimulent la matière grise du cerveau, qui reste donc actif et lucide.

S'il est donc bon pour la santé de faire l'amour, les nouveaux médicaments destinés à soutenir l'érection pourraient, à juste titre, être appelés « médicaments du bien-être sexuel ». La « pilule jaune », surtout, dont l'effet durant trente-six heures peut être utile aux hommes qui continuent d'éprouver du désir pour leur femme mais n'ont plus d'érection durable. Dans l'imaginaire social, ces nouveaux produits servent à commettre des adultères ; en réalité, ils favorisent le maintien du couple.

... ET POURQUOI LE COUPLE FAIT DU BIEN

Diverses autres études ont constaté un affaiblissement des défenses immunitaires chez ceux qui n'avaient pas d'activité sexuelle, mais aussi chez les partenaires de couples sinistrés. Le couple aurait-il donc, comme la sexualité, des effets positifs sur la santé ? Il semble que oui. Janice Kiecolt et Ronald Glaser, de la Columbus University, ont ainsi observé que chez les couples ayant engagé une procédure de divorce, on notait une baisse des immunoglobulines, tout comme chez les étudiants qui préparaient un examen ou chez les personnes dont le partenaire était atteint d'un cancer. Louis Verbrugge et James House, chercheurs à l'Université du Michigan, ont, eux aussi, découvert qu'un mariage malheureux pouvait affaiblir les deux conjoints, augmenter leur risque de tomber malade de 35 % et diminuer leur espérance de vie de quatre ans en moyenne. Cela se comprend : une irritation chronique et diffuse provoque de l'hypertension artérielle et pousse à l'abus de substances toxiques (comme l'alcool), elle favorise l'angoisse et la dépression et, surtout, on y revient, par rapport aux couples sereins, les couples malheureux ont des défenses immunitaires plus faibles et résistent donc moins aux agressions externes, et même aux tumeurs.

La neuro-psycho-immunologie, discipline récente qui étudie les liens entre le psychisme et la biologie, va encore plus loin dans ce sens : pour elle, l'élément le plus important n'est pas le sexe, mais la relation d'empathie et l'intimité entre les partenaires. Au début, il y a le désir, qui a comme substrat biologique un noyau situé dans l'hypothalamus appelé *septum*. S'il est activé, ce centre provoque dans le cerveau une augmentation de la production de dopamine, laquelle tend par la suite à diminuer, faisant disparaître le désir. À ce stade, l'individu a deux possibilités : ou changer de partenaire pour retrouver l'excitation et la passion, ou changer de relation avec l'autre, en créant une situation de bien-être émotionnel et social grâce à une autre hormone, l'ocytocine, celle-là même qui incite les jeunes mères à allaiter et s'occuper de leur bébé[7]. D'ailleurs, dans le film-culte que j'ai déjà cité, *Tout peut arriver*[8], Jack Nicholson, qui ne poursuit et ne séduit que des trentenaires, finit bien par tomber amoureux de la mère d'une de ses petites amies, Diane Keaton. Il lui brise le cœur, puis se repent et la courtise, la pourchassant de New York à Paris. Et si leur relation passe aussi par le sexe, celui-ci n'en est pas l'élément central, qui réside plutôt dans l'empathie et l'intimité.

De nos jours, on parle fréquemment d'hormone du désir, d'hormone de la fidélité, etc., mais l'amour n'est pas que chimie : l'écologie de l'esprit, aussi, est importante, et elle est fragile. Or une personne âgée qui n'est pas soutenue par des liens affectifs risque de perdre son harmonie intérieure et de s'égarer dans les marais de la solitude[9]. Un couple de longue date et soudé affrontera mieux les années de l'automne et fera face à l'approche de la mort avec une plus grande sérénité. Il importe aussi de préserver ses capacités affectives et cognitives, de même qu'une vie relationnelle riche, pour ne pas sombrer dans la dépression. Tout comme il est préférable de rester chez soi, dans une maison pleine de souvenirs et d'émotions : les couples durables qui habitent encore chez eux sont moins déprimés que ceux qui sont en maison de retraite ou dans d'autres structures sociales. Belinda Hewitt, chercheuse à l'Université de Queensland en Australie, précise toutefois que ce sont les femmes qui doivent s'occuper de leur mari qui vieillissent moins bien.

Et les femmes seules alors ? Des solutions nouvelles et créatives sont expérimentées, comme la « commune » autogérée pour femmes de plus de 70 ans qui s'est créée à Montreuil, aux portes de Paris, et qui s'est donné un nom tout à la fois poétique et spirituel : la « Maison des Babayagas », c'est-à-dire les vieilles sorcières des légendes slaves.

RESTER ENSEMBLE, UNE BONNE AFFAIRE !

Linda Waite, sociologue de Chicago, a écrit avec Maggie Gallagher un livre[10] qui analyse le rapport entre le mariage et le bien-être matériel. Il ressort des mille cas qui y sont examinés que les couples durables ont une plus grande aisance financière : une relation monogame est plus « économique » que la polygamie, et l'équilibre du budget familial est apparemment favorisé par un mariage serein. Les économistes britanniques Andrew Oswald et David Bancheflowers[11], qui ont effectué une grande enquête auprès de 50 000 de leurs concitoyens, ont, eux aussi, remarqué que les personnes qui se disaient heureuses – sur le plan sexuel et relationnel – avaient par rapport aux autres une « avance financière » de 45 000 euros par an. Sincèrement, les calculs de ces deux économistes m'ont paru un peu compliqués, mais, d'après ce que j'ai compris, les émotions positives optimisent la gestion financière.

LA VIE EST UNE ÉTREINTE

Encore quelques mots, pour conclure. Peut-être le secret de ceux qui choisissent de rester ensemble dépend-il principalement de leur attitude face à la vieillesse. À l'approche des « années d'argent », on adopte, en général, l'une ou l'autre de ces positions : l'attitude punitive (« il est épouvantable de vieillir ») ou l'attitude idéalisante (« il est merveilleux de vieillir »). Il me semble plus judicieux d'éviter les deux, la résignation dans l'attente de la mort comme la vision idyllique de la dernière phase de notre vie, et d'envisager la vieillesse comme un lieu à inventer, socialement et individuellement. Il n'y a pas *une* bonne façon d'« habiter » la vieillesse, mais de multiples possibilités. Ce qui est sûr, en revanche, c'est que l'on vieillit mieux en couple que seul, surtout si l'on se dit que le soleil couchant est tout aussi beau que le soleil levant.

À cet égard, je voudrais rappeler les sages paroles de la poétesse américaine Maya Angelou. Quand, au cours d'une interview télévisée réalisée par Oprah Winfrey à l'occasion de son soixante-dixième anniversaire (elle en a maintenant 77), on lui a demandé ce qu'elle pensait de la vieillesse, elle a répondu qu'elle la trouvait *exciting*, « excitante », « intéressante », « enthousiasmante ». Quant aux changements physiques liés à l'âge, selon Maya, il s'en produit tant, chaque jour, qu'il vaut mieux ne pas y penser ; ses seins, par exemple, lui ont longtemps semblé faire un concours à celui qui atteindrait le premier le niveau de ses hanches… Et voici ses mots qui, depuis, ont fait le tour du monde en se propageant sur Internet, y compris jusqu'à moi : « J'ai appris que, quoi qu'il arrive, et même si le présent peut sembler insupportable, la vie continue toujours, et demain sera meilleur. J'ai appris que l'on peut en savoir long sur une personne, d'après sa façon d'affronter les trois situations suivantes : une journée pluvieuse, la perte de ses bagages, et des guirlandes lumineuses emmêlées dans un sapin de Noël. J'ai appris que gagner sa vie n'est pas vivre. J'ai appris que la vie accorde parfois une seconde chance. J'ai appris que l'on ne peut traverser la vie avec de gros gants de base-ball aux deux mains : il y a toujours des choses à jeter derrière soi. J'ai appris que, lorsque je prends une décision avec mon cœur, en général, je fais le bon choix. J'ai appris que, même quand je ne me sens pas bien, je ne dois pas rester seule. J'ai appris que, chaque jour, il faudrait aller à la rencontre de quelqu'un. Les gens aiment les étreintes ou, tout simplement, une tape sur l'épaule. J'ai appris que j'ai encore tant de choses à apprendre. J'ai appris que les gens oublient ce que l'on a dit et fait, mais jamais ce qu'on leur a fait ressentir. »

Tout cela vaut aussi pour la vie de couple. N'est-il pas vrai que l'on peut tout savoir de son partenaire en regardant comment il réagit à une journée pluvieuse, à la perte de ses bagages et à des guirlandes emmêlées dans le sapin de Noël ? Mais surtout, rappelez-vous ceci : le sentiment de communion, après cinq, dix ou cinquante ans, tient tout entier dans une étreinte.

Notes et références bibliographiques

Introduction

1. A. Roiphe, *Married : A Fine predicament*, New York, Basic Books, 2002.

2. J. Armstrong, *Conditions of Love : The Philosophy of Intimacy*, Londres, Penguin Books Ltd, 2003.

3. S.A. Mitchell, *Can Love Last ? The Fate of Romance over Time*, W.W. Norton & Company, 2003.

4. O. Kernberg, *Love Relations, Normality and Pathology*, Yale, Yale University Press, 1995.

5. *Et l'homme créa la femme*, Frank Oz, États-Unis, 2004.

6. N. Branden, *The Psychology of Romantic Love*, The Branden Institute, 1980.

7. W. Pasini, *Les Nouveaux Comportements sexuels*, Paris, Odile Jacob, 2003.

8. D. de Rougemont, *L'Amour et l'Occident*, Paris, Plon, 1956.

9. M. Kirshenbaum, *Trop bien pour partir, pas assez pour rester*, Paris, Marabout, 2000.

10. P. Calvetti, *Né con te, né senza di te*, Milan, Bompiani, 2004.

PREMIÈRE PARTIE

Les stratégies d'approche
Avant 30 ans

CHAPITRE I
La découverte du sexe

1. U. Ehrhardt, *Gute Mädchen kommen in den Himmel, böse überall hin*, Francfort, Fischer, 2000.
2. « I missionari dell'anello di castità », in *La Repubblica*, 25 juin 2004.
3. E. Abbott, *Histoire universelle de la chasteté et du célibat*, Saint-Laurent (Québec), Fidès, 2001.
4. W. Pasini, *Les Nouveaux Comportements sexuels*, *op. cit*
5. J. Eugenides, *Middlesex*, Paris, Seuil, 2004.
6 V. Marchetti, *Né con te, né senza di te*, Milan, Bompiani, 2004.

CHAPITRE II
La nouvelle éducation sentimentale

1. F. Alberoni, *Je t'aime. Tout sur la passion amoureuse*, Plon, 1997.
2. « Under 18 : leggere il presente, pensare il futuro », étude réalisée par l'IRPS (Institut de recherches sur la population et les politiques sociales), au sein du Centre national de la recherche, en collaboration avec la ville de Milan, 2004.

CHAPITRE III
Le couple : mode d'emploi

1. F. Lelord, *Le Voyage d'Hector ou la recherche du bonheur*, Paris, Odile Jacob, 2004.
2. Cf. par exemple, Th. Jacobs-Stewart.
3. M. S. Conte, in *La Repubblica*, 1er mars 2004.
4. L. De Marchi, *Poesia del desiderio*, Rome, SEAM, 1998.
5. B. Cyrulnik, *Les Enfants qui tiennent le coup*, Revigny, Hommes et perspectives, 2002 (2e éd.).
6. *La Guerre des Rose*, de Danny DeVito, États-Unis, 1989.
7. Jurg Willi, *La Collusion*, Neuchâtel et Paris, Delachaux et Niestlé, 2000.
8. W. Pasini, *Éloge de l'intimité*, Paris, Payot, 2002.

CHAPITRE IV

Faire la cour au temps des SMS

1. W. Pasini, *Nourriture et amour*, Paris, Payot, 2004.
2. *Il Giornale*, 13 février 2004.
3. D. M. Buss, *The Evolution of Desire*, New York, Basic Books, 2003 (rééd.)
4. J. Gray, *Les Hommes viennent de Mars, les femmes viennent de Vénus*, Paris, J'ai Lu, 2003.
5. F. Del Corno et G. Mansi, *Sms : straordinaria fortuna di un uso improprio del telefono*, Milan, Raffaello Cortina Editore, 2002.
6. *Corriere della Sera*, 12 décembre 1994.
7. *Le Fabuleux Destin d'Amélie Poulain*, J.-P. Jeunet, France, 2001.
8. L. Sessions Stepp, « Modern Flirting : Girls find old ways did have their charms », *Washington Post*, 16 octobre 2003.
9. *La Repubblica*, 28 janvier 2002.
10. A. de Botton, *Comment Proust peut changer votre vie*, Paris, 10/18, 2001.
11. E. Fein et S. Schneider, *Les Règles*, Paris, Albin Michel, 1997.
12. E. Fein et S. Schneider, *The Rules for Online Dating*, New York, Simon & Schuster, 2002.

CHAPITRE V

Quelques signaux d'alarme

1. *Thirteen*, C. Hardwicke, États-Unis, 2003.
2. W. Pasini, *Les Nouveaux Comportements sexuels*, *op. cit.*
3. S. Freud, *Délires et rêves dans la « Gradiva » de Jensen*, Paris, Gallimard, 1949.
4. « Ti lascio. Un sms per dirsi addio », in *Corriere della Sera*, 4 mai 2004.
5. W. Pasini, *Éloge de l'intimité*, *op. cit.*

DEUXIÈME PARTIE

S'en aller ou rester ?
Les enjeux de la quarantaine

CHAPITRE VI

La vie en couple

1. J. Gottman et N. Silver, *Les Couples heureux ont leurs secrets*, Paris, J.-C. Lattès, 2000.
2. P. Süskind, *Le Parfum*, Paris, LGF-Le Livre de Poche, 1988.
3. W. Pasini, *Éloge de l'intimité*, *op. cit.*
4. J. Kellerhals, Éric Widmer et René Lévy, *Mesures et démesures du couples*, Paris, Payot, 2004.

5. J. Bowlby, *Attachement et perte* (3 vol.), Paris, Presses Universitaires de France, 1998-2002.

6. J. Willi, *La Collusion*, *op. cit.*

7. F. de Singly *et al.*, *Libres ensemble*, Paris, Nathan, 2000.

CHAPITRE VII

Quand il faut se séparer

1. D.C. Delis et C. Phillip, *The Passion Trap : Where is your Relationship going ?* Tucson, Fenestra Books, 2e éd. 2002.

2. E. Giusti, *L'arte di separarsi*, Rome, Armando, 1986.

3. M. Kirshenbaum, *Trop bien pour partir, pas assez pour rester*, *op. cit.*

4. A. Tyler, *Un mariage d'amateurs*, Paris, Calmann-Lévy, 2005.

5. F. La Cecla, *Je te quitte, moi non plus ou l'art de la rupture amoureuse*, Paris, Calmann-Lévy, 2004.

6. I. Knight, *Ma vie sur un plateau*, Paris, Fleuve Noir, 2002.

CHAPITRE VIII

Les autres formes de couple

1. R. Vitale, *L'amore altrove*, Milan, Baldini Castoldi Dalai, 2004.

2. É. Molinaro, *La Cage aux folles*, France-Italie, 1978 ; S. Elliott, *Priscilla, reine du désert*, Australie, 1994.

3. J.T. Leroy, « Di mamma ce n'è una ? Mica vero, noi siamo in due », in *Il Venerdì di Repubblica*, 16 juillet 2004.

CHAPITRE IX

Le sexe au sein du couple qui dure

1. W. Pasini, *Les Nouveaux Comportements sexuels*, *op. cit.*

2. *Psychologies*, juillet 2004.

CHAPITRE X

Les couples érotiquement sinistrés

1. W. Pasini et C. Crépault, *L'Imaginaire érotique*, Paris, PUF, 1987.

2. D. Meltzer, *Sexual States of Mind*, Londres, Karnac Books, 2000.

3. « Sex club e vizietti, travolto Ryan », in *La Repubblica*, 27 juin 2004.

4. W. Pasini, *Les Nouveaux Comportements sexuels*, *op. cit.*

5. W. Pasini, *La Qualité des sentiments*, Paris, Payot, 1995.

CHAPITRE XI

Les femmes ont changé

1. D. Schnarch, *Passionate Love*, N.Y., Owl Books, rééd. 1998.
2. *Sunday Times*, cit. in *Corriere della Sera*, 23 avril 2004.
3. D. Heyn, *The Erotic Silence of the American Wife*, N.Y., Plume, rééd. 1997.
4. *Newsweek*, juillet 2004.
5. *La Stampa*, 5 juillet 2004.
6. H. Fisher, *Anatomy of Love*, N.Y., Ballantine Books, 1994.
7. Thomson & Walker (1989), cit. in *Edelweiss*, avril 2004, p. 32.
8. W. Pasini, *Être sûr de soi*, Paris, Odile Jacob, 2002.

CHAPITRE XII

Couples et familles

1. Enquête menée sur 3 000 femmes, pour Schering, par O. Manganelli et W. Pasini.
2. A. Pearson, *Je ne sais pas comment elle fait*, Paris, J'ai Lu, 2004.
3. J. Bowlby, *op. cit.*
4. Ph. Mazet et S. Lebovici, *Mort subite du nourrisson : un deuil impossible ?* Paris, PUF, 1996.
5. R. Lisuka, « The physical and mental development of children born after artificial insemination », in *International Journal of Fertility*, 1968, p. 24-32.

CHAPITRE XIII

Le couple heureux

1. M. Kirshenbaum, *op. cit.*
2. *Big Fish*, Tim Burton, États-Unis, 2003.
3. A. Braconnier, *Petit ou grand anxieux*, Paris, Odile Jacob, 2004.
4. *Parlez-moi d'amour*, S. Marceau, France, 2002.
5. W. Pasini, *Éloge de l'intimité*, *op. cit.*
6. J. Gottman et N. Silver, *op. cit.*

TROISIÈME PARTIE

Le sexe et le cœur
La soixantaine

CHAPITRE XIV

Les couples qui résistent

1. A. Pascale, *La manutenzione degli affetti*, Turin, Einaudi, 2003.
2. « Credo nell'amore che dura una vita », interview de Siri Hust-vedt in *Flair*, sept. 2004.
3. J. Viorst, *Suddenly Sixty. And Other Shocks of Later Life*, New York, Simon & Schuster, 2000.
4. J. Viorst, *Grown-up Marriage*, Free Press, 2003.
5. P. Dibie, *L'Ethnologie de la chambre à coucher*, Paris, Grasset & Fasquelle, 1987.
6. *Il Giorno*, 23 août 2003.

CHAPITRE XV

L'érotisme à l'automne de la vie

1. J. Viorst, *Suddenly Sixty, op. cit.*
2. *Sette*, supplément du *Corriere della Sera*, 26 mars 2003.
3. D. O'Connor, *Comment faire l'amour à la même personne – pour le reste de votre vie*, Paris, J'ai Lu, 1996.
4. *Oggi*, 26 février 2003.
5. A. Mastretta, *El cielo de los leones*, Barcelone, Editorial Seix Barral, 2003.
6. C. Flamigni, *Il grande tabù delle donne*, Milan, Mondadori, 2004.

CHAPITRE XVI

Nouveaux couples sur le tard

1. *Corriere della Sera*, 18 juin 2003.
2. M. H. Colson, in *Sexologies* 2004, vol. 14, n° 48.
3. *La Stampa*, 12 juin 2004.
4. J. Juska, *A Round-Heeled Woman*, New York, Villard, 2004.
5. *Tout peut arriver*, Nancy Meyers, États-Unis, 2003.
6. *Agata e la tempesta*, Silvio Soldini, Italie, 2003.
7. S. Vizincsey, *Éloge des femmes mûres*, Paris, Éditions du Rocher, 2001.
8. N. R. Vege, *Pace e amore*, Bellinzona, Best Seller, 1981.

CHAPITRE XVII

Le couple et la santé

1. « Salute », in *La Repubblica*, 25 mars 2004.
2. D. Weeks, in *British Medical Journal*, 2000.
3. *L'Express*, 2772, 16 août 2004.
4. I. Rubin, *Amour après soixante ans*, Paris, La Table ronde, 2002.
5. B. Whipple & B.R. Komisarouk, « Analgesia produced in women by genital self-stimulation », in *The Journal of Sex Research*, 24, 1988, p. 130-140.
6. B. Whipple, G. Ogden & B. R. Komisarouk, « Physiological correlates of imagery induced orgasm in women », in *Archives of Sexual Behavior*, 21, 1992, p. 121-133.
7. L. Vincent, *Comment devient-on amoureux*, Paris, Odile Jacob, 2004.
8. *Tout peut arriver, op. cit.*
9. *Il Giornale*, 29 mai 2004.
10. L. Waite & M. Gallagher, *The Case of Marriage : Why Married Peope are Happier, Healthier and Better off Financially*, New York, Doubleday, 2000.
11. A. Oswald & D. Bancheflowers, in *Journal of Public Economics*, 2004.

Table

DEUXIÈME PARTIE

S'EN ALLER OU RESTER ?
LES ENJEUX DE LA QUARANTAINE

Table 351

Composition : Facompo, Lisieux

Impression réalisée par

La Flèche (Sarthe), le 05-05-2010
N° d'impression : 58032
N° d'édition : 7381-1937-2
Dépôt légal : octobre 2008
Imprimé en France